這些皇帝很母湯

— 超狂私生活無極限！ —

劉繼興、劉秉光 著

貓奴、染髮、
春藥成癮、木工高手、
暴虐屁孩皇帝……

最狂的皇帝私生活直播，
舊故事新吃法，
迸出新滋味！

目錄

第一部分：多少疑雲煙塵中

目錄

第三部分：也無風雨也無晴

目錄

第一部分：多少疑雲煙塵中

秦始皇為何終生未立皇后？

在中國古代的封建體制中，皇帝的政治生活中有兩件大事，那就是立皇后和立太子，與之相對應的兩種制度是立后制與儲君制。古代帝王有多個夫人及眾多妃子，所謂「三宮六院、七十二嬪妃」。皇帝的正妻為皇后，肩負「母儀天下」的神聖使命。

古代封建帝王對立后都很重視，歷史上只有一位皇帝終身未立皇后，他就是「千古一帝」秦始皇，以致秦始皇陵園內一墓獨尊，而沒有皇后墓，成為一個難解的歷史之謎。

秦始皇姓嬴，名政，秦莊襄王之子，出生於趙國首都邯鄲（今河北省邯鄲市）。西元前二四七年，秦王政十三歲時即王位，因年幼朝政由太后和相邦呂不韋及嫪毐掌管。西元前二三八年（秦王政九年），秦始皇二十二歲時，在故都雍城舉行了成年加冕儀式，正式登基，「親理朝政」，除掉呂、嫪等人，重用李斯、尉繚，自西元前二三〇年至前二二一年，先後滅韓、趙、魏、楚、燕、齊六國，完成了統一大業，建立起第一個多民族統一的封建大帝國——秦朝，定都咸陽。秦王政自認為自己的功勞勝過之前的三皇五帝，將大臣議定的尊號改為「皇帝」。

秦人在秦孝公（西元前四世紀）以後，對於立后和立太子之事已制度化，秦始皇十三歲即位，二十二歲親政，這中間有九年的時間，也正是古代男子娶妻的年齡。秦始皇即位三年便有資格立后，但前後九年都未立后。二十二歲到三十九歲的十七年是其自己掌權、統一六國的時間，儘管國事繁忙，但立后也不麻煩。從三十九歲到五十歲時，秦始皇多在巡遊路上，但是立后以「母儀天下」也花不了多少時間。秦始皇在長達三十七年的統治時期一直沒有立皇后，不是他來不及立，實際上是他自己不願意立皇后。

坐擁天下的秦始皇為什麼不願意立皇后呢？

其一，和秦始皇的特殊出身有關。史載，秦始皇的母親趙姬行為很不檢點，先是做投機商人呂不韋的小妾，懷孕兩個月（多數人認為懷的就是後來的秦始皇）後，又被呂不韋獻給秦國的王孫子楚，子楚繼位後稱莊襄王，莊襄王死後，身為太后的她仍經常與呂不韋重溫舊情。《史記·呂不韋列傳》中記載：「始皇帝益壯，太后淫不止。」後來她又與嫪毐私通，並生下兩個兒子。嫪毐甚至酒後大罵眾臣：「我乃秦王假父，怎敢與我鬥口乎？」母親的失檢行為令秦始皇惱羞憤怒，無地自容，使他心理壓抑，性格變得極為複雜：內向、多疑、妄想、專制、暴虐、冷酷無情，把他變成了一個失去理性的暴君，最後徹底爆發，殺了兩個私生子弟弟；將嫪毐五馬分屍，暴屍示眾；將其母趕出咸陽，並遷怒於呂不韋，罷免其相國之職，後又下詔命呂不韋「速徙蜀中，不得逗留」！並寫信給呂不韋說：「你對秦國有何功勞？秦國封你在河南，食邑十萬戶。你和秦王有什麼血緣關係？而號稱仲父。你與家屬都一律遷到蜀地去居住！」呂不韋想到自己已經無路可退，又害怕日後被殺，就喝下鴆酒自殺而死。

母親帶來的心理陰影一直伴隨著秦始皇，而且由對母親的怨恨，發展和泛化成對一切女人的仇視，造成他後來在婚姻上的偏執。儘管他的後宮裡充斥著六國佳麗，但他只是把她們當做發洩對女人的仇視的對象，或者滿足生理需求的工具。秦始皇對統一六國後收入後宮的眾多佳麗非常鄙視，痛恨她們拋棄亡國之辱而媚悅新主的行徑，但對守貞重節的女子卻倍加讚賞。據說有一名年輕寡婦名清，她數年如一日遵守婦節，秦始皇曾賜令她「旁座」，與自己平起平坐，而秦時就連當朝丞相在皇帝面前也只能站著，少有賜座之事。秦始皇還為這名寡婦修築了一座「懷清台」，以彰揚其事蹟，至今蜀中有一山名貞女山，便是該寡婦曾經寡居的地方。所以說，由母親的行為而形成的心理傷害和心理扭曲，由怨母而仇視女人，是秦始皇一直不立皇后的一個重要原因。

其二，立皇后的標準過高。西元前二三〇年至前二二一年，秦始皇採取遠交近攻、分化離間的策略，發動秦滅六國之戰。先後於秦始皇十七年（前二三〇）滅韓、十九年（前二二八）滅趙、二十二年（前二二五）滅魏、二十四年（前二二三）滅楚、二十五年（前二二二）滅燕、二十六年（前二二一）滅齊。在他登上秦國王位的第二十六年，終於統一了中國，建立了中國歷史上第一個統一、多民族、專制主義中央集權制國家——秦帝國，也是中國封建制王朝的開始。

天下初定，三十九歲的秦始皇第一件急著想做的事，就是要重新為自己確定一個稱號。春秋戰國，各國諸侯都被稱為「君」或「王」。戰國後期，秦國與齊國曾一度稱「帝」，不過這一稱號在當時並不同行。已經一統天下的秦王政，以為過去的這些稱號都不足以顯示自己的尊崇，「今名號不更，無以稱成功，傳後世」，便下令左右大臣們議稱號。

經過一番商議，丞相王綰、御史大夫馮劫、廷尉李斯等人認為，秦始皇「興義兵，誅殘賊，平定下」，功績「自上古以來未嘗有，五帝所不及」。他們援引傳統的尊稱，說「古有天皇，有地皇，有泰皇，泰皇最貴」，建議採用「泰皇」頭銜；然而，秦始皇對此並不滿意。他只採用一個「皇」字，而在其下加一「帝」字，創造出「皇帝」這個新頭銜授予自己。

從此以後，「皇帝」就成為中國國家最高統治者的稱謂。「皇帝」稱謂的出現，不僅僅是簡單的名號變更，還反映了一種新的統治觀念的產生。在古代，「皇」有「大」的意思，人們對祖先神和其他一些神明，有時就稱「皇」。「帝」是上古人們想像中的主宰萬物的最高天神。秦始皇將「皇」和「帝」兩個字結合，第一，說明了他想表示其至高無上的地位和權威，是上天所給予，即「君權神授」；第二，反映了他覺得僅僅是做人間的統治者還不滿足，還要當神。

可見，「皇帝」的稱號，乃是秦始皇神化君權的一個產物。由於是第一個將中國基本統一的帝王，秦始皇當時也很自命不凡，自認功德超過了古代的聖賢——三皇五帝，對皇后的要求自然也就非常高了，高到連自己也說不清楚，於是左看右看，後宮佳麗中竟沒有一個人能符合他的標準。

其三，秦始皇志在天下。由於身世及受到周圍環境的影響，養成了從小刻薄多疑的性格。一方面眼光極高，他連年征戰，橫掃六國，撫定四方，建立起一個統一的大帝國；另一方面他可能擔心立了皇后會對他有所掣肘，妨礙他實現遠大的理想。

其四，秦始皇是個工作狂，公務繁忙，整日埋頭工作，沒興趣考慮後宮的事情，以至於遲遲沒立皇后。秦始皇沒有立皇后，倒是省卻了許多沉湎於後宮的時間以及麻煩。他日理萬機，白天審理案子，晚上批閱公文，而且為自己定下了工作量：每天必須批完一石公文才能休息。當時的一石大概相當於現在的六十斤。每天批閱這麼一大堆竹簡，工作量著實不小。

其五，沉湎於長生不老的迷夢之中，無暇顧及後宮之事。眾所周知，秦始皇追求長生不老，對方術、煉丹術等情有獨鍾，為求長生延遲了立后之事。秦始皇曾四次巡視六國故地，其中三次都會見了徐福等方士，以求長生不老之藥，還派徐福率領三千名童男童女赴東海神山求藥。徐入海數年，哪裡找得到仙藥，又耗費巨大，他怕秦始皇發怒，於是謊稱可得仙藥，但是海上常有巨鮫出沒，無法靠近，請派神箭手用連弩射殺巨鮫。秦始皇便令人捕殺巨魚，還親自到海邊觀測大魚出沒，甚至想自己入海嘗試求仙。這種對長生不老夢想的濃厚興趣和孜孜追求，也轉移了他的注意力，也抑制了對其他事情的興趣，導致立皇后這一大事被置之腦後，終其一生也沒立后，成為了歷史上唯一沒有立皇后的皇帝。

漢文帝為何要廢除「肉刑」？

「肉刑」，是古代殘廢肢體、殘害肌膚、破壞身體機能的黥、劓、刖、宮等帶有原始、野蠻色彩的刑罰。夏、商、周朝如此，秦朝更是風行，《鹽鐵論》中就有「劓鼻盈車、履賤踴貴」的記述，而這種讓人切齒痛恨的酷刑，一直延續到漢初。

然而，到了漢文帝十三年（西元前一六七年）五月，西漢文帝劉恆卻突然發布了廢除肉刑的詔書：「今人有過……朕甚憐之。夫刑至斷肢體，刻肌膚，終身不息，何其楚痛而不德也，豈稱為民父母之意哉？其除肉刑……」（《史記．文帝本紀》）

讓人驚訝的是，促成漢文帝廢除肉刑這一歷史重大決策的，竟然是一位年齡只有十幾歲的民間少女，她的名字叫緹縈。

《漢書．刑法志》裡記載這樣一個案例：漢文帝時有一個叫淳于意的人，曾任齊太倉令，為官清廉，後辭職研究醫術，到處遊歷為人治病。有一次在為一名貴婦人治療時，因貴婦病入膏肓，病重去世，他遭到誣陷。昏庸的官吏判他有罪，須受肉刑。由於淳于意曾當過官，所以應當被押送長安受刑。與家人臨別之時，淳于意眼望哭成一團的五個女兒，不禁悲從中來，喟然長嘆：「哎！可惜我沒有男孩，遇到緊急事情，一個有用的也沒有！」聽到父親講這些話，女兒更是痛哭不止。

這時，淳于意最小的女兒緹縈走上前來：「父親，孩兒雖是女流之輩，如今也要做出一番事業。我要和父親一起去長安，上書皇上，替您洗辯冤屈。」淳于意沒有想到小女兒竟如此勇敢，心中感到有些寬慰，但從齊地到長安路途艱險，所以堅絕不同意。緹縈以死相求，解差怕鬧出人命來，只好帶她前往。

經過一路艱難跋涉，父女倆終於到了長安。緹縈懷著對父親的無比摯愛，和對千萬受刑者的深切同情，請人代擬奏章，並衝破種種阻礙，大膽上書漢文帝陳述冤情：「我的父親曾是齊地的一個小官吏，有清廉的好名聲，現在不慎犯錯，按律當受肉刑。我不但為父親難過，也為所有受肉刑的人傷心。一個人被砍去了腳，就成了殘廢；被割去了鼻子，就不能再裝上，即使他們想改過自新也不可能。我情願做官府的奴婢，替父親贖罪，好讓他有個改過自新的機會。」

當時官府中的奴婢生活相當悽慘，日夜勞作沒有絲毫人身自由，和囚徒沒什麼兩樣。緹縈為父親免遭酷刑，這種千里迢迢冒死上書的膽識孝心，和這種甘為奴婢的自我犧牲精神，深深感動了寬仁賢德、愛民恤民的漢文帝；同時漢文帝也充分認識到，繼續沿用秦代的肉刑，不利於經濟的發展和社會的穩定，更不利於政權的穩固。於是下令免除了淳于意的刑罰，也沒有讓緹縈當奴婢，第二天就下令廢除漢代初年還保留的黥（刺面塗墨）、劓（割鼻）、刖（砍斷腳趾）三種肉刑，責成丞相張蒼、御史大夫馮敬等負責修改刑律。

同年，新的刑律修成並頒行天下。新刑律規定：黥刑，改為剪去長髮，以鐵鉗束頸服刑四年；劓刑，改為打三百竹板子；斬左趾，改為打五百竹板子；對於那些犯斬右趾以及殺人自首、官吏貪贓枉法、監守自盜等罪，於判刑之後又犯笞刑罪者，一律棄市處死；而對於判處其他各等徒刑，在一定年限內無逃亡等行為的，則可相應遞減刑罪，直至釋放免刑為庶人。史書稱，從此以後社會「風流篤厚，禁網疏闊……刑罰大省」，以致一年之中僅「斷獄四百，有刑錯之風焉」。（《資治通鑒・漢紀》）

漢文帝廢除肉刑，既順應了民心，又為農業生產保全了更多的勞動力，有利於自身的統治，合乎歷史發展的潮流。而少女緹縈為救父不畏艱難和強權，勇敢上書皇帝，又為漢文帝廢除肉刑提供了契機，最終促成了肉刑的廢止。緹縈上書救父的事蹟在歷史上被廣為傳頌，東漢著名史學家班固曾由衷讚歎道：「百男何憒憒，不如一緹縈！」還有人寫詩讚揚緹縈：「隨父赴京歷苦辛，上書意切動機定；詔書特赦成其孝，又廢肉刑惠後人。」

漢文帝是中國歷史上第一個廢除肉刑的皇帝。廢除肉刑，作為中國刑罰史上著名的改革措施而引人注目，是刑罰制度發展過程中的一項重大進步，是刑罰制度從極端野蠻殘酷，向相對寬緩人道逐漸過渡的一個劃時代里程碑。緹縈上書救父不僅成為中國孝道的典範，而且對於推動古代法律制度的改革貢獻良多。

曹操高陵為何被人們誤讀千年？

曹操死後葬高陵。高陵在哪裡？《曹操文集》中的〈終令〉和〈遺令〉，無疑是考證高陵的第一手資料，可惜千百年來一直被人們誤讀。曹操當年究竟是如何交代喪葬事宜？

——〈終令〉，又稱〈壽陵令〉，全文如下：「古之葬者，必居瘠薄之地。其規西門豹祠西原上為壽陵，因高為基，不封不樹。《周禮》塚人掌公墓之地，凡諸侯居左右以前，卿大夫居後。漢制亦謂之陪陵。其公卿大臣列將有功者，宜陪壽陵。其廣為兆域，使足相容。」

——〈遺令一〉，全文如下：「吾夜半覺小不佳，至明日飲粥汗出，服當歸湯。吾在軍中持法是也，至於小忿怒，大過失，不當效也。天下尚未安定，未得遵古也。葬畢，皆除服。其將兵屯戍者，皆不得離屯部，有司各率乃職。斂以時服，無藏金玉珍寶。」

——〈遺令二〉，又稱〈遺命諸子〉，全文如下：「吾死之後，葬於鄴之西岡上，與西門豹祠相近，無藏金玉珠寶。餘香可分諸夫人，不命祭。吾妾與伎人皆著銅雀台。台上施六尺床，下繐帳，朝晡上酒脯糒之屬，每月朝十五，輒向帳前作伎。汝等時登台，望吾西陵墓田。」

如今，考古界、史學界普遍將〈終令〉和〈遺令〉一起綜合分析，並將瘠薄之地、西門豹祠、因高為基、不封不樹、宜陪壽陵、廣為兆域、鄴之西岡、西陵墓田等線索，一口氣作為研究高陵、探尋曹操墓的重要依據和必備條件。剪不斷，理還亂，是糾結，筆者可以斷言：照此下去，必定徒勞無功。

〈終令〉和〈遺令〉都是遺囑，但主題不同。〈終令〉用於安排喪葬事宜，〈遺令〉多為告誡和囑咐。〈終令〉已經將喪葬安排妥當，〈遺令〉就不會再次提及，正所謂帝王一言九鼎。如曹丕〈終制〉確定「首陽山東為壽陵」，死後即「葬首陽陵」，且「自殯及葬，皆以終制從事」。又如，劉備臨終遺詔，告誡劉禪「勿以惡小而為之，勿以善小而不為」，又囑咐他「汝與丞相從事，事之如父」，絲毫不提喪葬之事。曹操是無冕之皇，也是幹練之人，在〈遺令〉中重提喪葬事宜，唯一的解釋是對〈終令〉有重大修改，甚至否定。

古往今來，遺囑人多次立遺囑，如果涉及的同一項內容前後牴觸時，應當以最後所立遺囑為準，前面的遺囑自動撤銷。對照〈終令〉和〈遺令〉不難發現，二者在陵墓選址上存在嚴重分歧。〈終令〉曰「西原上」，〈遺令〉曰「西岡上」。何為原？《說文》稱「高平曰原，人所登」；《爾雅．釋地》稱「大野曰平，廣平曰原」，可見，原為寬廣平坦的高地。何為岡？《釋名》稱「岡，亢也，在上之言也」；《說文》稱「岡，山脊也。从網从山，取上銳而廣形」；《楚辭．守志》注「山嶺曰岡」，可見，岡為蜿蜒起伏的山脊。在原上，場地空曠，信馬由韁；在岡上，空間狹窄，緩步代車。一個原字，一個岡字，相差甚遠。

此外，曹丕在〈武帝哀策文〉中稱曹操「棄此宮庭，陟彼山阿」，以及「西陵」後來改稱「高陵」，也可以佐證曹操葬在「岡上」，而非「原上」。除了選址不同，〈遺令〉的喪葬訊息也比〈終令〉更成熟，更具體。

在稱謂方面，〈終令〉僅提到「壽陵」這一泛稱，而〈遺令〉則公布了「西陵」這一陵號；在陪葬方面，〈終令〉僅提到「居瘠薄之地」，而〈遺令〉則交代「斂以時服，無藏金玉珠寶」，與曹操「禁厚葬」（《三國志》）的觀點相吻合；在方位方面，〈終令〉僅提到「西門豹祠西原」，而〈遺令〉則點明了「鄴之西岡」，並用「汝等時登台，望吾西陵墓田」加以襯托。多個方面表明，〈遺令〉是對〈終令〉的顛覆性變更。從效力上來看，〈遺令〉既出，〈終令〉作廢，曹丕等人最終只能執行〈遺令〉。

事實上，〈終令〉確實不能算數。曹操講「古之葬者，必居瘠薄之地」，是要效仿堯、舜、禹等聖主明君，「堯葬於谷林，通樹之；舜葬於紀，市廛不變其肆；禹葬會稽，不變人徒」（《呂氏春秋》），但前提是華夏一統，天下太平，榮登帝位。為了完成夙願，曹操六月作〈終令〉，隨即「七月，治兵，遂西征劉備」（《三國志》），氣吞宇宙之志躍然紙上。

然而事與願違，作〈遺令〉時，吳蜀未平，群雄爭霸格局猶存，面對現實，曹操不得不發出「天下尚未安定，未得遵古也」的嘆息。所以，〈終令〉「其規西門豹祠……」中的「規」，不是規格，不是章程，而是謀劃和打算。《康熙字典》注「規，猶謀也。《後漢書》，凡謀皆作規」。一個「規」字，透露了〈終令〉不過是曹操對喪葬的初步構想，並沒有最終敲定。

從史料記載來看，〈終令〉也多與高陵不符，〈終令〉稱「不封不樹」。封，即築土堆；樹，即種樹。不封不樹，即不留痕跡，保持原來的地貌。但曹操下葬後，曹丕派人「於陵屋畫關羽戰克、龐德憤怒、禁降服之狀」（《三國志》），又派人「立陵上祭殿」（《晉書》），後來又下詔將「高陵上殿屋皆毀壞」（〈毀高陵祭殿詔〉），說明高陵建有陵屋，建有祭殿，這與「不封不樹」有較大出入。〈終令〉稱「公卿大臣列將有功者，宜陪壽陵」。事實上，史料中除記載卞夫人「祔葬於高陵」，曹沖「遷葬於高陵」，曹操手下那麼多功臣，死後均沒有提及陪葬一事。種種跡象表明，曹操死後並沒有依照〈終令〉下葬。所以，要正確認識曹操墓，要確定高陵的具體位置，首先應將曹操的〈終令〉撇開。

〈終令〉和〈遺令〉唯一掛鉤的，只有一個「西門豹祠」。在歷史上，西門豹祠有多處，不具有唯一性，兩份遺囑中所提到的西門豹祠也未必是同一處。再者，黃初三年（西元二二二年），曹丕在〈終制〉中稱「夫葬者，藏也，欲人之不得見也」，有了祕葬的念頭，並下詔將「高陵上殿屋皆毀壞」，顯然是要拿高陵作試點。高陵附近那座醒目的西門豹祠能否倖免，筆者不得而知。到了晉代，曾「見魏武帝遺令」的陸機，在〈弔魏武帝文〉中提到了高陵的諸多訊息，卻唯獨對「西門豹祠」隻字未提；《宋書》記載高陵時只寫道「其規西原上為壽陵」，偏偏也少了「西門豹祠」，這恐怕不是簡單漏記。不難想像，那座西門豹祠應該早已不存在了。後來，西門豹祠建了毀，毀了建，模樣變了，位置也變了。所以考證曹操高陵，也必須要把早已走樣的西門豹祠撇開，否則將無異於「刻舟求劍」。

依照〈遺令〉，能夠確定曹操高陵的座標有兩處，一是古鄴城，二是銅雀台。筆者考證，曹魏時期的鄴城東西七里，南北五里，為長方形，宮殿主要集中在西北角，遺址位於今河北省臨漳縣鄴鎮村、三台村及以東一帶。《鄴中記》稱「三台皆在鄴都北城西北隅，因城為基址」，自北向南依次為冰井台、銅雀台、金鳳台，三台「相去各六十步」，遺址位於三台村一帶。冰井台現已無蹤，銅雀台也只剩下東南一角依稀可見，唯有金鳳台歷經千年巍然獨存，十幾公尺高的夯土猶在，當地居民將金鳳台誤認為銅雀台，相沿至今。從金鳳台向北六十步（約八十五公尺），即銅雀台遺址。結合曹操「從西北來時，仙道多駕煙，乘雲駕龍」（〈氣出唱〉），和「濟天漢，至崑崙，見西王母謁東君」（〈陌上桑〉）等詩句，從銅雀台往西北望，越過東武仕水庫，有一座南北走向的山脈恰好符合岡阿地帶，曹操墓應該就在其中的某個曲隅之處。

常換老大的劉備為何能成為大英雄？

英雄不怕出身低，歷史上的許多豪傑起家時，往往都依附於某一個軍事集團或政治勢力，大多數英雄都有過改換門庭的易主紀錄。那麼，誰是史上易主最多的大英雄？

這頂桂冠無疑應屬於三國時期曾經十易其主的劉備，他是一位羽翼未豐時韜光養晦、一旦時機成熟便一飛沖天的絕世高手。現在商界盛行的什麼「借雞生蛋」、「借船出海」等招數，都是當年劉備玩剩的。易中天曾說劉備先後「五易其主」，其實小覷了這個善於寄人籬下來發展自己的「天下英雄」。易中天將其易主的歷史說少了一半，可能是讀史不精所致。

且看《三國志．先主傳》中關於劉備在赤壁之戰前，十易其主的具體記載：

1. 最初跟隨校尉鄒靖討黃巾。（《三國志．先主傳》）
2. 在平原人劉子平的推薦下，跟隨了史失其名的青州從事。（《三國志．先主傳》裴注引《典略》）
3. 投靠大將軍何進的都尉毌（音貫）丘毅。（《三國志．先主傳》）
4. 投奔幽州公孫瓚。（《三國志．先主傳》）
5. 與公孫瓚的青州刺史田楷屯兵齊國（今山東淄博市），受田楷節制。（《三國志．先主傳》）
6. 離開齊國投歸徐州牧陶謙。（《三國志．先主傳》）
7. 陶謙死後，劉備領徐州牧，旋被呂布擊敗，投降呂布，屯兵小沛（今江蘇沛縣東）。（《三國志．先主傳》）
8. 被呂布打敗，投歸曹操。（《三國志．先主傳》）
9. 在徐州被曹操打敗，投歸袁紹。（《三國志．先主傳》）

10.離開袁紹，投歸劉表。（《三國志·先主傳》）

「城頭變幻大王旗」，如此頻繁改換門庭，古今跳槽者無出其右，似有反覆無常之嫌。不少善良的讀書人會問：這樣的「變色龍」劉備，能算大英雄嗎？

古語說得好，春秋無義戰，三國無君子。在那個群雄逐鹿的軍閥混戰年代，誰勝出誰便是英雄，至於手段則在其次。無論是光明磊落，還是陰險狡詐，都不過是為爭奪天下的終極目標服務。

劉備是不是英雄呢？歷史的記載明確、肯定地回答了這個問題。

劉備（西元一六一年～二二三年），字玄德，即蜀漢昭烈帝，三國時期蜀漢開國皇帝，西元二二一年～二二三年在位。三國時期的政治家。漢族，涿郡涿縣（今河北省涿州）人，漢中山靖王劉勝的後代，為三國蜀國君王。東漢靈帝末年，與關羽、張飛一道討黃巾軍有功，遂為安喜縣尉。密誅曹操不成，潛逃。三顧茅廬始得諸葛亮輔佐。後幫助孫權大勝曹操於赤壁，入侵奪取益州與南中，自立為西蜀國王。西元二二一年，於成都即位自稱漢皇帝，年號章武。伐東吳兵敗，損失慘重，退回白帝城，因病崩，享年六十三歲，謚號昭烈帝，史稱其劉先主。

劉備志存高遠，從小就做過皇帝夢。他家房子的東南角有一棵大桑樹，高五丈餘，遠遠看去那樹冠就像一個小車蓋。劉備兒時與同宗的朋友在樹下玩耍，發話說：「我一定要坐這樣的羽葆蓋車。」（車蓋以翠鳥羽毛為裝飾的車，這樣的車只有皇帝才能坐。）他的叔父急忙制止說：「不要胡說，這是要滅門的。」（《三國志·先主傳》）

曹操的謀士董昭說過：「備勇而志大。」（《三國志·董昭傳》）

劉備在荊州，從劉表的座上起身上廁所，回來時流著眼淚。劉表感到奇怪，問他，他回答說：「過去常常身不離鞍，大腿裡側的肉都消瘦了。時光如同奔馬，不覺老之將至，而功業無成，所以感到悲哀。」

（《三國志．先主傳》裴注引《九州春秋》）

在三顧茅廬時，劉備對諸葛亮說：「漢室傾頽，奸臣竊命（奸臣竊奪了皇權），主上蒙塵。孤不度德量力，欲伸大義於天下，而智術短淺，遂用猖蹶（使我遭受挫折），至於今日。然志猶未已……」（《三國志·諸葛亮傳》）「欲伸大義於天下」和「志猶未已」這些話，鏗鏘有力，充分體現了劉備的「非池中物」的淩雲壯志。

《三國志》曾給予劉備極高的評價：「先主之弘毅寬厚，知人待士，蓋有高祖之風，英雄之器焉。及其舉國託孤於諸葛亮，而心神無貳，誠君臣之至公，古今之盛軌也。機權幹略，不逮魏武，是以基宇亦狹。然折而不撓，終不為下者，抑揆彼之量必不容己，非唯競利，且以避害云爾。」

曹操說：「今天下英雄，唯使君與操耳。」（《三國志．先主傳》）在不可一世的曹操眼裡，除了自己外，只有劉備才算得上是英雄。

他還說過：「劉備，吾儔也。」（《三國志．武帝紀》裴注引《山陽公載記》）儔，同類，不相上下。

程昱說：「觀劉備有雄才而甚得眾心，終不為人下。」（《三國志．武帝紀》）

程昱又說：「劉備有英名。」（《三國志．程昱傳》）

劉曄說：「劉備，人傑也。」（《三國志．劉曄傳》）

魯肅說：「劉備，天下梟雄。」（《三國志．魯肅傳》）

周瑜說：「劉備以梟雄之姿……」（《三國志．周瑜傳》）

劉備待人之好，連刺客都不忍對他下手。《三國志》中有這樣的記載：「郡民劉平素輕先主，恥為之下，使客刺之。客不忍刺，語之而去。其得人心如此。」

《魏書》也記載了這則故事：「劉平結客刺備，備不知而待客甚厚，客以狀語之而去。是時人民饑饉，屯聚鈔暴。備外禦寇難，內豐財施，士下者，必與同席而坐，同簋而食，無所簡擇。眾多歸焉。」

這不僅僅是劉備禮賢下士的真實寫照，也說明了劉備的個人修養和超凡的人格魅力。

《三國志》除記載劉備的英雄之志與時人對他的正面評價外，還記載了當時人們對劉備的追隨：如：中山大商賈張世平和蘇雙，以金錢資助劉備，使他有了打造團隊起家的本錢（好交結豪俠，年少爭附之。中山大商張世平、蘇雙等貲累千金，販馬周旋於涿郡，見而異之，乃多與之金財。先主由是得用合徒眾。）；在曹操屠戮徐州之際，徐州官員糜竺等，根據陶謙死前的遺言，把徐州讓給劉備。據《三國志．先主傳》記載：「（陶）謙病篤，謂別駕糜竺曰：『非劉備不能安此州也。』謙死，竺率州人迎先主。」在劉備被呂布擊潰的危急關頭，徐州富商糜竺（先祖世代經營墾殖，養有僮僕、食客近萬人，資產十分可觀）以家資助軍，送來了二千下人和大量金銀貨帛，還將妹妹（即後來的糜夫人）嫁給劉備，使劉備的力量大為增強。後來曹操想表奏糜竺為嬴郡太守，但糜竺與其弟糜芳都不接受，決意跟隨劉備。益州平定後，糜竺任安漢將軍，位在諸葛亮之上……

這一切，都說明劉備儘管先後十易其主，也不失為一個被歷史所肯定的大英雄。

唯一被諡為「大皇帝」的帝王是誰？

三國時期的三大傑出政治家中，孫權有好幾個「之最」：他壽命最長，活了七十一歲；主政時間最長，執掌東吳政權長達五十二年之久；去世最晚，死於西元二五二年，諡大皇帝，廟號太祖，是中國古代史上三百多位帝王中，死後唯一被諡為「大皇帝」者，被譽為「千古大帝唯一人」。

孫權承繼父兄之業，年未弱冠而坐擁江南。期間孫權善度大局，策略靈活。或降操，或聯劉，一切皆隨時局而變，孫權深諳列國競爭之妙，終成一方霸業。故而歷史學家陳壽曾經這樣評價孫權：「任才尚計，有勾踐之奇，英人之傑矣！」

他善謀大局，是一名很有作為的軍事策略家；他善於用人，文武大臣願為其用，甘為其死，豪俊之士均願與之共成大業；他善於立威，專斷大政，在政治、軍事思想、用人、拓疆土、開發經濟等諸多方面都很有作為，致使競爭對手曹操也不無感慨的讚揚他。西元二一三年正月，曹操再次親率大軍南侵，據《三國志》記載：「望權軍，嘆其齊肅，乃退，謂『生子當如孫仲謀』。」另一敵對方的諸葛亮在〈隆中對〉也不得不誇孫權善於用人：「孫權據有江東，已歷三世，國險而民附，賢能為之用。」

孫權領導下的孫吳政權之所以能夠雄踞江東，與魏、蜀鼎足而立，固然有其「地利」，即北控大江、西扼三峽之險，然而更重要的是憑藉「人和」，即孫氏父子在開創吳國基業時表現出的善於籠絡人才、使用人才，內部團結一致，從而「跨制荊吳，而與天下爭衡」。舉賢任能是孫氏父子割據稱雄的一個重要原因，這一點在孫權身上表現得尤為突出。知弟莫如兄，孫策在臨終時對孫權說：「決機於兩陣之間，與天下爭衡，卿不如我；舉賢任能，各盡其心，以保江東，我不如卿。」（《三國志．吳書．孫破虜討逆傳》）

《三國志》記載大臣對孫權的評價：「納魯肅於凡品，是其聰也；拔呂蒙於行陣，是其明也；獲于禁而不害，是其仁也；取荊州而兵不血刃，是其智也；據三州虎視於天下，是其雄也；屈身於陛下，是其略也。」

孫權也深深認識到，為確保江東，需要各方面人才的協力合作，「天下無粹白之狐，而有粹白之裘，眾之所積也……故能用眾力，則無敵於天下矣；能用眾智，則無畏於聖人矣」（《三國志．吳書．吳主傳》）。

善於用人是孫權的致勝武器。孫權用人不拘一格，不分親疏，且能用人不疑。呂蒙原是一名小校，有一次孫權閱兵，看到呂蒙為數不多的軍卒步伐整齊、精神振奮，便破格提拔呂蒙。後來呂蒙英勇善戰，曾打敗關羽，奪取荊州；西元二二一年，當劉備舉傾國之兵進攻東吳時，孫權派諸葛瑾前去說和。張昭認為諸葛瑾必將一去不返，孫權卻說：「孤與子瑜可謂神交，孤不負子瑜，子瑜必不負孤。」果然，諸葛瑾公私分明，不久便回吳覆命；陸遜本是一介書生，未有戰功。在孫劉大軍開戰後，經呂蒙推薦，孫權對陸遜任以大權，大膽提拔。陸遜不負所託，在彝陵之戰中，大敗劉備。正是孫權的知人善任，破格用人，才使得孫吳政權一直是人才濟濟，沒有出現蜀漢後期人才青黃不接的尷尬局面。

史書記載：「孫權善撫將士，能得臣下死力，將士都願以身事主。」孫權不僅會用人，而且還善容人，有「忘其短而貴其才」的雅量，全面評價下屬，調和他們之間的關係，發揮他們的長處。呂範性好威儀，其居處服飾奢侈，有人舉奏他「服飾僭擬王者」，然而孫權深知呂範為人忠誠，多立戰功，「不怪其奢」；甘寧粗暴好殺，但甘寧「開爽有計略，輕財敬士，能厚養健兒，健兒亦樂為用命」，孫權不計較甘寧的缺點，對甘寧特別厚待。甘寧深受感動，作戰更加勇敢；凌統性情暴躁，曾過失傷人，因屢建戰功，一直被任為親信大將。凌統死後，孫權將其二子收養宮中，「愛待與諸子同」；周泰出身寒門，朱然、徐盛等老將心不服。孫權在宴請諸將時讓周泰脫下上衣，露出每次作戰留下的傷痕，並把著周泰的手臂流涕說：「卿為孤兄弟，戰如熊虎，不惜軀命，被創數十，膚如刻畫，孤亦何心不待卿以骨肉之恩，委卿以兵馬之重乎！」隨後又讓周泰帶著兵馬作前導，於是徐盛等稱服；大司馬朱然病重，孫權白天減食，晚上不睡覺，派人送醫藥食物，相望於道。朱然病死，孫權哭得特別傷心；呂蒙患病，孫權將其安置在內殿就近治療，不惜重金懸賞以求名醫名藥。其間孫權常來探視，又恐呂蒙傷神勞累，就在牆壁上穿一小洞，隨時看望。

孫權不僅親賢愛士，更善於採納下屬的勸諫，向臣下認錯，反躬自責。虞翻數次犯顏諫爭，孫權很不高興。一次酒宴上，虞翻喝酒裝醉，孫權大怒，拔劍要殺虞翻。大農令劉基諫說：「大王酒後殺人，不能容賢合眾，令天下人失望，萬萬不可。」孫權不僅認錯，而且下令「自今酒後言殺，皆不得殺」；魏國遼東太守公孫淵向孫權稱臣，孫權決定派張彌、許晏率兵萬人及金寶珍貨出使。張昭及朝中大臣認為公孫淵不可靠，堅決勸阻，孫權不聽，張昭一怒之下稱病不起。後來，公孫淵果然殺死使臣，沒其軍資。孫權登門向張昭認錯，「深自克責」，張昭不得已，才又參加朝會；陸遜為孫權廢太子事再三上疏抗爭，孫權多次派人指責陸遜，致使陸遜憂憤而死。數年後，孫權對其子陸抗說：「我先前聽信讒言，懷疑你父親的忠信，很對不起你們父子。」

更難能可貴的是，孫權非常信任自己選定的統帥，絕少親赴前線，而是交給屬下完成使命。這當中突出的有周瑜指揮的赤壁之役、呂蒙指揮的荊州之役，和陸遜指揮的彝陵之役。筆者認為，這三大戰役都是決定東吳命運的大戰，而孫權完全放心屬下在前線禦敵作戰。

孫權本是極有雄心壯志之人，但善於韜光養晦。起初魯肅曾建議孫權在江東稱帝，孫權拒之未應。當時曹操擁有百萬之眾，挾天子以令諸侯，劉備處於漢皇叔尊位，打著復興漢室的旗號，因而曹、劉在政治上都具有優勢。孫權自知不及，不願過早暴露自己的政治意圖。直至西元二二九年，曹、劉死後，東吳的政局比較穩定，孫權認為條件具備，才稱帝登基。

西元二二九年稱帝後，孫權下令修築蓄水水利工程，開鑿破崗瀆運河，以解決灌溉和運輸問題，發展江南的水利事業。設置農官，實行屯田，平定山越，設置郡縣，促進了江南經濟的發展。同時孫權也很重視海外貿易，他又多次派人出海。二三〇年，他派衛溫等航行到達夷州（臺灣），西元二四二年又派聶友等航行到海南島，強化與中原的聯繫。當時的東吳船隊還去過許多國家，東至朝鮮，南至今天的菲律賓、越南、柬埔寨等地，西至印度、阿拉伯等，大大促進了中外交流。

很不幸，雄才大略的孫權晚節不保，史稱晚年的孫權「年老志衰，讒臣在側，廢嫡立庶，以妾為妻，可謂多涼德矣」，「多嫌忌，果於殺戮」。使本已凸顯的內部矛盾更加複雜化，其身後的吳國最終淪落為黨爭劇烈、暴政盛行的黑暗王朝，最終也沒能避免滅亡的命運。

唯一被追認為皇帝的太監是誰？

魏明帝曹睿即位後，追尊其高祖曹騰為高皇帝，其夫人吳氏為高皇后，直到西晉代魏，這個稱號都一直保留著。曹騰也成為曹魏王朝五個擁有帝號的人物之一（魏高帝曹騰、魏太皇曹嵩、魏武帝曹操、魏文帝曹丕、魏明帝曹睿，因司馬專權，曹睿的後繼者皆不得享有帝號）。

歷史上被正式授予正統王朝皇帝稱號的宦官，僅曹騰一人而已，可謂空前絕後。《三國志．武帝紀》裴注和《後漢書》，均載有〈曹騰傳〉。宋代詩人劉克莊有首詩〈雜詠一百首．曹騰〉這樣說：「費亭侯在日，亂已有萌芽。養得螟蛉種，猶能覆漢家。」

曹騰是曹操的祖父，字季興，東漢著名的宦官。曹騰的父親是曹節，字符偉，生有三子。曹騰排行第三，從小就被送入皇宮當宦官。司馬彪的《續漢書》記載一段曹節的小故事：曹節的鄰居走失了一頭豬，到曹節家尋找，指認曹家的一頭豬就是他走失的豬，曹節不與他爭執，讓鄰居將豬牽回去。後來鄰居家走失的豬自己跑回家，鄰居感到羞愧，趕緊登門道歉，送還曹家的豬。曹節也不責怪，笑著接受了，鄉里之間都稱讚曹節是一位仁慈敦厚的人。從這個故事來看，曹節應是個普通的鄉下農戶，也許因為經濟因素，才會將曹騰送到宮中當宦官吧。

宦官，俗稱太監或「老公」，文書上的稱謂很多，例如有閹人、閹宦、宦者、中官、內官、內臣、內侍、太監、內監等等。這些男子生殖器官被閹割後失去性功能，是歷代王朝在宮廷內侍奉皇帝及其家屬的奴僕。據記載，中國先秦和西漢時期的宦官並非全是閹人；自東漢開始，才全部用閹人。這是由於在皇宮內廷，上自皇太后、太妃，本朝后妃以及宮女等，女眷較多，如果允許男侍出入，難免會發生穢亂宮闈的事，所以絕不允許有其他成年男性在宮內工作。

東漢安帝時，曹騰入宮為宦者，鄧太后認為他年輕、溫順、忠厚，選他陪伴太子（順帝劉保）在東宮讀書。由於他為人恭謹，很受太子的喜愛，後與女子吳氏結為「對食」夫妻，並收養夏侯家少年為子，即曹操的父親曹嵩。

漢順帝即位後，曹騰升任中常侍。他在宮內供事三十多年，一直小心謹慎，其家族也從不在家鄉橫行霸道。而且曹騰又經常向皇帝推薦一些名士，如陳留虞放、邊韶、南陽延固、張溫、弘農張奐、潁川堂溪典等。當時有一名蜀郡太守，透過計吏（每年去中央匯報地方工作的吏員）順便送些禮物給曹騰，結果被益州刺史种暠在斜谷關查出。种暠上書告發蜀郡太守，而且由此彈劾曹騰，請求交給廷尉治罪。皇帝卻說：「信是從外面來的，不是曹騰的過錯。」（帝曰：「箋自外來，騰書不出，非其罪也。」）於是扣下奏摺。結果曹騰絲毫不介意此事，常常在皇帝面前稱讚种暠是有才能的官員，能掌握為臣的法度，使种暠不斷升遷，位至司徒。後來种暠還感慨說：「我能當上司徒，都是曹常侍的幫助啊！」曹騰約束家族並且親近士大夫，得到了當時社會各界對他的普遍讚譽。

漢順帝永和四年（西元一三九年），中常侍張逵、蘧政，內者令石光，尚方令傅福為奪權陷害曹騰、孟賁，結果反被順帝誅殺。

漢順帝死後，剛剛滿兩歲的幼子漢沖帝，在即位一年以後又夭折。當時大臣都認為應該立一位年長有德的宗室當皇帝，都屬意於清河王劉蒜；外戚大將軍梁冀為了繼續掌權，卻立了勃海孝王的兒子、年僅八歲的劉纘當皇帝，即漢質帝。但這位小皇帝也很聰明，在朝會時指著梁冀對群臣說：「此跋扈將軍也。」惶恐的梁冀又毒死了這位即位才一年多的小皇帝。這時大臣們強烈要求立清河王劉蒜，梁冀本來打算立自己的妹夫蠡吾侯劉志，但見群情激昂，也不知道該怎麼辦才好。

清河王劉蒜「為人嚴重，動止有度，朝臣太尉李固等莫不歸心焉」，但是曹騰等宦官曾經拜見劉蒜，劉蒜並不以禮相待，引起了曹騰等人的仇視和畏懼。曹騰等人連夜趕往梁冀家中勸說，說：「將軍世代都是皇親國戚，總理朝政，人際關係複雜，有很多違反法度的地方。清河王嚴明，如果最後成為君主，那麼將軍遭受災禍就為期不久了。不如立蠡吾侯，富貴可以長久保有啊！」梁冀採納他的建議，強行立蠡吾侯劉志為帝，即漢桓帝。曹騰以此功勞，遷為大長秋，達到宦官官位的極點，並且被封為費亭侯。大長秋可以說是最大的宦官，執掌奉宣中宮，俸祿二千石，屬於列卿一級的高官。

曹騰死後，養子曹嵩（即曹操的父親）繼承爵位。桓帝末年曹嵩就已官拜司隸校尉，到了靈帝即位，又升任大司農、大鴻臚，先後掌管國家的財政禮儀，位列九卿，位高權重。東漢末年，朝中有花錢捐官的制度，曹嵩並沒有滿足於大鴻臚的職位，花去萬金為自己捐了太尉一職。太尉居「三公」之首，曹嵩由此達到了自己政治生涯的最高峰。

東漢末年時局動盪，十常侍亂政時，曹嵩辭官居於洛陽。因為董卓入襲漢宮，王允、呂布誅董卓，李傕、郭汜大交兵等等，洛陽已成是非之地，曹嵩帶著家資家眷到泰山華縣避禍。後曹嵩又帶著次子曹德與妻妾，離開華縣前往曹操的大本營兗州。浩浩蕩蕩到了徐州境內時，陶謙派遣兩百名衛兵，交給張闓護送曹嵩。依照《吳書》的記載，這張闓抵抗不了一百多輛車行李與金銀財寶的誘惑，走到泰山與華縣、費縣之間，就指揮衛兵，把曹嵩殺了，劫去曹嵩的財物，逃往淮南。和曹嵩一起成為刀下之鬼的還有次子曹德，夫人鄒氏（曹操之母），姬妾趙氏等。

曹操一口咬定曹嵩是陶謙派人所殺，立即接連發動了兩次對徐州的戰爭，聲稱為父報仇。有五個城的男女老少，幾十萬人，包括從陝西因李傕、郭汜之亂，而逃到徐州來的難民，都被曹操指揮部隊殺光。這五個城是彭城（今徐州市）、傅陽（今嶧縣之南）、取慮（今睢寧西南）、睢陵（今睢寧）與夏丘（今安徽泗縣之西）。曹操屠掉這五城，屠得真正是雞犬不留，使「睢水為之不流」，太殘忍了！這是曹操一生的大汙點。

布衣劉秀是如何奪取天下的？

東漢開國皇帝劉秀，靠堅忍意志和人格魅力，聚集群雄而問鼎天下，由一介平民而成長為光耀史冊的一代明君。他作戰非常勇敢，在歷代帝王中極為罕見，尤其在昆陽大戰中，劉秀身先士卒，帶領十三人衝出王莽四十二萬大軍的圍追堵截，搬來救兵。衝出重圍卻未折損一兵一騎，後親率三千人的敢死隊，迂迴至王莽軍側後，終以兩萬人的軍隊大破王莽四十二萬大軍，創造了中國軍事史的神話。

西漢與東漢之間，群雄並起，是歷史上有名的亂世。劉秀的對手僅稱帝號的就有王莽、王郎、劉玄、劉盆子、張步、劉永、李憲、彭寵、盧芳、公孫述等。為了消滅這些敵對力量，劉秀多年來征伐不止，無數次死裡逃生。他善於把握戰機；長於集中優勢兵力，各個擊破；精於避實擊虛，奇正並用，運動殲敵；勤於總結經驗教訓，不斷改進戰術；強調連續進擊，不給敵人喘息和反撲的機會；重視利用人和，唯才是舉，使麾下將士能充分發揮才幹。有志者事竟成，最終平定了天下，所以說劉秀又是中國歷史上作戰最多的皇帝。

以弱勝強 一戰成名

西元前六年，西漢皇室後裔劉秀出生在濟陽（今河南蘭考），他是漢高祖劉邦的九世孫，出自漢景帝一脈。劉秀先祖的地位不斷下降，從王降為列侯，到他的父親這一輩，只是濟陽縣令這樣的小官員了。西元三年，劉秀的父親去世，一家人回到故鄉南陽，成了普通的平民。

此時，風雨飄搖的西漢政權政治腐朽，民不聊生。外戚王莽利用這一形勢，玩弄權術，於西元九年奪取政權，建立新朝。但王莽篡權有術，治國無方，他「增重賦斂，刻剝百姓」，法令嚴苛殘酷，並且朝令夕改。所有這些導致社會矛盾更趨激化，不少地方爆發了農民起義。

西元二十二年，一場大災荒向南陽郡襲來，餓殍滿目，哀鴻遍野，老百姓再也無法生存，許多人去投奔義軍。二十八歲的劉秀和劉縯一起，藉機利用宗族勢力起兵，並與進入南陽的綠林軍聯合。

劉秀起初在起義軍中並不顯眼，他的脫穎而出是在著名的昆陽大戰中。西元二十三年，綠林軍已發展至十萬人，擁立漢室後裔劉玄為帝，年號更始。義軍派主力圍攻宛城，同時派王鳳、王常、劉秀等率軍兩萬人北上，連克昆陽（今葉縣）、定陵（今郾城西）、郾縣（今郾城南），繳獲大量物資，供應圍宛大軍，王莽的都城長安受到了極大的威脅。

驚懼不已的王莽急派王邑、王尋調集各州郡精兵四十二萬人，號稱百萬，直撲昆陽，守城綠林軍僅八九千人，看著王莽的軍隊鋪天蓋地而來，多數將領主張撤離。但此時避開敵人，正在攻打宛城的主力部隊就暴露在敵人面前。

滄海橫流，方顯英雄本色。在改寫歷史的關鍵時刻，劉秀以冷靜的分析和遠見卓識，說服眾將堅守待援，自率十三騎趁夜出城，前往郾縣、定陵調集援兵。王邑、王尋依仗人多勢眾，不聽撤圍攻宛和網開一面、讓守軍逃離的建議，揚言：「百萬之師，所過當滅，今屠此城，喋血而進，前歌後舞，豈不快耶！」他們發動強攻，以衝車撞城，挖地道攻城，架雲梯爬城，但昆陽城小而堅固，何況困獸猶鬥，守城的被逼上絕路，死命抵抗，王邑、王尋乾著急沒辦法。

六月初一，劉秀率領近萬人救援昆陽，先頭部隊一千多人距王莽軍四五里列陣。王尋派兵數千人迎戰。劉秀親自揮刀殺向敵陣，屬下人人奮力拚殺，殲敵千餘，擊退王莽軍。

這時，足智多謀的劉秀又假傳宛城已克戰報，射入城中及王莽軍營，一面鼓舞城內部隊堅守，另一面動搖王莽軍心。接著，劉秀率三千人的敢死隊祕渡昆水（今葉縣輝河），迂迴至王莽軍側後，衝擊王尋、王邑大營。王邑、王尋認為義軍不堪一擊，下令各營不得擅自行動，自率萬人迎戰。兩軍激戰，劉秀率精兵勇猛衝殺，王邑、王尋軍陣勢大亂。各州郡兵卻又因王邑有令在先，誰也未敢去救援，致使王邑軍潰敗，王尋也做了刀下之鬼。昆陽守軍乘勢殺出，內外夾擊，王莽軍紛紛奪路逃命。這時忽然下起暴雨，河水猛漲，王莽軍涉水溺死者上萬。王邑僅率數千人逃往洛陽。如此這般，創造了兩萬打敗四十二萬的奇蹟。

昆陽之戰逆轉了形勢，殲滅了王莽賴以維持統治的軍隊主力。大學者王夫之後來曾這樣評價：「一戰而宗廟得全，未幾光復天下，（光武）誠不世出之也。」

韜光養晦 河北稱帝

然而，昆陽之戰最大的功臣劉秀，非但沒有升遷，反而陷入極大的危險。原來，威望日增的哥哥劉縯受到了猜忌和排斥，被更始帝劉玄殺害。正領兵在外的劉秀自知勢孤，強忍悲痛，主動回到宛城謝罪，忍辱負重，不為哥哥舉辦葬禮，反而與相戀多年的陰麗華熱熱鬧鬧舉行了婚禮，「娶妻當得陰麗華」的夢想總算是實現了（《後漢書．光烈陰皇后紀》：「光武適新野，聞后美，心悅之。後至長安，見執金吾車騎甚盛，因嘆曰：『仕宦當作執金吾，娶妻當得陰麗華』。」）。

洞房花燭夜之後，天天花天酒地，一副及時行樂的模樣。劉玄對他很放心，認為劉秀不過是紈絝子弟，因此他得以躲過殺身之禍。為全身避禍的劉秀，白天強顏歡笑，晚上淚濕枕席，他深深明白要成大事，必須學會忍。

王莽政權被推翻後，群雄逐鹿的天下仍是一派亂象，忍耐已久的劉秀終於爭取到了獨立發展的機會：劉玄命劉秀以大司馬身分，「持節北渡河，鎮慰州郡」。當時河北形勢紛繁複雜，各種武裝林立，劉秀依照馮異「理冤結，布惠澤」和鄧禹「延攬英雄，務悅民心」的建議，「所過郡縣，考察官吏，平遣囚徒，除王莽苛政，復漢官名；吏民喜悅，爭持牛酒迎勞」，得到了各階層民眾以及一些地方實力派的支持，逐漸形成了建立政權的基礎力量。但劉秀剛剛在河北找到手感，王郎就在邯鄲稱帝，勢力盛極一時，兵微將寡、羽毛未豐的劉秀被逼得四處奔逃，幾度陷於絕地。但劉秀再次熬過了考驗，劉秀的所作所為，讓人們看到了天下安定的希望，眾多英雄紛紛投奔於他。這些人能征慣戰，智勇雙全，帶領自己的部隊效忠劉秀，劉秀才在河北站穩腳跟，一舉消滅王郎勢力，掃除了占領河北的最大障礙。

西元二十五年，在鄗縣（今河北柏鄉縣北）南的一個土壇上，在眾將的極力擁戴勸進下，劉秀宣布即皇帝位，建元建武，將鄗縣改名高邑縣，正式建立了東漢，這一年，他年僅三十一歲。

力挫群雄 統一全國

不過在當時，除了劉秀的少數謀臣和大將外，大概很少有人會相信他會在十幾年後一統天下，恢復漢朝，並使之延續了近二百年。

當時更始帝劉玄還是名義上的「天下共主」，稱帝前的劉秀也是他的下屬，更始政權一度控制全國大部分地區。在劉秀稱帝前後存在的割據政權可謂多如牛毛，稱帝稱王的也不在少數：

王莽的廬江（今安徽淮南西部）連率（郡級長官）李憲稱淮南王，後自立為天子。

邯鄲（今河北邯鄲）一位算命的王郎，自稱漢成帝的兒子，起兵稱帝，得到今河北北部直到遼東一帶的響應。

公孫述占有漢中、巴、蜀，稱蜀王，不久又稱天子。

宗室梁王劉永在睢陽（今河南商丘）稱帝，據有今河南東南和相鄰的山東、安徽一帶。

張步占據今山東大部，稱齊王。

赤眉軍立宗室劉盆子為帝，不久進占長安，取代更始政權。

隗囂占有天水、隴西等郡（今甘肅隴中、隴南）稱西州上將軍。

竇融割據河西走廊，自稱河西上將軍。

盧芳在三水（今甘肅隴東北部和寧夏中部）稱上將軍、西平王，後被匈奴立為帝。

漁陽太守彭寵攻下薊城（今北京），自稱燕王。

南陽（今河南南部）一帶有秦豐稱楚黎王，還有在漢中稱武安王后進入南陽的延岑等。

……

稱帝前，劉秀雖然已滅王郎和河北各部，但實際控制的地區還不過今河北大部和一些相鄰地區，既非兵力最強，也非占地最多。

建武元年（西元二十五年）六月，劉秀即位不久，大軍直下，包圍洛陽。固守洛陽的朱鮪因參與謀劃殺害劉縯，在劉秀以黃河水起誓的保證不復仇的情況下，朱鮪率全體守城將士向劉秀投降。劉秀兵不血刃，使洛陽三十萬人不戰而降，占領洛陽城後，劉秀拜朱鮪為平狄將軍，扶溝侯。

劉秀定都洛陽後的數百年，洛陽成為全國政治、經濟、文化中心。建武二年（西元二十六年），劉秀又在洛陽建起宗廟。在宗廟右邊建立稷壇。劉秀認為赤眉軍是心腹大患，先派鄧禹、馮異與赤眉作戰，逼迫劉盆子率百萬之眾請降。解決了臥榻之側的赤眉主力，又先後討伐劉永，定河北，滅掉朝秦暮楚的隗囂，夷平得隴望蜀的公孫述，於建武十三年（西元三十七年）統一中國。

劉秀之所以能在強敵環伺的形勢下一統天下，除了策略正確、作戰勇敢、指揮得當外，還在於他注意講求策略，具有敏銳的政治眼光。他在統一戰爭中，善於採用政治攻勢，如宣布釋放奴婢、刑徒，減免賦稅刑法，用以瓦解敵軍，壯大自己的勢力。他還注意整飭軍紀，早在他擔任更始政權的將軍時，就注意約束部下遵守軍紀，這就有利於取得更多的支持。

與先祖劉邦不同的是，劉秀沒有殺戮功臣，而對他的功臣非常「厚道」，給他們豐厚的待遇。但為了避免功臣權力過大帶來問題，劉秀「退功臣，進文吏」，將治理國家的事交給了文臣。

統一全國之後，漢光武帝劉秀仍能兢兢業業，勤於政事，「每旦視朝，日昃乃罷，數引公卿郎將議論經理，夜分乃寐」。他所實行的各項政策措施，既維護了東漢封建統治，也維護了國家統一，與民休息以促進社會經濟的發展。《後漢書》作者范曄論曰：「雖身濟大業，兢兢如不及，故能明慎政體，總攬權綱，量時度力，舉無過事，退功臣而進文吏，戢弓矢而散馬牛，雖道未方古，斯亦止戈之武焉。」司馬光也說：「帝每旦視朝，日昃乃罷……雖以征伐濟大業，及天下既定，乃退功臣而進文吏，明慎政體，總攬權綱，量時度力，舉無過事，故能恢復前烈，身致太平。」對光武帝在統一全國後的政績都充分肯定。

光武晚年雖因迷信圖讖，宣布圖讖於天下，貶逐了桓譚、馮衍等直言敢諫之士，有拒諫之失，但大體說來尚能始終保持謹慎，兢兢業業，勤於政事，在封建帝王中還是難能可貴，不失為一個好皇帝。

知人善任 戮力成事

東漢明帝永平三年（西元六十年），漢明帝劉莊在南宮雲台閣，命人畫了二十八位將軍的像。稱為「雲台二十八將」。這二十八人是當年跟隨漢光武帝劉秀打天下的開國名將，均為東漢建立過程中最具戰功的將領。

這「雲台二十八將」中，政治眼光與策略戰術均高於他人的是馮異，他是劉秀的愛將。馮異行事低調，這是他的性格，也是一種智慧。據《後漢書》記載，在路上與其他官員相遇時，無論對方官職大小，馮異總是先把車讓開；每次戰鬥結束，其他將領多忙於爭功邀賞，只有馮異從不炫耀功勞，一個人靜坐在樹下沉思。因此，周圍的人欽佩地送他一個綽號「大樹將軍」。

馮異生逢亂世，自幼喜歡讀書，精通《左傳》、《孫子兵法》等典籍。王莽奪取了西漢的政權自立新朝後，其改制大大激化了當時的社會矛盾，一時群雄並起，天下大亂。各路反王莽的武裝力量，共同擁戴西漢皇族劉玄為帝，建元更始，是為漢更始帝。馮異此時正以郡掾的身分替王莽監管五縣，與父城縣長苗萌共守縣城，阻擊在南陽建立政權的綠林起義軍北進。

漢更始帝劉玄手下的得力幹將劉秀，奉命率兵攻打父城，卻遭到馮異與苗萌的頑強抵抗，只得退兵巾車鄉，呈兩軍對峙之局面。馮異偶爾一次「出行屬縣，為漢兵所執」，馮異遂與同行幾人歸順劉秀，並表示願意將所守城池獻與劉秀，回到城中後，馮異對潁川郡最高長官苗萌說：「如今英雄壯士起兵的不少，但是多暴虐蠻橫之徒，只有劉將軍所到從不擄掠，秋毫無犯。我觀其言語舉止，絕非平常之人，我們可以投靠他建功立業。」苗萌深然之。在漢更始帝麾下眾將中，當時的劉秀並不特別突出，但馮異一見劉秀，便認定劉秀「非庸人也，可以歸身」，可見其慧眼獨具。

此後，劉秀率部回宛城覆命，更始帝派其他將軍來攻父城者前後有十餘人，馮異與苗萌都堅守不降。不久，劉秀率部經過父城，馮異與苗萌打開城門迎接劉秀，敬獻牛酒。劉秀非常高興，當即任命馮異為主簿，苗萌為從事。

從此，馮異成為劉秀的重要謀士和得力戰將，深得劉秀賞識，一直委之以重任。劉秀統一天下過程中最重要的幾步棋，都是在馮異的幫助下完成。正是有馮異等「雲台二十八將」與眾多將士全力鼎助，劉秀才得以終結西漢末年的亂局，成為東漢的開國皇帝。

梁武帝為何老往寺廟裡跑？

梁武帝蕭衍是南北朝最有名的皇帝之一，作為南梁政權的開創者，蕭衍一生有很多傳奇之處。他多才多藝，是最博學的開國皇帝；他在位四十八年，是南北朝時期執政時間最長的皇帝；他活了八十六歲，是僅次於乾隆的第二高壽皇帝。最值得一提的是，蕭衍在有生之年不僅推崇佛教，廣建寺廟，發展僧徒，而且還頻繁往寺廟裡跑，甚至曾三次丟下皇位捨身為寺奴，由此成為中國歷史上唯一一位在位時出家的皇帝。

蕭衍（西元四六四年～五四九年），其父蕭順是齊高帝的族弟，與南齊皇室關係密切。蕭衍年輕時崇信道教，希望長生不老，羽化成仙。後來，文采出眾的蕭衍加入了由南齊竟陵王蕭子良成立的一個文學沙龍，其中有范雲、沈約、謝朓等名士，時稱「竟陵八友」。蕭子良崇尚佛學，時常徵集名僧講佛論法，召集朝臣大辦佛事，有時還親自為佛事打雜，使當時佛學大盛。在蕭子良的薰陶和開示下，蕭衍棄道轉佛，漸漸成為一名狂熱的佛教信徒。

南齊中興元年（西元五〇一年），蕭衍擁戴蕭寶融為帝，因功勛卓著被封為大司馬，掌管中外軍國大事，朝政獨攬。中興二年（西元五〇二年），蕭衍迫蕭寶融禪位，並於四月初八稱帝。四月初八相傳為佛祖釋迦牟尼的生日，西晉以來，社會上開始流行「佛誕日」，舉行浴佛、灌佛、行像等儀式，蕭衍選擇四月初八登基，意味著他將像釋迦菩薩一樣在這一天誕生，救度天下眾生；像轉輪聖王一般，在三界行正道，覆庇十方人民，這無疑是他崇尚佛教而燒的第一把火。蕭衍稱帝後所使用的天監、普通、大通、中大通、大同等年號，也包含著某種佛教意義。

天監三年（西元五〇四年），蕭衍率領僧俗兩萬人來到重雲閣，並親自撰寫了〈捨道事佛文〉，發誓信奉佛教，並要求王公貴族乃至平民百姓都信奉佛教。此後，蕭衍還利用手中的權力，大興土木，廣建寺廟。為此，蕭衍不惜動用國庫，甚至以追思雙親、懷念舊居、祭奠高僧等各種名目，窮竭帑藏，建造了一大批宏偉壯麗的佛寺，並於寺內設置金、銀、銅、石等各式佛像。據統計，在蕭衍統治的梁朝半壁江山內，佛寺多達兩千八百四十六座，僧尼有八十二萬餘人。

關於南朝佛教中心京都建康（今南京）佛寺之盛，唐代著名詩人杜牧曾作詩道：「南朝四百八十寺，多少樓台煙雨中」（〈江南春絕句〉），寺廟之林立躍然紙上。而實際上，蕭衍在位期間，僅都城建康就已有佛寺五百多所了，「都下佛寺五百餘所，窮極宏麗。僧尼十餘萬，資產豐沃」（《南史．郭祖深傳》）。如果說自東晉到宋孝武帝，佛教在儒家和道教的制約下尚不能占據上風，那麼到南梁蕭衍，佛教則進入了全盛時期。

蕭衍敕建的寺院，著名的有大愛敬寺、大智度寺、新林寺、法王寺、仙窟寺、光宅寺、解脫寺、開善寺、同泰寺等。在眾多座寺廟中，蕭衍最青睞的當屬同泰寺（今南京雞鳴寺）。據記載，同泰寺內「寶塔飛天，神龕地湧」，寺中供奉蓮座，寶相巍峨，被譽為「南朝四百八十寺」之首。為了便於祭拜佛祖，蕭衍又下令於宮城開大通門直對寺門，晨夕幸寺，頻繁入寺，史載「自大通（蕭衍年號）以後，無年不幸」（《六朝事蹟編類》）。入寺期間，蕭衍身披袈裟，高坐蓮台，或宣講佛理，或剃度僧人，或主持法會，一派熱鬧景象。

皇帝信佛，無可厚非，但讓人不解的是，作為一代帝王，蕭衍竟然不顧大權旁落，不顧社稷安危，不顧群臣反對，不顧朝野譁然，放著至尊無上的皇帝不當，瓊樓玉宇的皇宮不住，三次「釋御服，披法衣」（《南史》），義無反顧捨身為寺奴，充當僧役。第一次是在大通元年（西元五二七年），捨身三天；第二次是在中大通元年（西元五二九年），捨身十六天；第三次是在太清元年（西元五四七年），捨身四十七天，其中後兩次均被「公卿等以錢一億萬奉贖」（《梁書》）。

蕭衍為何老往寺廟裡跑？有人說他一心向佛，是個虔誠的佛教信徒；有人說他看破紅塵，不再留戀皇帝寶座；還有人說他斂財有方，透過贖身撈取好處。其實這三種觀點都經不起推敲，蕭衍如果真心皈依佛門，他完全可以退位出家，沒必要來回麻煩；如果他真要斂財，堂堂皇帝根本不用耍這點心眼。筆者認為，蕭衍此舉有著不可告人的政治原因。

蕭衍能成大事，既出於他的非同尋常的雄才大略，也歸功於僧侶勢力的輿論支持。無論是出於論功行賞，還是出於個人信仰，蕭衍即位後，於公於私都要提高佛教聲勢，將佛教地位抬到一個新高度。所以將君權和佛教緊密聯繫，實行政教合一，在佛教上大做文章，是蕭衍政治的一大顯著特色。蕭衍頻頻往寺廟裡跑，一再出家捨身，一再扶持寺院經濟，一再像〈御講摩訶般若經序〉所說的「皇帝（蕭衍）捨財，遍施錢、絹、銀、錫杖等物二百一種，直一千九十六萬」，甚至將佛教定為國教，應該是為了爭取佛教界支持所做出的一種含有政治意義的努力，目的是獲得僧侶勢力的信服與支持，以鞏固南梁統治。

任何宗教對廣大被壓迫人民而言，都是麻痺、欺騙群眾的精神鴉片。蕭衍對儒、道、佛都有過深入研究，在他看來，儒學教導人們恪守禮法倫常；道學勸說人們不要計較爭奪；佛學講究六色皆空，引導人們嚮往極樂淨土，三者的共同點是要人們安於現狀，不反抗鬥爭，都可以作為執政者欺騙、麻痺、統治人民的思想武器。三者比較，蕭衍認為佛學理論和佛教修行方法對人民更具吸引力，也更具欺騙性。蕭衍一貫擅長心理戰術，在早年領兵打仗時，蕭衍就總結道：「夫用兵之道，攻心為上，攻城次之；心戰為上，兵戰次之。」（《梁書》）他帶頭捨身，大興佛教，無疑是為了憑藉佛教征服人心，強化思想統治，大造自己的聲威。

大凡統治者都有一個通病，即年齡越大，猜忌心就越重，就越覺得別人對自己不夠忠誠，蕭衍也不例外。蕭衍一次次往寺廟裡跑，一次次捨身為寺奴，一次次賴在寺廟裡不走，絕非單純為了講經誦佛，也絕非真心實意為眾僧執役，其實就是透過玩弄統治權術，藉以檢驗皇子王侯、文武百官對自己是否忠誠，看看臣屬是不是有誠意贖回他這位快要過時的皇帝，是不是真心希望讓他回宮執政。蕭衍突出個人，唯我獨尊，製造對佛教的宗教迷信，正是要為臣屬製造對自己的個人迷信。透過這種厚臉皮的政治表演，蕭衍意在進一步強化自己的權威，以鞏固自己的統治地位。

不論是出於何種目的，信仰、提倡佛教已成為蕭衍時代上層社會的傳統習慣，而蕭衍也成為人們頂禮膜拜的「皇帝菩薩」，其性格也變得內傾、封閉、保守、剛愎。蕭衍晚年喜歡別人阿諛奉承，聽不得半點逆耳之言，《魏書．島夷蕭衍傳》稱「衍好人佞己，末年尤甚」。朝中大臣知道他這一特點後，爭相奉承，莫敢正言，誰也不敢在他面前說一句真話。蕭衍儘管佞佛，整日沉溺於佛學精神世界，但佛祖並沒有保佑他，以致招來「侯景之亂」，他也落得一個餓死台城的悲慘結局。蕭衍被困後曾說過：梁朝天下「自我得之，自我失之」（《梁書》），似乎流露出了些許悔恨的意思，可惜為時已晚。

拓跋珪為何制定「子貴母死」制度？

立太子前，先賜死其生母，這種殘忍的傳位方式，史學界稱為「立子殺母」或者「子貴母死」，開此先河的是漢武帝，建立制度的卻是拓跋氏。漢武帝「立子殺母」，在西漢僅此一例；而拓跋氏的「子貴母死」，卻在北魏沿襲成勢。翻開《魏書·皇后列傳》，關於「子貴母死」的記載，讓人觸目驚心：

「道武宣穆皇后劉氏，后生明元……後以舊法薨；

明元密皇后杜氏……生太武……泰常五年薨；

太武敬哀皇后賀氏……生景穆，神䴥元年薨；

景穆恭皇后鬱久閭氏……生文成皇帝而薨；

文成元皇后李氏，生獻文……依故事……薨；

獻文思皇后李氏……生孝文帝，皇興三年薨；

孝文貞皇后林氏，生皇子恂……後依舊制薨；

孝文文昭皇后高氏，後生宣武……暴薨」。

這份死亡名單中，有一個很奇怪的問題：文成元皇后李氏，可以稱「依故事」死；孝文貞皇后林氏，可以稱「依舊制」死；而排在最前面的劉氏，為什麼也稱「以舊法」死？帶著這份疑惑，筆者仔細翻閱了《魏書·序記》，既沒有發現這種「故事」的明確記載，也沒有找到此類「舊法」的殺人事件。這就說明，北魏「子貴母死」制度的制定者，就是開國皇帝拓跋珪；而拓跋嗣的生母劉氏，無疑是這種皇位傳承方式的第一個犧牲品。那麼，北魏「子貴母死」制度是怎麼產生的？拓跋珪為什麼要制定這種殘忍的制度呢？

普遍認為，拓跋珪是在學習漢武帝，其實不然。眾所周知，「主少母壯」和「女主顓恣亂國家」，是漢武帝「立子殺母」的主要原因。其中，前者是基礎，後者是病症。當時劉弗陵只有七歲，尚在沖齡；其生母二十六歲，青春年少；漢武帝六十九歲，風燭殘年。漢武帝自知時日不多，賜死鈎戈夫人正是為了防止其成為呂后第二；相比之下，北魏劉氏死時，拓跋珪三十九歲，正值壯年；拓跋嗣十六歲，血氣方剛，且北方游牧民族男子成熟較早，拓跋珪十六歲時就已經建國創業。再者，拓跋珪之死純屬意外，如果不是非正常死亡，他完全能夠再活個十年八年，拓跋嗣也會變得更加成熟穩重，可見「子貴母死」絕不是對「立子殺母」的簡單模仿。而筆者認為，北魏「子貴母死」制度的產生，另有重大隱情。

北魏建國前，拓跋鮮卑還處在氏族社會解體時期。《魏書．序記》將婦人比做「天女」，以及「詰汾皇帝無婦家，力微皇帝無舅家」的諺語，說明父系氏族社會時，婦女地位還相當高；而「昭成……議不決。后聞之……乃止」和「平文崩，后攝國事，時人謂之女國。后性猛妒忌，平文之崩，后所為也」，則反映了當時的婦女既干預朝政，也專權弄權；再者，作為東胡的一支，在鮮卑人的血裡，難免攜帶著「先母而後父」和「怒則殺其父兄而終不害母」的基因。北魏要成為專制帝國，實現「父子家天下」，就必須要對阻礙封建化進程的落後習俗，尤其是對根深蒂固的「母權制」進行血腥變革。筆者認為，拓跋珪透過賜死劉氏，使拓跋嗣擺脫母權干擾，成為獨裁皇帝，是形成「子貴母死」制度的根本原因。

除了歷史遺留問題，現實情形也讓拓跋珪感到憂心。拓跋部能夠復國，北魏能由弱變強，除了母族賀蘭部的鼎力相助，還得益於妻族獨孤部的大力扶持。然而隨著敵對政權一個個的被征服，隨著北魏國勢的日漸強盛，對中原歷史頗有研究的拓跋珪，敏銳嗅到了外戚勢力對北魏的潛在威脅。拓跋珪是政治家，是開國皇帝，而且受過滅國之苦，為了保住這份失而復得的基業，他必須要未雨綢繆，防患於未然。拓跋嗣一旦繼承皇位，其生母劉氏，這個來自獨孤部的皇太后，就可能成為獨孤部外戚染指北魏皇權的橋梁紐帶，那麼，王莽篡漢的歷史悲劇就會在北魏再度上演。筆者認為，拓跋珪透過賜死劉氏，達到離散外戚部落、杜絕外戚介入、防止皇權旁落的連環目的，也是產生「子貴母死」制度的重要原因。

當然，如果北魏沒有婦人的坐鎮，這種來自「外家」的威脅也就不會存在。在歷代皇帝中，有拓跋珪這種獨特視角和憂患意識的，實不多見。為了讓制度順利實行，為了消除婦人干權，拓跋珪需要一種無形而又高壓的力量，來堵住悠悠之口。於是他謊稱拓跋部有「後宮產子將為儲貳，其母皆賜死」的祖制，將劉氏「以舊法」處死。《魏書．太宗紀》記載了拓跋珪對兒子的教誨：「昔漢武帝將立其子而殺其母，不令婦人參與國政，使外家為亂。汝將繼統，故吾遠同漢武，為長久之計。」既然「子貴母死」不同於「立子殺母」，拓跋珪為什麼又要搬出漢武帝呢？筆者認為，北魏正傾心漢化，拓跋珪「遠同漢武」，就把表似神非的兩種概念鉤掛在一起，從而為「子貴母死」披上了一件合乎禮法的外衣。

拓跋珪沒有想到他會因此喪命，劉氏死後，拓跋嗣「哀泣不能自勝」。拓跋珪開導他，他反而「哀不自止，日夜號泣」。這種軟弱的表現讓拓跋珪很失望，由盛怒轉而露出殺機，拓跋嗣嚇得「遊行逃於外」。拓跋嗣失蹤後，拓跋珪不得不重新立太子。他想立拓跋紹，就必須要賜死其生母，即來自母族賀蘭部的賀氏。關於這件事，在《魏書．道武七王》中被模糊處理：「紹母夫人賀氏有譴，太祖幽之於宮，將殺之。會日暮，未決。賀氏密告紹曰：『汝將何以救吾？』紹乃夜與帳下及宦者數人，踰宮犯禁……太祖驚起，求弓刀不獲，遂暴崩。」可憐道武帝竟死於親生兒子之手，而且成為「子貴母死」制度的間接受害者，這一制度一開始就充斥著血腥。「太宗在外，聞變乃還……賜紹母子死」，拓跋嗣即位。

拓跋嗣雖然反對「子貴母死」，但他素來「純孝」，最終無條件繼承和沿襲。從拓跋珪開始，「子貴母死」已經成為北魏易代前的慣例。這種做法雖然喪失人性，但在北魏前期，對於加強皇權和推進封建化，對於穩定內部和維護皇位傳承秩序，確實有積極的作用。北魏在父死子立的傳位過程中，沒有出現大爭鬥。但這種制度本身也有缺陷，如拓跋晃和元恂，這兩位太子都死在了父親之前。兒子沒當上皇帝，他們的生母豈不白死了？再如，生母被賜死後，不少幼年的太子往往由保母撫育；太子即位後，念其呵護養育之恩，都尊她們為保太后，甚至皇太后，她們的子侄也被封為高官，甚至封公封王，造成了生母沒有專權，保太后反倒干預朝政。

但更可怕的事情還在後面，隨著封建化的推進，北魏後宮幾乎成了漢女的天下。她們自身無法干預朝政，也沒有強大的「外家」影響朝局。「子貴母死」已經失去存在的理由，但它卻一直被人捍衛、僵化著，並演變成為後宮剷除異己和爭權奪利的最好藉口。

拓跋濬的貴妃李氏之死就是個例子。據《魏書．皇后列傳》記載：「文成元皇后李氏……遂有娠。常太后後問后……驗問，皆相符同。及生顯祖……太后令依故事……臨訣，每一稱兄弟，輒拊胸慟泣，遂薨。」入宮前，李氏曾被別人霸占，這讓思想保守的常太后心裡很不痛快。李氏懷孕時，常太后竟然親自去「驗問」，鑒定是不是龍種。生下拓跋弘後，李氏從普通婦人直接封為貴人，僅次於皇后，這讓皇后馮氏感到恐慌。所以在對付李氏的問題上，兩個女人同仇敵愾。

此外，馮氏還有別的目的。馮氏從保太后身上得到啟發：親自撫養皇儲，以控制將來的皇帝。為此，馮氏利用「子貴母死」，先後害死了三位母親，即拓跋濬的貴妃李氏、拓跋弘之妻李氏，和拓跋宏之妻林氏。透過這種卑鄙手段，馮氏先後控制了拓跋弘和拓跋宏兩位皇帝，長期臨朝聽政，並將拓跋弘逼成了中國歷史上最年輕的太上皇，隨後將其殺害。馮氏的侄女入宮後，其行止與馮氏無異。據《魏書．皇后列傳》記載：「孝文昭皇后高氏，后生宣武……馮昭儀寵盛，密有母養帝心……后……暴薨……或云昭儀所賊也。」自己沒有兒子或者生不出兒子，就「殺其母，而養其子」，強搶未來皇帝的撫養權，以便將來參與朝政。從馮氏開始，「子貴母死」制度變得更加泯滅人性，北魏宮廷已經被陰毒恐怖的氣氛所籠罩。

在「子貴母死」的陰影下，到了元恪時期，竟然出現了「椒掖之中，以國舊制，相與祈祝，皆願生諸王、公主，不願生太子」（《魏書．皇后列傳》）的局面，墮胎現象也屢見不鮮；再者，皇后高氏「性妒忌，宮人希得進御」，元恪面臨著絕後的政治危機。後來，胡氏不懼「子生身死」，艱難的為元恪生下了元詡這棵獨苗，因功「進為充華嬪」，為皇統大計，元恪廢除了「子貴母死」制度。有人認為，這一制度是由拓跋宏廢止，依據是「子貴母死……高祖終革其失，良有以也」，其實不然。林氏死時，拓跋宏確實曾提出過「不欲襲前事」，但因馮氏反對，「故不果行」。此外，《資治通鑑．梁紀》也記載了北魏廢除「子貴母死」制度這件事：天監十一年（西元五一二年）「冬十月乙亥，魏立皇子詡為太子，始不殺其母」。

始於天賜六年（西元四〇九年），止於延昌元年（西元五一二年），「子貴母死」在北魏沿襲七代，歷經百年，見證了拓跋鮮卑的興衰。這一制度是氏族社會碰撞封建專制的產物，是北魏推進制度轉型的催化劑，所以只是一時的權宜之舉。它雖然有一定合理性，但不能從根本上解決婦人干政問題。事實上，北魏出現了很多女強人，如竇太后、常太后、馮太后、高皇后、胡太后等。細細數來，這一時期的婦人干政現象，比北魏建國前還要嚴重。筆者認為，封建專制制度一日不除，婦人干政的現象就不會斷絕，這也正是西漢「立子殺母」一代而終的根本原因。而那些別有用心之人，不顧制度與現實的嚴重脫節，將其變成「婦人參與國政」的工具，這不僅違背了拓跋珪的初衷，同時也加速了北魏政權的衰敗和分裂。

李淵稱帝建唐為何僅用了短短一年？

亂世出豪傑，時勢造英雄，在歷代開國皇帝中，唐高祖李淵是出類拔萃的一個。

隋朝末年，天下大亂，地方勢力紛紛擁兵自重，農民起義瞬間風起雲湧，先後有上百支團隊樹起了反隋大旗，隋朝大廈在烽煙四起中飄搖。在諸多反隋勢力中，李淵隱蔽鋒芒，起步也較晚，卻能夠在短時間內脫穎而出，一馬當先攻下長安，笑到最後。從大業十三年（西元六一七年）六月起兵反隋，到武德元年（西元六一八年）五月稱帝建唐，前後只有一年時間。

在歷史上，劉邦草創西漢用了七年，劉備立足西蜀用了二十三年，石勒圖霸中原用了二十五年，拓跋珪復興故國用了十一年，耶律阿保機揚威草原用了十年，李元昊圖霸西北用了六年，鐵木真崛起漠北用了二十二年，朱元璋驅除韃虜用了十六年，與他們相比，李淵只用一年就奠定了大唐基業。縱觀歷代透過沙場征戰改朝換代的開國皇帝，像李淵這般沉穩老練、縝密果決，恐怕找不出第二個，讓筆者與您重新認識這位被低估的開國皇帝。

李淵（西元五六六年～西元六三五年），祖籍趙郡（今河北邢台），祖父李虎，西魏時官至太尉，成為著名的「八柱國」之一，死後追封唐國公；父親李昞襲唐國公，北周時任安州總管、柱國大將軍。李淵七歲襲唐國公，長大後「倜儻豁達，任性真率，寬仁容眾」，加之其母為隋文帝獨孤皇后的姐姐這層特殊關係，所以「特見親愛」，且「無貴賤咸得其歡心」（《舊唐書》）。隋煬帝即位後，李淵歷任譙、隴、岐三州刺史，滎陽、樓煩二郡太守，殿內少監、衛尉少卿、太原留守。顯赫的官宦世家和多年的仕途歷練，把李淵培養成為一位成熟的政治家。

隋煬帝執政以來，對內橫徵暴斂，對外窮兵黷武，隋文帝留下的家底被揮霍殆盡。大業九年（西元六一三年）正月，隋煬帝集天下之兵二度遠征高麗，命李淵「督運於懷遠鎮」（《舊唐書》）、楊玄感「於黎陽督運」（《隋書》）。四月，楊玄感趁國內空虛，伺機發動叛亂，圍攻東都洛陽，企圖自立。隋煬帝得到消息後驚慌失措，急忙下令從遼東前線撤兵，班師救火。楊玄感起兵，是隋朝統治集團內部的一次大震動、大分裂，雖然很快就被鎮壓，但嚴重削弱了隋朝的統治勢力。也就是從這時起，李淵開始有了起兵反隋、奪取天下之志。

百足之蟲，死而不僵，起兵造反談何容易，楊玄感就是例子。再者，當時朝野一度流行「李氏應為天子」（《北史》）的讖語，也讓隋煬帝對表哥李淵「多所猜忌」。為此，李淵不得不「縱酒沉湎，納賄以混其跡」（《舊唐書》），韜光養晦，隋煬帝也漸漸待之如初。大業十二年（西元六一六年）四月，李淵擊敗甄翟兒起義軍後，被任命為太原留守。太原是軍事重鎮，兵源充足，糧餉豐沛，可「支十年」，套用李淵的話，「唐固吾國，太原即其地焉。今我來斯，是為天與。與而不取，禍將斯及」（《大唐創業起居注》）。自此，李淵起兵之心已定。

大業十三年（西元六一七年）六月，在除掉隋煬帝安插在太原的心腹王威、高君雅後，李淵在晉陽起兵，順勢攻取西河（今山西汾陽）。八月，攻取霍邑（今山西霍縣）。九月，李建成率軍趨於霸上，李世民率軍直取長安，形成了對長安的包圍之勢。十一月，李建成部下雷永吉用雲梯首先登上城牆，長安守將頃刻瓦解。進入長安後，李淵立隋煬帝的孫子代王楊侑為皇帝，遙尊隋煬帝為太上皇，改元義寧，迅速控制了長安局勢，總理萬機。義寧二年（西元六一八年）五月，李淵稱帝，建立大唐帝國。從此，中國歷史進入了燦爛輝煌的大唐帝國時代。

從晉陽到長安，從起兵到建唐，從大業十三年（西元六一七年）六月到武德元年（西元六一八年）五月，前後正好一年。一年，彈指一揮間。李淵為什麼在短短一年的時間內，就能如此迅速推翻一個舊王朝、建立一個新王朝呢？筆者認為，除了家世顯赫、政治老練、糧草充實、兵馬強壯外，還在於李淵能夠廣泛招攬人才、善待士庶百姓、提前解除後顧之憂、積極尋求外部支援、精準把握出兵時機、果斷調整作戰思路、盡量減少敵對矛盾。而後面提到的這一系列舉措，恰恰是李淵在短時間內能夠脫穎而出、成功締造大唐帝國的決定性因素。

但凡有大志的人，通常都會招納英才建立團隊，廣樹恩信結人緣，李淵也不例外。楊玄感叛亂後，隋煬帝命李淵鎮守弘化郡，兼知關右諸軍事，以備防禦。期間，李淵「歷試中外，素樹恩德，及是結納豪傑，眾多款附」（《舊唐書》），積極培植私人勢力。鎮守太原後，李淵又命李建成在河東「潛結英俊」，命李世民在太原「密招豪友」，二人皆能「傾財賑施，卑身下士……故得士庶之心」（《大唐創業起居注》），於是晉陽一帶的官僚、地主、豪商紛紛擁護李淵，裴寂、劉文靜、武士彠、許世緒、唐儉等人成為李淵的左膀右臂。

除了結納英俊豪傑，李淵還取悅於民，施恩於民，贏得了社會各界的廣泛支持。攻取西河後，李淵「不戮一人，秋毫無犯，各尉撫使復業，遠近聞之大悅」，同時「開倉以賑貧民，應募者日益多……通謂之義士」（《資治通鑒》），華陰令李孝常「以永豐倉來降」，三秦士庶紛紛前來歸附，李淵「禮之，咸過所望，人皆喜悅」（《舊唐書》）。攻打長安時，李淵「命各依壘壁，毋得入村落侵暴」（《資治通鑒》）；占領長安後，李淵又「約法十二條，殺人、劫盜、背軍、叛者死」（《新唐書》）。這些做法，使李淵的威望直線上升。

領兵打仗，不僅要瞻前，還要顧後。李淵起兵前，曾受到過突厥的寇掠，「突厥數萬眾寇晉陽，輕騎入外郭北門，出其東門……留城外二日，大掠而去」（《資治通鑒》）。突厥是北方一個古老顯赫的民族，隋朝初年分裂為東西兩部，西突厥在阿爾泰山以西，東突厥則控制著東起興安嶺、西到阿爾泰山的廣大地區。隋末戰亂之際，兩大突厥部落趁機迅速統一，重新振作，雄居漠北，力控西域，高視陰山，且「有輕中夏之志」（《舊唐書》），對中原地區特別是晉陽一帶構成了極大威脅。李淵起兵南下，首

李淵稱帝建唐為何僅用了短短一年？

先要解決突厥這一後顧之憂。

為此，李淵派人出使突厥，並「自為手啟，卑辭厚禮」，一度稱臣於始畢可汗。始畢可汗表示「苟唐公自為天子，我當不避盛暑，以兵馬助之」，不久便「遣其柱國康鞘利等，送馬千匹詣李淵為互市，許發兵送淵入關，多少隨所欲」。李淵又派劉文靜出使突厥向始畢可汗借兵，果然又有「突厥兵五百人、馬二千匹來至」（《資治通鑒》）。兩次出使，不僅消除了爭奪天下時來自突厥的巨大威脅，同時又將突厥引以為援，聯兵南下，這對於剛剛起步的李氏集團來說至關重要，非常值得。後方穩固，前方作戰才能勢如破竹。

李淵是一個謹慎的人，也善於洞察時局、把握時機。早在大業九年（西元六一三年），竇抗就勸李淵起兵，李淵以「為禍始不祥」（《新唐書》）拒絕。大業十一年（西元六一五年），夏侯端以「天下方亂，能安之者其在明公」勸李淵舉事，李淵雖「深然其言」，卻按兵不動。大業十二年（西元六一六年），唐儉等人又勸李淵起兵，李淵仍表示「將思之」（《通鑒紀事本末》）。在李淵看來，隋朝統治勢力雖然衰減，但仍不可小覷，貿然起兵必然會一敗塗地。一直等到「百姓苦役，天下思亂」（《隋書》），農民起義全面爆發之時，李淵才發力。

李淵起兵時，恰逢李密、竇建德、杜伏威均在中原地區和江淮地區牽制了隋軍主力，隋煬帝本人也坐鎮江都。這樣一來，長安反倒成為隋朝軍事力量比較薄弱的地方。自古即有「得關中者得天下」之說，誰占據關中，誰就能掌握主動權。戰機稍縱即逝，李淵抓住關中空虛這一時機，一路繞過阻礙，兵鋒西指，乘虛入關，直取長安。這支「鼓行而西」的生力軍如同一把尖刀，直接插向隋朝的腹心地帶，最終搶先占據了長安。長安是隋朝國都，也是全國的政治、經濟、文化中心。李淵以長安「號令天下」（《資治通鑒》），可謂走出了一條捷徑。

占據長安後，李淵擔心成為眾矢之的，沒有急於稱帝，而是重新打出了尊隋的旗號，架空隋煬帝，把年僅十三歲的楊侑立為皇帝。楊侑名為皇帝，其實不過是李淵「挾天子以令諸侯」的工具而已。李淵此舉，一方面可以避免擔上謀反罪名，縮小敵對面；另一方面可以打著安定隋室的幌子公開招兵買馬，擴大勢力；同時，李淵對有功之臣和隋朝舊臣大肆封賞，以收買人心。義寧二年（西元六一八年）四月，隋煬帝被殺。秦王楊浩、越王楊侗相繼被立為皇帝，其他地方勢力和起義軍也紛紛稱帝稱王。在這種形勢下，李淵也加快了改朝換代的步伐。

武德元年（西元六一八年）五月，楊侑禪位，李淵登基稱帝，國號唐，史稱唐高祖。孫伏伽上表讚譽李淵「龍飛晉陽，遠近響應，未期年而登帝位」（《通鑒紀事本末》），雖有吹捧之意，卻也符合史實。此後，李淵對外俘殺薛仁杲、敗逐劉武周、迫降王世充、俘斬劉黑闥，統一全國；對內加強中央集權，草創和完善各項制度、律法，為「貞觀之治」打下了堅實基礎。李淵是反隋建唐的核心決策者，沒有李淵的高瞻遠矚、海納百川和統一指揮，唐朝的建立與否還是個未知數，不少學者把唐朝的建立歸功於李世民，顯然是對李淵的低估。

唐高宗為何追諡兒子為皇帝？

在歷史上，死後被追諡為皇帝的太子不乏其人，如北魏文成帝拓跋濬即位後，追諡生父景穆太子拓跋晃為景穆皇帝；隋哀帝楊侗被擁立為皇帝後，追諡生父元德太子楊昭為孝成皇帝；明朝建文帝朱允炆即位後，追諡生父懿文太子朱標為興宗孝康皇帝。可以說，追諡曾經當過太子的父親為皇帝，是後輩子孫稱帝後，從下到上表現孝道的一種慣例。與他們相比，唐高宗李治以父親身分，從上到下追諡兒子李弘為皇帝，不能不說是其中的一個特例。

上元二年（西元六七五年）五月，唐高宗下詔，追諡太子李弘為「孝敬皇帝」，喪葬「制度一準天子之禮」（《舊唐書》）。在中國歷史上，被父親追諡為皇帝的太子，李弘是第一個，也是唯一一個。對此，清人趙翼在《廿二史劄記》中稱「唐高宗以太子宏（弘）薨，而贈孝敬皇帝，則以父而追帝其子，不經之甚矣」，即批判唐高宗此舉荒誕不經；蔡東藩在《唐史演義》中也稱「所有喪葬制度，竟許用天子禮，諡為孝敬皇帝。太子死諡皇帝」，是「從古未有」之事。那麼，唐高宗為何要置封建禮制於不顧，破例追諡亡故不久的李弘為皇帝呢？

李弘（西元六五二年~六七五年），字宣慈，唐高宗第五子，也是唐高宗與武則天的第一子。李弘的名字頗有寓意，據說隋末唐初道教中有「老君當治」、「李弘當出」的讖語，預言太上老君將轉世為人主，化名李弘來拯救眾生。唐高宗為其取名李弘，可見對這個兒子寄予厚望。因係武則天所生，唐高宗愛屋及烏，對李弘非常寵愛。四歲時，李弘被封為代王；五歲時，唐高宗廢掉原先的太子李忠，改立李弘為太子。為了培養李弘，唐高宗除了為其選聘名臣作為輔弼老師，還經常讓他實習參政，如龍朔二年（西元六六二年）唐高宗「幸驪山溫湯，太子監國」；次年又「詔太子每五日於光順門內視諸司奏事，其事之小者皆委太子決之」；咸亨二年（西元六七一年）正月，唐高宗「幸東都，留皇太子弘於京監國」；次年十月，又命「皇太子監國」。

李弘為人寬厚仁慈，「深為帝及天后鍾愛」。被立為太子後，李弘「敬禮大臣鴻儒之士，未嘗有過之地」。對父母如此，對臣屬如此，對普通士兵和百姓同樣如此。監國期間，李弘關心將士，體恤民情，做出了很多寬仁愛民之舉。當時，大唐正對高麗用兵，軍中經常有士兵「逃亡限內不首及更有逃亡者」，因此會受到「身並處斬，家口沒官」的嚴厲處罰。李弘知道後，引經據典，強調「與其殺不辜，寧失不經」，希望朝廷可以修訂法律，以後再出現有士兵逃亡者，家中人不用再受連坐之罪，唐高宗「從之」；李弘「又請以同州沙苑地分借貧人」，唐高宗「許之」。一個「從之」，一個「許之」，不難看出唐高宗和武則天對李弘的欣賞。然而，李弘接下來做的一件事，卻大大觸怒了武則天，武則天從此也對他心存芥蒂。

原來，武則天將情敵蕭淑妃殘忍殺害後仍不解恨，又將蕭淑妃所生的義陽、宣城二位公主「幽於掖庭」，致使兩位被幽禁的公主年齡很大了卻沒辦法嫁人。李弘無意見到這兩位「以母得罪」的姐姐時，先是「驚惻」，繼而動了憐憫之心，於是「遽奏請令出降」，懇請唐高宗讓她們過正常女人的生活。唐高宗對蕭淑妃之死本就心存愧疚，再者兩位公主畢竟是自己的親生骨肉，只是迫於武則天的淫威不敢造次，李弘的上奏道出了唐高宗的心聲，於是「許之」。武則天聞訊後，既是出於對蕭淑妃怨恨的延續，也是為了防止這兩位公主日後興風作浪，便隨便將她們許配給了兩個普通侍衛。在武則天看來，作為自己的親生兒子，李弘不站在自己這邊，反倒幫助敵人，武則天從此對李弘產生隔閡，甚至怨恨，李弘「由是失愛」。

咸亨四年（西元六七三年）二月，唐高宗將李弘召至東都洛陽，準備納左金吾將軍裴居道之女為太子妃。為此，唐高宗還下令為李弘新建一座宮殿。裴妃「甚有婦禮」，是個相當有婦德的賢淑女子，唐高宗滿意地對侍臣說：「東宮內政，吾無憂矣。」意思是說，李弘有這麼個賢內助，將來即位執政，就不用朕擔心了。七月，「太子新宮成，上（唐高宗）召五品以上諸親宴太子宮，極歡而罷」。唐高宗本來身體就不好，這次暢飲後，身體便出現不適。八月，唐高宗「以不豫，詔皇太子聽諸司啟事」。這一安排，表明唐高宗慮及自己身體不支，有禪讓太子之意，而這恰恰是早已習慣「垂簾於御座後，政事大小，皆預聞之」的武則天所不願意看到。從此，武則天與李弘的私人恩怨，已經上升到涉及將來掌權的政治對立面。

武則天是個權力慾望極強的女人，一步步提升自己，進而問鼎皇權，是武則天實現女皇夢的必由之路。上元元年（西元六七四年）八月，在武則天的鼓動下，唐高宗下詔「皇帝稱天皇，皇后稱天后」，內外稱為「二聖」，武則天已經與唐高宗平起平坐。這麼多年夫妻下來，唐高宗對武則天很了解，為了權位，這個心狠手辣的女人什麼事都做的出來，包括害死自己的親生骨肉。作為當朝皇帝，唐高宗都無法遏制武則天在政治上的強悍；而自己百年之後，誰又能控制得了這位身居高位的女強人？知子莫如父，李弘遠遠不是武則天的對手。為了保護李弘，唐高宗甚至萌生了「欲下詔令天后攝國政」的念頭，也就是想把權力交給武則天。但迫於群臣關於「天下者，高祖、太宗二聖之天下，非陛下之天下也。陛下正合謹守宗廟，傳之子孫，誠不可持國與人，有私於後族」的勸諫，唐高宗才繼續當皇帝。

這件事過後不久，也就是上元二年（西元六七五年）四月，李弘在隨唐高宗、武則天遊幸洛州合璧宮時，暴斃於宮中綺雲殿，年僅二十四歲。李弘之死，在唐朝、甚至在中國歷史上，都稱得上是一樁疑案。李弘究竟怎麼死，千百年來爭論不休，其中主要有兩種說法：其一，李弘患有嚴重的「癆瘵」，即肺結核，在當時是不治之症。李弘處理國事積勞成疾，病情加重，屬於自然死亡；其二，李弘雖然有「仁孝」的一面，同時也有「英果」的一面，不顧武則天之感而上奏，讓兩位同父異母的姐姐出嫁就是一個例子。當太子的時候如此，李弘將來一旦即位，武則天將很難駕馭這個柔中帶剛、不太聽話的兒子。李弘的存在，成為武則天實現女皇夢的絆腳石。為了能繼續把持朝政，武則天伺機將其害死，李弘屬於非正常死亡。

其實，關於李弘的死因，早在唐肅宗時代，就開始有了死於非命的說法。《舊唐書．承天皇帝傳》就稱「天后方圖臨朝，乃鴆殺孝敬（李弘）」；宋代歐陽脩編撰《新唐書》時，在〈高宗本紀〉中寫下「上元二年四月己亥，天后殺皇太子」；司馬光在編寫《資治通鑒》時，也用了春秋筆法記載「己亥，太子薨於合璧宮，時人以為天后鴆之也」。綜合各種史料，以及對當時政局的分析，筆者認為李弘確係死於非命。其一，李弘雖然身體有病，而且是不治之症，但他能若無其事陪同唐高宗「幸合璧宮」，說明當時他的身體並無大礙，絕不至於暴薨；其二，唐高宗想把權力交給武則天的念頭被否定後，只能「謹守宗廟，傳之子孫」，也就是將來要把皇位傳給太子李弘。武則天因此生恨，對擋住自己掌權道路的李弘更是懷恨在心，儘管李弘因患「癆瘵」命不長久，但為了早日操控權力，武則天還是動了殺機。

李弘是個好太子，監國期間的一系列仁舉，使他贏得了芸芸眾生的擁戴。難怪李弘遇害後，普天之下會「莫不痛之」。痛，既是對李弘二十四歲突然死亡的悲痛和惋惜，更是對武則天為了權位不擇手段的痛恨和譴責。其實兒子死了，武則天心裡也不是滋味，畢竟李弘是自己身上掉下來的肉，而且是死於自己之手。李弘死後，「天后心纏積悼，痛結深慈」（《孝敬皇帝睿德紀》）。這其中，既有武則天當眾表演的成分，也有對兒子之死的無限內疚。李弘之死，作為父親的唐高宗心裡最明白，但沒有證據，又苦於懼內，只能淚往心裡流。自己精心培養的接班人死於非命，唐高宗悲痛欲絕，大病了一場。不久，唐高宗下詔：「太子嬰沉瘵，朕須其痊復，將遜於位。弘性仁厚，既承命，因感結，疾日以加。宜申往命，諡為孝敬皇帝。」將李弘死因說成「因感結，疾日以加」，無不表現出了唐高宗的懦弱。

然而，再懦弱的男人也有剛強的一面，唐高宗也不例外。李弘生前沒有當上皇帝，死後也要讓他當皇帝。以父親的身分將李弘「諡為孝敬皇帝」，既是唐高宗對沒有保護好兒子的愧疚，更是對武則天心狠手辣的不滿。此外，唐高宗還下令將李弘以「天子之禮」厚葬於偃師景山，並親自為其撰「睿德紀文」，書之於石，立在陵前，以示哀悼。永淳三年（西元六八三年），唐高宗病逝，臨終前教誨太子李哲（即唐中宗李顯）「軍國大事有不決者，取天后處分」。這種安排，不能不說是鑒於李弘之死，而對李哲個人安危的憂慮。

唐中宗即位後，將李弘牌位祔太廟，號義宗，並追封太子妃裴氏為哀皇后。景龍四年（西元七一〇），姚崇與宋璟進言李弘不曾即位，不應該與先帝同列太廟，於是唐睿宗將其移到東都祭拜；唐玄宗開元六年（西元七一八年），有司奏稱「孝敬皇帝宜建廟東都，以謚名廟」，於是罷義宗號，從此只用孝敬稱之。

武則天選男寵有什麼特殊講究？

在古代，男人可以光明正大招妻納妾，可以堂而皇之招嬪納妃；而作為男人的附屬品，女人只能與其他幾名、幾十名、幾百名、幾千名，甚至幾萬名女人共同分享一個男人，能不能分得一杯羹還不好說。究其本質，還是一個「權」字。男人打盹的時候，女人偶爾也會掌權，但根深蒂固的封建禮教以及女性在傳統觀念下，因長期壓制生理需求而形成的特有矜持，決定了女人不能像男人在占有異性方面那樣大張旗鼓，為所欲為。於是，祕密招納男寵或者說祕密情人，成為她們用來解決身心慾望的最佳方式和主要途徑。

男寵，又叫面首，面，貌之美；首，髮之美。面首，也就是供貴婦人玩弄的美男子。在歷史上，女強人祕招男寵之事屢見不鮮，如西晉賈南風除「與太醫令程據等亂彰內外」，還派人四處蒐羅「端麗美容止」的地方「小吏」（《晉書》）；北魏馮太后先是「內寵李弈」，又見「王叡出入臥內」，後來「李沖……亦由見寵帷幄」（《魏書》）；北齊胡太后「與沙門曇獻通」；後主高緯「朝太后，見二少尼，悅而召之，乃男子也」（《北齊書》）等等。與她們相比，武則天（西元六二四年～七〇五年）登上了權力巔峰，所以在招納男寵方面有些不同。

應該說，武則天招納男寵，主要是用來澆滅慾火，這與武氏家族女性普遍性慾較強的基因有關。武則天的母親榮國夫人（後改封太原王妃）八十八歲時，仍性慾十足，竟然與自己的外孫賀蘭敏之亂倫通姦。對此，《舊唐書》稱「敏之既年少色美，烝於榮國夫人」，《新唐書》稱「敏之韶秀自喜，烝於榮國」；就連治學嚴謹的司馬光在《資治通鑒》中，也稱「敏之貌美，蒸於太原王妃」，可見這事不是虛構。另外，武則天的女兒太平公主、姐姐韓國夫人、外甥女魏國夫人在私生活方面都不是省油的燈，武則天在這個家族中也不會例外。

武則天十四歲入宮，從「太宗聞其美容止，召入宮」（《舊唐書》）的記載來看，垂涎已久的唐太宗絕不會放過她。但由於武則天性格剛強，缺乏女子的柔弱，不久便被唐太宗晾在一邊，坐了十二年冷板凳，所以武則天沒有生育，封號也一直是才人。唐太宗死後，武則天出家，後改嫁唐高宗。唐高宗有八子四女，其中後四子、後二女均為武則天所生，這一點，足以說明武則天在性生活方面的貪婪和霸道。唐高宗後期多病，身體變得很差，武則天的性慾受到了壓制，不過追逐權力也沖淡了一些武則天的生理慾望。

地位越高、權力越大，這種來自身心的蠢蠢欲動就越強烈。弘道元年（西元六八三年），唐高宗病逝，武則天掌權，身心放鬆，久蟄的生理慾望在權力的刺激下再次甦醒，於是，男寵成為武則天這個寡婦的必需品。此後，薛懷義、沈南璆、張易之、張昌宗等著名男寵，相繼成為武則天的床幃伴侶。普天之下，莫非王土；率土之濱，莫非王臣。天下男人多如牛毛，期待伺候武則天的男人也不在少數。那麼，武則天在選擇男寵方面有什麼講究呢？從現存的文獻史料中，筆者發現了一些蛛絲馬跡。

武則天的男寵都是美男。薛懷義「偉形神，有膂力」（《舊唐書》）、「偉岸」（《新唐書》），是一個相貌不凡、高大威猛的帥哥；史料沒記載沈南璆的相貌，但他能夠進入宮廷，專職為皇帝、皇后等上等人物看病，最起碼是一個溫和、儒雅的清秀男子；張易之「年二十餘，白晳美姿容」，張昌宗「面似蓮花」（《舊唐書》），二人都長得十分貌美標緻。另外，從「天后令選美少年為左右奉宸供奉」和「近聞上舍奉御柳模，自言子良賓潔白美鬚眉……專欲自進，堪奉宸內供奉」（《舊唐書》）來看，年輕貌美是武則天挑選男寵的首要條件。

武則天的男寵都是猛男，薛懷義「有非常材用，可以近侍」（《舊唐書》），武則天試過後「悅之」（《新唐書》），且「恩遇日深」（《舊唐書》）；沈南璆是薛懷義的替代品，《唐史演義》稱「南璆房術，不讓懷義，武氏恰也歡慰」，可信度較高。武則天對張昌宗的床上功夫很滿意，而「易之器用」還要高出一等，武則天「即令召見，甚悅。由是兄弟俱侍宮中……俱承辟陽之寵」（《舊唐書》）。此外，從「左監門衛長史侯祥雲陽道壯偉，過於薛懷義，專欲自進堪奉宸內供奉」（《舊唐書》）來看，武則天對男寵的下體相當在意。

年輕、貌美、健壯，是武則天挑選男寵的三個必備條件。上有需求，下必投其所好。那麼，是不是符合這三個條件的男子，就可以充當武則天的男寵呢？非也，唐代文人宋之問就吃了武則天的閉門羹。宋之問很有才華，且「偉儀貌，雄於辯」（《新唐書》），各方面條件都不錯。武則天下令「選美少年為左右奉宸供奉」，宋之問蠢蠢欲動，也想為武則天出力，並專門寫給武則天一首表明心跡的詩。「則天見其詩，謂崔融曰：『吾非不知之問有才調，但以其有口過。』蓋以之問患齒疾，口常臭故也。之問終身慚憤」（《太平廣記》）。

武則天拒絕宋之問，除了他有「口臭」，還在於他太露骨。武則天雖然是皇帝，雖然貪戀美男，但她畢竟是女人，仍須保持必要的矜持。宋之問如此明目張膽，況且有生理缺陷，別說武則天不喜歡他，不敢與他親近，就是喜歡也不好答應。事實上，除了宋之問，凡是公開自薦的，不論是父親舉薦兒子「潔白美鬚眉」，還是自我標榜「陽道壯偉，過於薛懷義」（《舊唐書》），均遭到了武則天的拒絕。武則天一時糊塗，發出的「選美少年為左右奉宸供奉」詔令，在朱敬則的勸諫下也廢止。可見，武則天選擇男寵還是很注意影響。

受家族基因的影響，受權力因素的刺激，武則天晚年雖然慾望亢奮，但終其一生也不過四個男寵而已。四人中，薛懷義是千金公主悄悄獻媚，張昌宗是太平公主祕密推薦，張易之是張昌宗順帶引薦，沈南璆是武則天的地下情人，入宮時均未造成惡劣影響。自垂拱元年（西元六八五年）薛懷義入侍，武則天「雖春秋高，善自塗澤，雖左右不悟其衰」（《新唐書》）。現代醫學已經證明了的男子精液有美容養顏和永保青春活力的奇效，老早就在武則天身上得到了驗證。有了情愛的滋潤，武則天精神煥發，盡力施展治國才華，為開啟開元盛世打下了基礎。

除了用來滿足身心慾望，筆者認為，武則天招納男寵還有一定的政治需要。武則天一生追逐權力，特別是在稱帝前的緊張階段和衰老後的慵懶階段，有些機密的事情需要人幫忙，而與她有肌膚之親的男寵無疑是最可靠的人選。如武則天讓薛懷義扮作僧人，「造《大雲經》，陳符命，言則天是彌勒下生，作閻浮提主，唐氏合微」（《舊唐書》），為武則天登基稱帝、以周代唐做輿論宣傳；又如，武則天任命張昌宗為修書使，「撰《三教珠英》於內。乃引文學之士李嶠、閻朝隱……等二十六人，分門撰集」，實際是為了培養親信團隊。

沒有男寵的幫助，武則天未必能順利登基；沒有男寵的情愛，武則天未必能永保青春。這一點，作為直接受益人，武則天心知肚明，所以對幾個男寵器重有加。如武則天初封薛懷義為梁國公，後又改封鄂國公、柱國，讓他享盡榮華。若不是薛懷義爭風吃醋、任性使氣，一把火燒了明堂，武則天不會忍痛下手；又如沈南璆病逝後，武則天大哭一場，並親題詩一首，以志紀念；又如武則天晚年「春秋高，政事多委易之兄弟」（《舊唐書》），二人權傾朝野，連武承嗣、武三思都爭著為其執鞭牽馬。可以說，武則天對男寵仁至義盡。

因為男寵一事，武則天遭到了世人非議。有人把武則天說成一個淫蕩無恥的騷女人，甚至有人杜撰《如意君傳》這樣的淫書醜化武則天，以此來抹殺和否定武則天在歷史上的功績。平心而論，武則天的生理需求是很強，但她終其一生也只有區區四個男寵，這與唐太宗、唐高宗、唐玄宗佳麗成千上萬，極不成比例；再者，武則天招納男寵時，唐高宗已死，武則天是寡婦，不存在淫蕩問題。如果說找幾個男寵來安慰身心，打發寂寞，也算有悖於傳統的話，那麼這正是武則天鮮活生命中的動人之處。

神龍元年（西元七〇五年）正月，張柬之等人發動政變，殺掉張氏兄弟，逼迫武則天退位，李唐復興。武則天，這個半個世紀以來的政治鬥爭常勝者，最終沒有逃過悲劇命運。失去權力支撐，特別是缺少情愛滋潤，八十二歲的武則天寂寥無託，身心崩潰，很快就憔悴了。十一月，武則天病逝，與唐高宗合葬乾陵。乾陵朱雀門有兩座石碑，一為唐高宗的述聖碑，一為武則天的無字碑，均為武則天生前所立。無字碑用一塊完整的巨石精雕而成，高大雄渾，挺拔厚實，碑首為半圓形，碑頂中間位置略有凹陷。這種特殊的造型，給人以無限想像空間。

逼死長孫無忌的幕後黑手是誰？

長孫無忌，是唐初政治舞台上的一個風雲人物。從李淵開創大唐、到李世民喋血宮門，再到李治順利接班，每一個關口都承載著長孫無忌的智慧、謀略和心血。長孫無忌對大唐可謂忠心耿耿，始終不渝；同樣，李唐前三任皇帝也對他代代禮遇，寵眷甚隆。李淵在位時，封其為齊國公，後徙趙國公；李世民臨死前，還對大臣們說「我有天下，無忌力也」；李治即位後，封其為太尉，同中書門下三品。然而，到了顯慶四年（西元六五九年），也就是李治當上皇帝的第十年，長孫無忌卻因「謀反」罪被削職流放，三個月後被逼自縊身亡。一代名臣落得如此下場，既讓人扼腕，又催人深思。

關於長孫無忌之死，普遍認為是武則天及其黨羽下的毒手，原因是長孫無忌曾在唐高宗廢立皇后問題上得罪了武則天，武則天懷恨在心，便指使許敬宗構陷長孫無忌謀反，繼而伺機逼其自盡。這樣的觀點，看似合乎邏輯，其實不然。其一，長孫無忌是三朝元老，且是皇親國戚，武則天雖為皇后，但絕不可能輕易撼動這位人望極高的功臣元勛，更何況是許敬宗之流了；其二，長孫無忌死後的第二年，也就是到了顯慶五年（西元六六〇年），武則天因李治患病才開始代理國政。所以，武則天當時即使有殺長孫無忌之心，卻無殺長孫無忌之力。筆者認為，逼死長孫無忌的幕後黑手只能是唐高宗李治。

作為唐太宗的第九子，李治除了嫡子這一優勢外，要能力沒能力，要才幹沒才幹，他能當上皇帝，全靠長孫無忌從中周旋。對於長孫無忌，對於這位有著一定血緣關係的親舅舅，對於這位把自己推上權力巔峰的第一功臣，究竟是什麼讓唐高宗萌發殺機呢？讓筆者帶您穿越時空，夢回唐朝，再次梳理那段撲朔迷離的君臣糾葛。

唐高宗在位期間最大的政治事件，莫過於廢立皇后之爭。在這場政治風波中，產生了兩派針鋒相對政治勢力，即以許敬宗、李義府等人為代表的支持派，和以長孫無忌、褚遂良等人為代表的反對派。許敬宗、李義府等人雖然在政治上比較失意，但他們善於鑽營，見風使舵，看到唐高宗對武則天的眷戀之情，便投奔到武則天麾下，為武則天當皇后搖旗吶喊，充當嘍囉；而長孫無忌、褚遂良等人是一批元老重臣，功勞大，根基深，打從內心反對出身寒微、當過尼姑，且心狠手辣的女人母儀天下。兩派之間實力懸殊，勝敗很容易分曉，而當唐高宗這位急著娶老婆的皇帝鐵了心非要立武則天為皇后時，勝敗就已經注定。

唐高宗雖然比較懦弱，比較溫和，但在立武則天為皇后的問題上卻相當果決。在中國歷史上，向臣子行賄的皇帝不多，宋真宗是一個，明代宗是一個，開此先河的恐怕就是唐高宗了。據《舊唐書》記載，「帝將立昭儀武氏為皇后，無忌屢言不可，帝乃密遣使賜無忌金銀寶器各一車、綾錦十車，以悅其意。」對此，《新唐書》也稱「帝欲立武昭儀為后，無忌固言不可。帝密以寶器錦帛十餘車賜之，又幸其第，擢三子皆朝散大夫」。接著，武則天趁熱打鐵，先是讓母親楊氏「自詣無忌宅，屢加祈請」，後又派禮部尚書許敬宗「屢申勸請」，希望透過懷柔政策買上通達皇后寶座的門票，結果卻遭到了長孫無忌的「厲色折之」。

在中國，有身分的人最注重的就是面子問題，就是招呼效應，當皇帝的更甚。銀子他收了，兒子也封官了，可長孫無忌就是不肯低下那顆倔強的頭顱，反而給前去辦事的人一副白眼。話傳到唐高宗那裡，他的臉往哪裡擺？他能不生氣嗎？何況，娶誰當老婆，那是皇帝自己的事，長孫無忌這個當舅舅的插手的是哪裡的事？與其說，長孫無忌的立場堅定，得罪了武則天；還不如說他的不近人情，深深刺痛了唐高宗。唐高宗雖然老實，但他終究是至高無上的皇帝，他已經決定的事，尤其是這種涉及男女私情的問題上，誰出來反對都是螳臂當車。不久，也就是永徽六年（西元六五五年）十月，唐高宗「竟不從無忌等言而立昭儀為皇后」。

唐高宗冊立武則天的那天，長孫無忌一夥人有沒有去喝喜酒，史籍中沒有記載；不過，唐高宗要和他們秋後算帳，則是必然的。無論是「皇后以無忌先受重賞而不助己，心甚銜之」（《舊唐書》），還是「后既立，以無忌受賜而不助己，銜之」（《新唐書》），但以武則天當時的能量，她也只有暗地裡咬牙切齒了。然而，唐高宗疼老婆是出名的，武則天一撅嘴，他自然會出來打抱不平。褚遂良被數次降職，一貶再貶；韓瑗、來濟被貶到邊州，永遠不許進京；于志寧、柳爽被徹底免職；凡是與長孫無忌一起反對唐高宗立武則天的臣僚，大多被罷免或疏遠。這一大批元老級重臣，如果沒有唐高宗點頭授意，武則天能扳得動誰？

羽翼被一個個翦除了，長孫無忌見識到了唐高宗的面裡藏刀；冊立皇后成功了，唐高宗由此領略到了皇權的所向披靡。當皇帝這些年來，唐高宗一直比較鬱悶，好多事情都是由長孫無忌替他操辦，甚至連他頗為得意的「永徽之治」也被看做「貞觀遺風」。一般來說，性格懦弱的人，內心越發逞強。唐高宗不願被唐太宗的光環所掩蓋，更不願處處掣肘於長孫無忌，年齡越大，那種朝綱獨斷的信念就越強烈，那種控制與反控制的矛盾就越突出，廢立皇后無疑是反映這種君臣矛盾的焦點。長孫無忌雖然被架空，但他在朝野的影響力仍是舉足輕重。唐高宗想挺起腰桿一言九鼎，就必須要除掉長孫無忌。

長孫無忌畢竟是長輩，是親人，唐高宗素以仁孝著稱，他不可能因為一些家庭糾紛就狠下心來對親舅舅實施生殺大權，但機會總會是有的。在皇權專制制度下，誰要是沾上了「謀反」的邊，不論是皇親國戚，還是宗室王公，通通沒有好果子吃。何況，此時的長孫無忌已經遭到了唐高宗的厭惡。顯慶四年（西元六五九年），中書令許敬宗為了迎合唐高宗，派人上奏稱「監察御史李巢與無忌交通謀反」，朝野譁然。對於這樁大案，唐高宗先是「驚」，繼而「泣」，可他既沒有找來長孫無忌當面對質，也沒有做任何調查取證，就把親舅舅發配到了黔州。這種處置結果，只能說明一個問題，即唐高宗內心已經默許了許敬宗的誣告。

長孫無忌「性通悟」，不難想到是誰下的黑手。為了大唐，長孫無忌嘔心瀝血了一輩子，如今落得這步田地，如此大的反差換了誰都可能一蹶不振。其實，當政治生命被無端扼殺的時候，長孫無忌這個政治人物就已經死了大半。三個月後，唐高宗派人覆核此案，長孫無忌在袁公瑜等人的「暴訊」下被逼自縊，享年六十三歲。長孫無忌死後，朝中再也無人能與武則天抗衡，此後，武則天一步步染指權力，最後自立為皇帝，改國號為大周，唐朝國祚一度中斷。唐高宗逼死長孫無忌，本想著就此獨掌大權，但最終卻被以武則天為首的新的政治勢力架空，這，恐怕是唐高宗在逼死長孫無忌時所沒有想到的。

唐憲宗為何執意不立皇后？

唐朝傳二十一帝（不含武則天），在這些眾多李姓皇帝中，能夠得到後人較高評價的，僅太宗、玄宗和憲宗三人。唐太宗打造了「貞觀之治」，唐玄宗開創了「開元盛世」，唐憲宗能夠與他們並駕齊驅、相提並論，足以證明他有不同尋常之處。在執政方面，唐憲宗銳意改革，平定藩鎮，重振中央政府威望，使唐朝在頹勢中出現中興氣象，確實可圈可點。然而，唐憲宗在私生活方面，特別是終身不立皇后一事，卻招來不少口舌。

在歷史上，皇帝不立皇后不算是什麼新鮮事。歷代皇帝中，特別是一些開國皇帝、亡國之君、短命天子、荒淫帝王，還有一些諸如殤帝、廢帝、少帝、沖帝、哀帝之類的倒楣皇帝，生前沒立皇后，或者來不及立皇后的不乏其人。單說唐朝，高祖李淵、殤帝李重茂、代宗李豫、哀帝李柷等人，或出於情感隱衷，或因為命運多舛，均沒有立皇后。但像唐憲宗這樣執意表示不立皇后的，在唐朝乃至歷史上還找不出第二個來。

唐憲宗（西元七七八年～八二〇年），名叫李純，唐順宗李誦長子。貞元四年（西元七八八年），李純被封為廣陵郡王。李純發育較早，貞元八年（西元七九二年）時就由紀氏為他生下長子李寧，後來又由另一名宮嬪生下次子李惲。貞元九年（西元七九三年），由時為皇太子的李誦做主，李純納郭子儀的孫女郭氏為王妃，並於貞元十一年（西元七九五年）生下三子李恆。貞元二十一年（西元八〇五年）三月，李純被立為皇太子，郭氏也升格為太子妃。同年八月，李純登基改元，成為唐朝第十位李姓皇帝。

遵照祖制，唐憲宗初登大寶後，應當冊立正妻郭氏為皇后，而唐憲宗卻並未那樣做，只是將郭氏封為貴妃。除了沒立皇后，唐憲宗執政前期，勵精圖治，忙於國事，連皇太子也沒有空暇立。直到元和四年（西元八〇八年），在大臣李絳等人的強烈建議下，唐憲宗才將最喜愛的長子李寧立為皇太子。兩年後李寧病死，元和七年（西元八一二年）七月，唐憲宗又立李恆為皇太子，郭氏本應「母以子貴」，水到渠成入主中宮，但唐憲宗仍沒有將她立為皇后的意思。

唐憲宗起初不立郭氏，大臣們都在靜觀等待，沒什麼意見；但李恆被立為太子一年半後，唐憲宗還不提立郭氏為皇后的事，大臣們就坐不住了。元和八年（西元八一三年）十二月，百官「拜表請立貴妃為皇后，凡三上章」，闡述國不可無母，力諫唐憲宗立郭氏為后，不料被唐憲宗以「歲暮，來年有子午之忌」（《舊唐書．后妃傳》）拒絕。所謂「子午之忌」，即逢子、午之年不宜結婚，《唐會要．嫁娶》中也載有「子卯午酉年……娶婦，舅姑不相見」的時俗。

筆者查證，元和九年（西元八一四年）確係甲午年，唐憲宗所言不虛。然而，此後不犯「忌」的年份還有不少，但一直到唐憲宗去世，郭氏也沒能坐上皇后的位子。顯然，唐憲宗所說的「歲暮」和「子午之忌」，不過是一時的推辭，因為他一點都不想立皇后。唐憲宗為什麼執意不立皇后？《舊唐書．后妃傳》給出的答案是「帝後庭多私愛，以后門族華盛，慮正位之後，不容嬖幸」。《新唐書．后妃傳》也稱「時後廷多嬖豔，恐后得尊位，鉗掣不得肆」。

私愛和嬖豔，均指後宮美女。作為一代帝王，不能否認，唐憲宗確有風流的一面、有泛愛的一面、有追求「性福」的一面。新舊《唐書》的說法很直接，唐憲宗之所以不立皇后，是因為怕皇后吃醋，進而干涉自己寵愛別的女人，妨礙自己在三千粉黛中尋歡作樂。老實說，這也未必不是一個答案，但這個答案未免太過淺薄。筆者認為，皇后的問題，歷來都是個政治問題，唐憲宗執意不立皇后，除了追求「性福」，還有深層的政治原因。

唐憲宗很注重吸取歷史教訓，在他看來，之前的幾位唐朝皇后，諸如高宗的武皇后、中宗的韋皇后、肅宗的張皇后，她們要嘛牽制皇帝，覬覦皇權；要嘛黨同伐異，拉攏勢力；要嘛假傳聖旨，擾亂宮廷，都以皇后的高貴身分干預朝政，都讓丈夫一籌莫展，忍氣吞聲。唐憲宗不立郭氏為皇后，就能避免郭氏將來像武后、韋后、張后那樣為所欲為。郭氏的貴妃地位比其他妃嬪高出一大截，她雖然掌攝六宮，形同皇后，但終究不是皇后。

唐憲宗不立郭氏為皇后，還在於他顧忌郭氏的出身和地位。郭氏出身非同一般，她既是軍功世家之後，又是皇室公主之女（父親郭曖為駙馬都尉，母親為代宗長女昇平公主），加之她的兒子李恆又是皇太子，是功臣、皇室、嗣君的聯合和紐帶。在大臣們眼裡，郭氏無疑是最佳皇后人選；但在唐憲宗看來，郭氏的這三個優勢，哪怕是其中的任何一項，都足以對皇權構成威脅，何況她還是三者兼備，唐憲宗又如何敢將皇后之位交給她。

唐憲宗不立皇后，不光是衝著郭氏來，其他宮嬪同樣沒份。終其一生，唐憲宗除了將郭氏封為貴妃、將紀氏封為美人、將杜氏封為秋妃，其他甚至生有皇子皇女的宮嬪，一律沒有得到封號。從唐太宗有三十五個孩子，封嬪妃十二人；唐玄宗有五十九個孩子，封嬪妃二十三人；唐憲宗有三十八個孩子，封嬪妃僅三人的史料記載來看，唐憲宗的確是在有意壓制后妃。只要沒有名號，這些宮嬪就沒有機會干預朝政，就不會肆意興風作浪。

唐憲宗執意不立皇后的做法，為後來的子孫開了一個不好的先例，繼任的穆宗、敬宗、文宗、武宗、宣宗、懿宗、僖宗生前都沒有冊立皇后。不過，這些後輩們未必能領悟到唐憲宗不立皇后的深層原因，只是一味追求「性福」而已。唐朝後期唯一一位生前立皇后的皇帝，是唐昭宗，但如果不是他在顛沛流離時，被何淑妃無怨無悔、患難與共精神所感動，大概當了十年淑妃的何氏也不會獲此殊榮。可見，唐憲宗不立皇后對後世影響之大。

不立皇后，使唐憲宗及其後世得到了「性福」，避免了來自皇后和外戚勢力的干擾，同時也引發了三大問題。一是缺少了皇后的管教，皇帝大都荒淫短命；二是生母地位較低，皇太子缺失了應有的威信；

三是沒有了爭權對手，宦官勢力越發猖獗。唐朝後期，宦官欺負太子、謀害皇帝如同兒戲，不能不說與後宮空虛有著莫大關聯。作為唐朝後期不立皇后的皇帝的「帶頭大哥」，唐憲宗對皇權旁落和帝國覆亡，有著不容忽視的責任。

唐宣宗為何鴆殺無辜美女？

唐宣宗在位時，越地官員送來一支女樂隊，其中一名女子姿色冠代。唐宣宗初見此女，甚是歡喜，一時間纏綿繾綣，寵愛異常，賞賜無數。但沒過多久，唐宣宗突然變臉，一杯毒酒把她送上了黃泉路。大概是因為事件太小，或涉及宮闈祕事，史官們沒有載入正史，而不少筆記、札錄卻當作花邊新聞記了下來。

——越守嘗進女樂，有絕色者。上（宣宗）初悅之，數月，錫賚盈積。一旦晨興，忽不樂曰：「玄宗只一楊妃，天下至今未平，我豈敢忘？」乃召美人曰：「應留汝不得。」左右或奏「可以放還」。上曰：「放還我必思之，可命賜酖一杯。」（《續貞陵遺事》）

——宣宗時，越守進女樂，有絕色。上初悅之，數日，錫予盈積。忽晨興不樂，曰：「明皇只一楊妃，天下至今未平，我豈敢忘？」召詣前曰：「應留汝不得。」左右奏，可以放還。上曰：「放還我必思之，可賜酖一杯。」（《唐語林》引《續貞陵遺事》）

——唐宣宗時，越守獻美人，姿色冠代。上初悅之，忽曰：「明皇以一楊貴妃，天下怨之，我豈敢忘。」召美人，謂曰：「應留汝不得。」左右請放還。上曰：「放還，我必思之。」令飲鴆而死。（《綠窗新話》引《續貞陵遺事》）

貞陵，即唐宣宗李忱之陵墓。《續貞陵遺事》為唐人柳玭所著，該書記載唐宣宗逸事，是唐代一部小說性質的雜史，具有非常高的史料價值。司馬光在編纂《資治通鑒》時多有採用，特別是在卷二百四十九「大中十三年」八月的〈考異〉中，就引用了《續貞陵遺事》中關於唐宣宗鴆殺越女一事，可見此事不虛。

一名被當禮物送來的無辜美女，唐宣宗愛也愛了、睡也睡了，即使突然不想要了，完全可以像他即位之初「出宮女五百人」（《新唐書》）那樣，把這名女子遣返回鄉，或將其冷落不加理睬，為何非要將其置於死地呢？筆者分析，原因有三。

其一，唐宣宗是一位比較有想法的君主，他對唐朝由盛到衰作過反思，得出美女即禍水的結論。他沒有從封建君主自身找原因，卻把唐朝敗落的罪責推給了楊貴妃，認為楊貴妃是引發「安史之亂」的導火線，而他身邊那位越女無異於現實版的楊貴妃。雖然越女既沒有禍國，也沒有殃民；既不懂政治，也不問政治，可唐宣宗知道自己好色而缺乏自制力，如不以祖先為戒，遲早會被美色迷住，耽誤國事，所以對這名越女心存芥蒂。應該說，唐宣宗的頭腦還算清醒，在其表層意識中，認為只要及早將身邊這位曾讓他愛不釋手的「女禍」除掉，天下自會太平。

其二，唐代中葉後，國勢轉衰，執政者從維護和鞏固封建統治秩序出發，積極倡導儒學，提倡婦女守貞節，唐宣宗亦然。即位後，唐宣宗對前面的穆、敬、文、武四位皇帝全部予以否定，偏偏對武宗的王才人「嘉其節，贈賢妃」（《新唐書》），究其原因，王才人主動要求為唐武宗殉葬，是個難得的節烈女子。對於女子守節一事，唐宣宗也曾專門下過「夫婦，教化之端，其公主、縣主有子而寡，不得復嫁」（《新唐書》）的詔令。在這種提倡貞節的大環境下，唐宣宗若將越女遣之出宮，既怕此女再嫁，又怕自己戴了綠帽子，壞了名聲，索性將其鴆殺。

其三，也是最主要的原因，唐宣宗鴆殺越女應該是一種矯飾，一項表演。筆者認為，唐宣宗此舉，絕非單純擔心自己沉溺於聲色而誤國事，實際上是在透過殺掉絕色美女，向臣民表示他不荒淫，不貪色，不受女色誘惑，如此姿色冠代的美女我都不稀罕，我李忱還留戀別的女子嗎？說白了，唐宣宗是利用越女的鮮血和生命，掩飾其貪色的醜名聲，以贏得其一心勵精圖治、不為女色所動的讚譽和口碑。男人好色是天性，唐宣宗忍痛割愛，毒死無辜美女，既說明皇權、男權的極端專制、自私、殘忍與狹隘，也說明唐宣宗在情慾問題上的矛盾、困惑與無奈。

事實上，唐宣宗是一名非常貪色荒淫的皇帝，這一點從他終生不立皇后、恣意寵幸後宮方面就略見一斑。另外，從唐宣宗生有二十三個子女，而後人除了知曉其繼任者李漼和愛女萬壽公主為晁美人所出、竟不知其他兒女生母是誰的史實來看，唐宣宗在私生活方面確實很亂。絕色越女死了，但成千上萬個美女還雲集後宮，為了享受「性福」生活，唐宣宗不惜服用祕藥，縱情床笫，甚至過了不惑之年仍然樂此不疲，鍥而不捨，成為中國歷史上赫赫有名的「春藥皇帝」。

春藥為唐宣宗帶來了快感，也為他帶來了病痛。為了能夠長生，唐宣宗於大中十二年（西元八五八年）正月召道士軒轅集進京問話，得到的答案就是「徹聲色」（《舊唐書》），即結束聲色之歡，但唐宣宗並未在意。次年（西元八五九年）正月，已被美色和春藥折磨得病入膏肓的唐宣宗似乎有所醒悟，宣布再次「放宮人」（《新唐書》），但為時已晚。同年八月，唐宣宗這位被後人稱作「小太宗」的皇帝因為濫用春藥而「疽發於背」（《資治通鑒》），最終一命嗚呼，時年五十歲。

趙匡胤「黃袍加身」跟誰學的？

《野客叢書．禁用黃》云：「唐高祖武德初，用隋制，天子常服黃袍，遂禁士庶不得服，而服黃有禁自此始。」自黃袍正式成為皇權象徵起，穿上黃袍的，力求保之；想穿黃袍的，伺機奪之。奪權的方式，除了高呼「天子寧有種乎？兵強馬壯者為之爾」此類野蠻型的，還有一種禮貌型的，也就是所謂的「黃袍加身」。提起「黃袍加身」，趙匡胤無疑是最有名的一個；但第一個導演「黃袍加身」的，卻是他當年的老上司郭威。趙匡胤策劃陳橋驛兵變，導演黃袍加身，建立北宋王朝，不過是拾了郭威的牙慧而已。

郭威（西元九〇四年～九五四年），字文仲，邢州堯山（今河北隆堯縣西）人。郭威出身寒微，從小就「負氣用剛，好鬥多力」，長大後更是「形神魁壯，趨向奇崛」。因為不喜歡種田，郭威十八歲那年應募潞州節度使李繼韜，成為李繼韜麾下的一名親兵。郭威生性好動，經常違犯軍紀，有一次，郭威在街上看到一名屠戶欺行霸市，便藉故買肉找碴，先是「以氣凌之」，繼而「叱之」。屠戶大怒，挺著肚子對郭威說：「爾敢刺我否？」郭威二話沒說，抄起刀子「刲其腹」，要了屠戶的命。這個故事後來被演繹成了「魯提轄拳打鎮關西」，二者不同的是：魯提轄用拳，郭威用刀；魯提轄後來當了和尚，郭威後來當了皇帝。

其實，郭威並不是一個單純的魯莽漢子，他從小就「性聰敏，喜筆札」，從軍後仍然堅持讀書，文武兼備。李繼韜被剿滅後，郭威被整編到後唐軍隊，充當「馬鋪卒使」。官職雖小，但他「多閱簿書，軍志戎政，深窮綮肯，人皆服其敏」。後來，郭威結識了義兄李瓊，發現李瓊正在研讀兵書《閫外春秋》，便拜李瓊為師，懇求李瓊悉心教導。之後，郭威「袖以自隨，遇暇輒讀，每問難瓊」，視野開闊，學識大增，政治上逐漸成熟老練，為他日後開國稱帝打下了基礎。因為有勇有謀，不管朝代如何更替，幾任上司都對郭威非常倚愛，郭威也一步步得到重用，最終成為後晉河東節度使劉知遠的心腹。

開運三年（西元九四六年）十二月，末帝石重貴被俘，後晉滅亡。迫於中原人民的抵抗，契丹兵不敢在汴梁（今河南開封）久留，在擄掠了後晉末代皇帝在內的大量人、財、物後，不得不退回北方。中原不可一日無主，郭威等人便力勸劉知遠占領汴梁稱帝，建立了後漢。劉知遠感激郭威，破格將他從牙將提升為樞密副使、檢校司徒，成為後漢的高級將領。乾祐元年（西元九四八年），劉知遠病逝，臨終前任命郭威、蘇逢吉二人同為顧命，擁立太子劉承祐為皇帝。劉承祐即位後，拜郭威為樞密使，掌控全國兵權。乾祐三年（950），趙匡胤從戎，投靠在郭威手下做了一名士兵，因此有幸目睹了郭威導演「黃袍加身」的全過程。

郭威篡國走了兩步，第一步，他是被逼的；第二步，他是主動的。劉承祐疑心頗重，對郭威、楊邠、史弘肇這樣的武將尤其放心不下。乾祐三年（西元九五〇年）十一月，劉承祐除掉楊邠、史弘肇之後，又詔令郭崇誅滅郭威、王峻，同時詔令李弘義誅殺王殷，企圖一舉剷除郭威勢力。郭威聞訊後「神情惘然，又見移禍及己，伸訴無所」，此時已有反心；加上他平日愛兵如子，威信極高，故引起群情激憤，郭威順勢率眾討伐劉承祐。郭威起兵後，劉承祐將郭威留在京城的妻兒家屬全部斬殺，養子柴榮的三個兒子也被處死。於是，郭威更加義無反顧，各鎮節度使也紛紛倒戈。不久，眾叛親離的劉承祐被殺，郭威占領了京城。

操控軍國大權後，郭威沒有急於代漢自立，而是讓劉知遠的遺孀李太后先主持大事，以安人心；又派人迎接劉知遠之弟劉崇的兒子劉贇繼位，以穩宗室。就在這時，河北急報契丹兵入寇，邊境告危，李太后「敕郭威將軍擊之」，國事、軍事委於別人，這明擺著是要架空郭威。應該說，郭威對這份差事有牴觸，但念及老上司劉知遠，仍勉強答應出征。乾祐三年（西元九五〇年）十二月，郭威率軍到達滑州時，因心有怨氣，內心起伏較大，所以「駐馬數日」，故意放慢了行軍速度。其實，不光是郭威心裡不痛快，將士們也為自己的命運擔憂，於是「我輩陷京師，各各負罪，若劉氏復立，則無種矣」的呼聲在軍隊中間鵲起。

眾將思變，郭威豈能無意？儘管野心萌動，但公然與朝廷對抗，郭威需要得到眾人的認可和擁護。行至澶州時，軍中「將士數千人忽大噪」，郭威假裝躲進屋裡，有人爬牆而入，請求郭威當皇帝，有人乾脆把一桿黃旗扯下來披在郭威身上，「或有裂黃旗以被帝體」，權當象徵皇權的黃袍。沒有郭威的事先暗示，誰敢貿然動軍旗？郭威假裝推辭，但將士們以「星散竄匿」相要挾，郭威只好登上城樓，整頓秩序，放棄抗擊契丹，率軍返回京師。經過幾番對攻，李太后被迫下詔，讓郭威「監國」。中外庶事，並取監國處分」，又下詔廢劉贇為湘陰公。廣順元年（西元九五一年）正月，郭威在一片「勸進」的呼聲中稱帝，建立後周。

郭威能名正言順披上黃袍，可謂煞費心機。郭威沒想到，自己導演的「黃袍加身」這一佳作，被趙匡胤盡收眼底；十年後，趙匡胤導演「黃袍加身」，就是當年郭威「黃旗加身」的翻版。據《宋史》記載：「七年春，北漢結契丹入寇，命出師禦之。次陳橋驛⋯⋯夜五鼓，軍士集驛門，宣言策點檢為天子，或止之，眾不聽。遲明，逼寢所，太宗入白，太祖起。諸校露刃列於庭，曰：『諸軍無主，願策太尉為天子。』未及對，有以黃衣加太祖身，眾皆羅拜，呼萬歲，即掖太祖乘馬。」同樣是契丹入寇，同樣是軍心嘩變，同樣是被逼就範，唯一不同的是，趙匡胤的「黃衣」是事先準備好的，真是「青出於藍而勝於藍」。

郭威一生儉樸，銳意改革，政績斐然，不失為五代時期的一位明主。顯德元年（西元九五四年）正月，郭威病逝，臨終前「只令著瓦棺紙衣葬」。作為一代開國皇帝，郭威能如此簡單低調安排自己的喪葬，在歷史上極其罕見。因為是「瓦棺紙衣」，所以郭威的墓千年之後安然無恙。開寶九年（西元九七六年），趙匡胤去世，葬於永昌陵。據《庶齋老學叢談》記載，北宋被滅後，永昌陵遭到盜墓賊「朱漆臉」的洗劫，「趙太祖山陵，金之末年，河南朱漆臉等發掘，取其寶器，又欲取其玉帶」，可見趙匡胤的隨葬品相當豐厚，所以他的墓穴被搜刮的一塌糊塗。對於趙匡胤來說，「黃袍加身」可以活學活用，有些東西卻是學不來的。

宋真宗是怎麼偽造「天書」的？

談到造假，宋真宗應該承襲了祖上的不少基因，他的伯父宋太祖趙匡胤出生時「赤光繞室，異香經宿不散。體有金色，三日不變」，後來又導演「黃袍加身」，來證明他當皇帝是被迫的；他的父親宋太宗趙光義出生時「赤光上騰如火，閭巷聞有異香」，後來又偽造所謂的「金匱之盟」，來解釋其政治統治的合法性。宋朝兩位祖宗級別的人物如此，那麼到了宋真宗這一代，則更是長江後浪推前浪，一浪更比一浪長了。據《宋史》記載，趙恆出生時「赤光照室，左足指有文成『天』字」，顯然，這是他登基後為宣揚自己的橫空出世和天命所歸，而信手拈了前輩的牙慧。如果單純是這點小事倒也罷了，歷史上有過此舉的皇帝不可勝數，宋真宗在造假方面的真正大手筆，主要表現在了偽造「天書」上。

「澶淵之盟」後，宋真宗雖然以每年三十萬銀帛的巨大代價，換取了與契丹的友好關係，但他本人自尊心上也遭受到了嚴重刺激，或者說是一種強烈打擊。如果換了別人，喝頓酒、看場戲、泡個溫泉，也就過去了，可偏偏宋真宗從小就是個「英睿，姿表特異……好作戰陣之狀，自稱元帥」的「英悟之主」，這份花錢買平安的委屈和恥辱，必然要透過一番轟轟烈烈的洗禮才能煙消雲散，於是，宋真宗想到了像秦皇漢武那樣封禪泰山。封禪，可不是隨便一個皇帝就能辦到，只有那些具備國家統一、功德顯赫、國泰民安、天降祥瑞等條件的有德之君，才能大張旗鼓親臨泰山，舉行隆重的封禪大典。對於宋真宗來說，前三個條件都可以勉強應付，唯獨天降祥瑞實在難求；不過，宋真宗是至高無上的皇帝，只要他想要，什麼東西拿不到？

景德五年（西元一〇〇八年）正月初三，宰相王旦率群臣早朝完畢時，有司來報，稱「有黃帛曳左承天門南鴟尾上」，宋真宗「召群臣拜迎於朝元殿啟封，號稱天書」。為了證明「天書」真的是從天而降，宋真宗還特意精心編造了一個故事：「去年十一月二十七日半夜，我剛要睡，忽然臥室滿堂皆亮，我大吃一驚，見到一個神人忽然出現，此人星冠絳袍，對我說：『一月三日，應在正殿建黃籙道場，到時會降天書《大中祥符》三篇，勿洩天機！』我悚然，起身正要答話，神人忽然消失，我馬上用筆把此事記了下來。從十二月一日起，我便蔬食齋戒，在朝元殿建道場，整整一個月恭敬等待，終於盼來了天書。」（《皇宋通鑒》）

這樣的童話，騙三歲小孩尚可，但宋真宗是皇帝，一言九鼎，煞有其事；就連「沉默好學」、此前曾接受皇帝賄賂的宰相王旦，此刻也不得不俯首祝賀，帶頭大唱讚歌：「陛下以至誠事天地，仁孝奉祖宗，恭己愛人，夙夜求治，以至殊鄰修睦，獷俗請吏，干戈偃戢，年穀屢豐，皆陛下兢兢業業、日謹一日之所致也。臣等嘗謂天道不遠，必有昭報。今者神告先期，靈文果降，實彰上穹佑德之應。」（《皇宋通鑒》）

就在皇帝大顯迷信、群臣紛紛稱賀的時候，龍圖閣待制孫奭卻跳了出來。孫奭是北宋著名的經學家、教育家，博學多識，對「天書」降臨很不以為然，他對宋真宗說：「愚臣只聽孔子說過『天何言哉』。天既然不會說話，豈能有書？」明確反對天有意志之說。對此，宋真宗雖然「默然」，但孫奭的抗議畢竟代表著一部分民意，不能輕視。

為了堵住孫奭之口，宋真宗又導演了一場「天書」降臨的鬧劇。據《皇宋通鑒》記載，「五月丙子，上復夢向者神人言，來月上旬復當賜天書於泰山」，意思是說，當年五月，宋真宗再次夢見了神仙，神仙稱六月上旬將在泰山上賜「天書」。為了把這場戲演好，宋真宗提前「密諭王欽若」，讓他做好準備。王欽若為人「性傾巧，敢為矯誕」，討好長官、弄虛作假是他的強項。果然，一份「其上有御名」的「天書」，如期出現在了泰山腳下的醴泉亭。有了這兩份「祥瑞」，宋真宗終於如願以償爬到了泰山之巔。此後，宋真宗多次以「天書」為先導，到處巡幸遊玩，充分感受百姓的頂禮膜拜和歌功頌德。宋太祖、宋太宗沒有做到的，他這個當晚輩的做到了，宋真宗當時的心情不言而喻，澶淵之盟造成的陰影一掃而光，取而代之的是自欺欺人的成就感和滿足感。

上梁不正下梁歪，皇帝能造假，下面的臣民也能造假，各地「爭奏祥瑞，競獻讚頌」。天禧三年（西元一〇一九年）三月，永興軍都巡檢朱能上奏，稱乾祐山又降「天書」，大家都知道有詐，而「上獨不疑」。不疑，是假；不想疑，是真，造假的又怎能不識假貨？宋真宗要的就是這種錦上添花的效果。孫奭又跳出來直言，並以欺君之罪「乞斬朱能，以謝天下」，結果「上雖不聽，然亦不罪奭也」，意思是宋真宗明知道孫奭說的有道理，但就是聽不進去。說白了，宋真宗需要這份假天書，甘願被欺騙，鐵了心要在崇奉神祀、粉飾太平的邪路上走下去。宋真宗沒有想到，他自己痛快了，而頻繁的奉祀卻讓國家財政入不敷出，他自己也因此走火入魔。

有些事情說多了、聽多了、想多了，假的也會變為真。整日與玄幻的東西糾纏，宋真宗的精神嚴重變異，不僅喜怒無常，而且經常言語錯亂，混沌健忘。到了天禧四年（西元一〇二〇年）十一月，宋真宗的病情加重，他不好好休養調理，卻讓道尼、僧徒為他祈禱，終歸是天書情結和鬼神思想在作怪。乾興元年（西元一〇二二年）二月，宋真宗病逝，享年五十五歲，那場延續了十五年之久的「天書」鬧劇也隨之落下帷幕。

宋真宗透過造假，東封西祀，雖然風光一時，但最終用生命為自己的荒唐行徑買單，真是報應不爽。宋仁宗即位後，隨即將這些「天書」作為宋真宗的陪葬品。虛假的東西，害人的東西，最好就是讓它們萬劫不復！

宋高宗趙構為何盛年主動禪位？

對於一位活了八十多歲的封建帝王來說，五十幾歲恰好是盛年，也是執政的黃金時期。再者，大凡封建帝王，沒有一個不貪戀權勢的，只要不受外力逼迫，只要健康狀況尚可，只要還能安安穩穩坐在龍椅上，沒人情願將皇權拱手讓人，哪怕繼任者是自己的親生骨肉。在這一規則下，宋高宗盛年主動讓位給養子趙昚的壯舉，在中國歷史上是絕無僅有的。

紹興三十二年（西元一一六二年）五月，宋高宗突然提出要禪位，右相朱倬認為「靖康之事，正以傳位太遽，盍姑徐之」，意思是說，北宋的滅亡，與當年宋徽宗匆忙傳位，致使朝政陷入混亂、金兵趁機而入有著莫大的關係，傳位一事應當慎重，更應當從長計議。對於朱倬的合理建議，宋高宗不理不睬。六月十日，宋高宗以「老且病，久欲閒退」（《宋史》）為由，下詔傳位皇太子趙昚，自稱太上皇帝，移居德壽宮。六月十一日，趙昚即位，是為宋孝宗。

宋高宗一向身體強健，禪讓時不過才五十六歲，而且當時身體並沒有不適，後來又當了二十五年太上皇，直到八十一歲才壽終正寢，所以自稱「老且病」顯然是飾詞。再者，宋高宗禪位前，南宋軍隊剛剛在採石之戰中大敗金人，迫使金帝完顏亮為部將所殺，造成金國一度政局動盪不安；而南宋卻邊境安寧，國內安穩，人心振奮，民呼萬歲，並不存在迫使宋高宗禪位的外界因素。在這種情況下，宋高宗主動禪位，既讓人納悶，又催人深思。

有人認為，宋高宗固然貪戀權勢，卻又苦於國事憂勤，所以願意以太上皇的身分，繼續享受皇帝的尊榮，卻又可以免於國事的困擾。然而事實上，宋高宗禪位後，並沒有就此躲在深宮，頤養天年，不問朝政，而是一到關鍵時刻，大至對金和戰，小至官吏任命，他都會出面干涉，多方牽制，寸步不讓，說明他還是願意為國事憂勤，還是對權力緊抓不放，並非他所講的「久欲閒退」。筆者認為，宋高宗盛年禪位，有著不可告人的深層原因。

眾所周知，歷代皇帝傳位，都會選擇一個對自己感恩戴德之人作為接班人。宋高宗生平只有一子，名叫趙旉。建炎三年（西元一一二九年），三歲的趙旉受驚而死。此後數年，宋高宗一直未再生子，而朝野上下主張確立「根本」的呼聲卻越來越高。不得已，紹興二年（西元一一三二年），宋高宗以宋太祖的裔孫趙眘（初名趙伯琮）為養子，並當做內定的儲君培養。到了紹興三十二年（西元一一六二年），趙眘已經在皇宮生活了三十年，明知皇位非他莫屬，雖然嘴上不說，但心裡未必不著急。歲月催人老，宋光宗就曾因等到鬍子白了，而怨恨趙眘不及早傳位於他。親生兒子尚且如此，養子可想而知。如果等到宋高宗臨終時再傳位，趙眘很可能年過半百，甚至年過花甲，這樣不僅不會對宋高宗有感激之情，反而會產生怨恨，宋高宗盛年禪位，有施恩之意。

再者，宋高宗屬於宋太宗一支，親生兒子趙旉夭折後，按照血緣關係遠近，他應該將皇位傳給宋太宗的其他裔孫，畢竟符合條件的大有人在。然而，宋高宗卻經過再三斟酌，最終選擇了宋太祖的裔孫趙眘為接班人。這種改弦更張，捨近求遠，置宗室利益於不顧的行為，勢必會招來種種非議，特別是會引起宋太宗一支的不滿；再者，以太祖子孫繼位，打破傳統慣例，也勢必要遭到統治集團中許多因循守舊之人的反對，甚至產生變故。所以宋高宗只有生前禪位，再以太上皇帝的身分壓陣，才能確保傳位計畫順利執行，才能確保南宋政治穩定。事實證明，宋高宗以太上皇身分作為趙眘的後台震懾朝政，趙眘以非嫡長子的身分即位，朝野上下風平浪靜，沒有一人敢有半點異議，這在宋朝歷代皇帝傳位中極其罕見。

宋高宗傳位趙眘，除了順應多數士大夫的願望，贏取歸還太祖裔孫帝位的美名，還有難以啟齒的目的。「靖康之難」中，除宋高宗僥倖漏網外，徽、欽二帝的近支宗室，全部被金人擄掠到北地，終生未能歸國。其實，早在紹興十三年（西元一一四三年），也就是宋金和議、韋太后歸國的第二年，金人就

「有歸欽宗及諸王、后妃意」（《宋史》），而宋高宗為了保住自己的皇位，為了掩蓋生母在金國嫁夫生子的宮廷醜聞，始終沒有回應，致使「諸王、后妃」慘死異國他鄉。這種一味屈膝投降、極端自私自利的做法，必然會引起宋太宗其他裔孫的怨恨，百年之後必然會遭受攻擊和譴責。宋高宗選擇盛年禪位，然後作為太上皇在幕後繼續維護對金妥協投降路線，不僅可以維護自己死後的聲譽，還可以阻止宋太宗裔孫登上皇位。

談到宋高宗盛年主動禪位，還有一個因素往往被人們忽視，即宋高宗的一貫貪生怕死。南宋建立後，面對金人多次寇掠，談金色變的宋高宗從南京跑到杭州，從陸地跑到海上，特別是完顏亮南侵，差點又讓他浮海遠遁。一次次的逃生經歷，使宋高宗認識到，皇帝雖然顯赫，但同時也是金人追擊的標靶，一旦有危難，以皇帝的身分逃竄很刺眼，也很不方便；如果當了太上皇，關注度會大大降低，逃命要容易得多，也安全得多。當年，面對金人咄咄攻勢，已經退位的宋徽宗可以從容「如亳州，百官多潛遁」，宋欽宗也想「出襄、鄧」，卻被「李綱諫止之」（《宋史》）。宋高宗主動當太上皇，顯然是在效仿父親宋徽宗。事實證明，隆興元年（西元一一六三年），也就是宋高宗禪位的第二年，南宋軍隊被金兵打敗，消息傳來，宋高宗「日僱夫五百人立殿廷下，人日支一千足，各備擔索」（《朱子語類．高宗朝》），已經做好了逃命的架勢。如果不是已經禪位，他豈能說跑就跑。所以，便於逃跑也是宋高宗盛年禪位的一個重要原因。

此外，宋高宗主動禪位，也與宋金議和失敗和全國抗金形勢有關。當年，宋高宗為了促成議和，為了偏安一隅，曾以「莫須有」的罪名殺掉了抗金英雄岳飛，致使親者痛，仇者快，也造成了日後南宋對金戰爭的被動局面。此後，金兵對南宋的軍事進攻依舊，想到岳飛生前所說的「金人不可信，和好不可恃」（《宋史》），想到岳飛的先見之明，想到金人出爾反爾，貪得無厭、撕毀和約、頻繁剽掠，一心堅持投降路線的宋高宗有些掛不住面子。趙昚即位後，同年年底便為岳飛昭雪。這種涉及宋高宗聲譽的政治敏感事件，如果不是得到了宋高宗默許，一向以孝著稱的趙昚無論如何也不敢造次，所以趙昚在詔書中一再強調是「太上皇念之不忘」，自己不過是「仰承聖意」而已。應該說，宋高宗在位時早已有心為岳飛平反，但又放不下皇帝說一不二的架子，索性及早禪位，讓急需人氣、急需威望、急需朝野支持的趙昚當這個好人吧。

宋高宗為何掩蓋生母真實年齡？

靖康二年（西元一一二七年）春，金人攻破汴京，俘虜徽欽二帝，北宋滅亡。覆巢之下，焉有完卵？接下來，便是一場對漢人、漢文化的摧殘和洗劫。除了瘋狂搶掠金銀，野蠻的金人還大肆搜捕帝后、帝妃、王后、王妃、帝姬、郡主以及大臣妻妾子女，並「依照去目，逐名補送，目詳封號，以免混淆」（《開封府狀》），將所有被俘人員的姓名、年齡、戶口、職官、封號詳細登記，分類造冊，然後分批押赴北地，宋高宗趙構的生母韋氏也在其中。

關於韋氏被俘時的年齡，《開封府狀》稱當時「喬貴妃四十二歲……韋賢妃三十八歲」。也就是說，韋氏生於元祐五年（西元一〇九〇年），靖康二年（西元一一二七年）時只有三十八歲。然而，《宋史·韋賢妃傳》卻稱「紹興……十九年，太后年七十……二十九年，太后壽登八十，……九月，得疾……俄崩於慈寧宮，諡曰顯仁。」照此推算，韋氏生於元豐三年（西元一〇八〇年），靖康二年（西元一一二七年）時已經四十八歲。兩份史料中，韋氏的年齡竟相差了十歲之多。

作為北宋亡國的見證，《開封府狀》是當時金元帥府與開封府之間的往來公文，具有政府案牘性質，它所記載的內容也可以在其他史料中得到驗證，其史料價值可與國史等相侔，真實性很高。而作為正史之一，《宋史》是記載兩宋大人物、大事件的官方文獻，在史學界具有很高的權威性。在韋氏年齡問題上，《開封府狀》和《宋史》孰對孰錯？帶著這份疑惑，筆者查閱了與韋氏有關的兩位后妃的史料，發現了一些蛛絲馬跡。

《宋史·喬貴妃傳》載「喬貴妃，初與高宗母韋妃俱侍鄭皇后，結為姊妹」。史料中提到的鄭皇后，初為向太后的押班侍女（按：領班侍女），元符三年（西元一一〇〇年）宋徽宗「及即位，遂……賜之……

政和元年，立為皇后」（《宋史．鄭皇后傳》）。從以上史料中，筆者發現兩處疑點：其一，鄭氏擔任押班侍女期間，不應該有自己的侍女；其二，鄭氏嫁給宋徽宗時，韋氏已經二十一歲，這麼大的年齡沒有嫁人，卻被選入宮當侍女，於理不通。

此外，《宋史．韋賢妃傳》還稱「紹興……十二年……太后年已六十」，這與同一傳記中「十九年，太后年七十……二十九年，太后壽登八十」的記載前後明顯矛盾。可見在韋氏的年齡問題上，《宋史》有所藏掖；或者乾脆說，宋高宗故意將生母年齡虛增了十歲。《宋史》欲蓋彌彰，恰恰反襯《開封府狀》記載韋氏被俘時三十八歲並非杜撰。那麼，宋高宗為何要刻意掩蓋生母的真實年齡呢？箇中緣由，還應該從「靖康之難」說起。

韋氏被俘後，與成千上萬的北宋男女受盡了折磨和蹂躪。對於男人來說，被毆打、被殺戮，咬咬牙、閉閉眼，也就過去了；而對於女人來說，面臨的卻是禽獸般的姦淫和侮辱。《燕人麈》載，「天會時掠致宋國男、婦不下二十萬……婦女分入大家，不顧名節，猶有生理；分給謀克以下，十人九娼，名節既喪，身命亦亡。鄰居鐵工，以八金買倡婦，實為親王女孫、相國侄婦、進士夫人。」一般女俘如此境遇，皇帝后妃的屈辱遭遇可想而知。

三十八歲的女人只要保養得當，韻味依然十足；而對於在後宮養尊處優的韋氏來說，這個年齡必定風情萬種，何況她能成為宋徽宗的女人，自然姿色不差。韋氏被俘後，「二起北行，入洗衣院」（《宋俘記》）。洗衣院字面上像是洗衣機構，但從與韋氏一同被遣送到洗衣院的朱、趙二女子次日「並蒙幸御」（《青宮譯語》）來看，洗衣院實際上是金國貴族淫樂的場所，類似妓院。韋氏在洗衣院，不可能冰操獨守。

天會八年（西元一一三〇年）六月，金太宗下令將「宮奴趙（構）母韋氏、妻邢氏、姜氏凡十九人，並抬為良家子（按：妓女從良）」（《呻吟語》）。從洗衣院出來後，韋氏嫁給金國蓋天大王完顏宗賢為妾。關於韋氏改嫁一事，辛棄疾《竊憤錄》記載，「良久，屏後呼一人出，帝（按：宋欽宗）視之，乃韋妃也。太上（按：宋徽宗）俯首，韋妃亦俯首，不敢視。良久，蓋天大王命左右賜酒二帝及太后，曰：『吾看此個婦面。』蓋韋妃為彼妻也」。

嫁給完顏宗賢期間，韋氏生有一子（一說二子）。為此，金太宗還曾兩次「獎勵」宋徽宗和宋高宗。天會八年（西元一一三〇年）七月，金太宗詔曰：「（韋氏邢氏）用邀寵注，比並有身（按：懷孕），叛奴趙（佶），曲加蔭庇，免為庶人」；天會九年（西元一一三一年）四月，金太宗詔曰：「（韋氏邢氏）本月二十三日、二十六日各舉男子（按：生子）一人。眷念產孕之勞，宜酬衽席之費，可各賜白金十錠。趙（佶）趙（構）讓美不居，推恩錫類，可並賜時衣各兩襲。」

此外，託名辛棄疾所著《竊憤續錄》記載，「或曰，有單馬若貴家人，寺僧令監者與阿計替入室，反鎖其門而去。且曰：『蓋天大王並韋夫人來此作齋。』移時，帝（按：宋欽宗）於壁隙中遙見韋妃同一官長潛行，從傍有一人抱三四歲小兒，皆胡服，每呼韋妃為阿母，於是帝知韋妃已為蓋天大王妻也。」觀此情形，這個「三四歲小兒」應為韋氏所生。這個兒子是不是韋氏所生另一子，筆者不敢斷言，但韋氏曾為完顏宗賢生子是毋庸置疑的。

韋氏在金國生活了十六年，其遭遇不可能不外傳。為了掩飾宮廷醜聞，宋高宗便在韋氏的年齡上做文章，將其虛增十歲，從紹興十年（西元一一四〇年）開始，每逢韋氏「生辰、至、朔，皆遙行賀禮」（《宋史．韋賢妃傳》），並將典禮載入史冊，依此表明「韋后北狩，年近五十，再嫁虜酋，寧有此理？虜酋捨少年帝姬，取五旬老婦，亦寧出此」，強調韋氏早已失去了生育能力，改嫁、生子的有關傳聞不過是金人「編造穢書，以辱宋康」（《呻吟語》）而已，不足為信。

為了讓韋氏被俘時已經「四十八歲」變成既成事實，宋高宗還變換了韋氏與喬貴妃的「姊妹」關係，讓韋氏當了比自己年長四歲的喬貴妃的姐姐，「二帝北遷，貴妃與韋氏俱。至是，韋妃將還，貴妃以金五十兩贈高居安，曰：『薄物不足為禮，願好護送姊還江南。』復舉酒酹韋氏曰：『姊善重保護，歸即為皇太后；妹無還期，終死於朔漠矣！』遂大慟以別」（《宋史．喬貴妃傳》）。同時，虛構了韋氏曾為鄭皇后的侍女，以進一步掩蓋韋氏的真實年齡。

隨著宋高宗議和路線的確定，紹興十二年（西元一一四二年）八月，韋氏帶著宋徽宗的梓宮回到江南。歸國後，韋氏非但沒有提及自己在金國的遭遇，反而叮囑宋高宗「兩宮給使，宜令通用；不然，則有彼我之分，而佞人間言易以入也」（《宋史．韋賢妃傳》），意思是說，我們母子之間要多聯繫，不然小人會惡語中傷，從中離間。沒做虧心事，不怕鬼敲門，韋氏這番話很奇怪，如同「此地無銀三百兩」，這也恰恰印證了她心裡有鬼。

為了掩蓋真相，宋高宗還害死了同父異母的妹妹柔福帝姬。北宋滅亡後，柔福與韋氏一起入洗衣院，後「歸蓋天大王賽里，名完顏宗賢」（《呻吟語》），說明柔福與韋氏一起當過妓女，還曾一度同侍一夫。後來，柔福伺機逃回南宋，經宋高宗及宮內老人辨認，確認無疑。然而，韋氏歸國後卻稱「柔福死沙漠久矣」（《鶴林玉露》），將其活活打死。對此，《隨園隨筆》也稱「柔福實為公主，韋太后惡其言在虜事，故誅之」，以殺人滅口，死無對證。

同時，凡是了解韋氏底細的人，大都沒有好果子吃。如身陷金國十五載的洪皓歸國後，被宋高宗稱讚為「忠貫日月，志不忘君，雖蘇武不能過」的忠烈之臣，後來卻成了一名「造為不根之言，簧鼓眾聽，幾以動搖國是」（《繫年要錄》）的罪臣，被流放嶺南，兩個助手張邵、朱弁也遭殃；再如跟隨韋氏歸來的官員白諤，也因「有變理乖謬語，刺配萬安軍」（《廿二史劄記》）；作為「報謝使」赴金與完顏宗賢有過接觸的王次翁，也被箝制口舌。

此外，宋高宗還下詔「禁私作野史，許人告」（《宋史．秦檜傳》），在全國開展大規模的野史之禁，嚴禁士大夫私自修史，提倡官員相互檢舉，其主要目的還是防止韋氏在金國的醜聞被洩露和傳播，用高壓措施保全韋氏的名聲，保住自己的顏面。

「靖康恥，猶未雪；臣子恨，何時滅」，面對辱母之仇，喪國之恨，宋高宗不致力於收復失地、直搗黃龍，而是關起門來耍威風、飾太平，無不反映了他的昏庸和軟弱。有仇不報，有苦說不出，而是煞有介事地為受辱的生母改年齡、混淆視聽，正是宋高宗缺少民族氣節、一貫屈膝投降的真實寫照。

張邦昌當皇帝為何沒有稱「朕」？

朕，最初是指身體，後來演變成為第一人稱代詞。先秦時期，不分尊卑貴賤，人人都可以自稱朕。自秦始皇規定「天子自稱曰朕」（《史記．秦始皇本紀》）起，「朕」這個字開始成為皇帝稱呼自己的專用詞。可以說，稱「朕」是封建禮制賦予皇帝的特權，不論執政者是英武皇帝還是傀儡皇帝。然而，歷史上偏偏出現了一位當過皇帝、卻沒有稱過「朕」的皇帝，他就是兩宋之間「大楚」政權的皇帝張邦昌。

張邦昌（西元一〇八一年～一一二七年），字子能，北宋永靜軍東光（今河北東光縣）人。張邦昌的名字寓意深刻，邦，社稷也，昌，昌盛也，單從名字上，就可以看出張邦昌當年心繫國家、修立治平的理想和初衷。張邦昌出身進士，有著較高的文化素養，然而在黑暗腐朽的北宋末年，其才幹卻難以發揮。為了加官晉爵、出人頭地，心理扭曲的張邦昌透過「專事宴遊，黨附權奸，蠹國亂政」來迷惑皇帝，一味拍馬屁，粉飾太平，因此得到了宋徽宗的賞識和器重。十幾年時間，張邦昌官運亨通，歷任大司成、光汝知州、禮部侍郎、尚書右丞、尚書左丞、中書侍郎，卻毫無政績可言。宋欽宗即位後，拜張邦昌為少宰。

靖康元年（西元一一二六年）正月，金兵進逼東京，北宋政權搖搖欲墜，軟弱無能的宋欽宗決定與金軍求和。金將斡離不趁機提出四個苛刻條件：其一，向金國納貢；其二，向金帝稱侄；其三，對金國割地；其四，向金國派出親王和宰臣。在求和派的慫恿下，無計可施宋欽宗答應了這些條件，並命康王趙構為計議使、少宰張邦昌為計議副使，前往金國負責和談事宜。張邦昌雖然力主求和，可沒想到皇帝會派他出使金國。由於君命難違，加上「慷慨請行」（《宋史》）的趙構不斷為他打氣，張邦昌只好垂頭喪氣跟著趙構，迎著蕭蕭北風進入金營。

深入虎穴，最能檢驗一個人的膽量和意志。在殺氣騰騰的金營中，張邦昌「恐懼涕泣」，失魂落魄；而趙構卻「意氣閒暇」（《宋史》），談笑自若。這種巨大的反差，讓金將斡離不懷疑，認為趙構不像是真正的皇族宗室，而是冒充親王而來。於是，趙構和張邦昌被原封退回，要求北宋另派真正的親王前來。無奈之下，宋欽宗另派肅王趙樞代替趙構，與剛剛被封為太宰的張邦昌再次入金營。這次出使，趙樞與張邦昌一併被扣押為人質。

靖康二年（西元一一二七年）春，金人的鐵騎踏破東京，北宋滅亡，宋欽宗被俘，北宋皇室成員幾乎被一網打盡。與此同時，不願做亡國奴的北宋軍民誓死捍衛民族尊嚴。各地軍民如火如荼的抗金運動，讓金人自知無法全部占據北宋領土。於是，金人決定另立一位無血緣關係的人為傀儡皇帝，一則達到所謂徹底滅亡北宋的目的，二則讓新立的傀儡皇帝代替金人繼續統治北宋子民。此次隨金軍南下的張邦昌，因為一貫奴顏婢膝而得到了金人的歡心和信任，於是，金將斡離不把張邦昌列為新帝的最佳人選。

消息傳出，北宋軍民譁然，以秦檜為首的宋臣上書金人，強烈要求「於趙氏中推擇其不預前日背盟之議者」，另立一位趙氏皇室成員為新帝，結果遭到了斡離不的拒絕。斡離不將另立新帝的意思傳達給張邦昌後，張邦昌嚇得「欲引決」，乾脆上吊算了；可金人卻以血洗東京為要挾，「相公不前死城外，今欲塗炭一城耶」（《宋史》），意思是說，你自己死了，就不怕連累全城的百姓嗎？在這種情形下，張邦昌只能冒天下之大不韙叛國稱帝。接著，斡離不強迫宋臣在擁立張邦昌的百官議狀上簽字。靖康二年（西元一一二七年）三月七日，張邦昌的傀儡政權在金兵的逼迫下宣告成立，國號「大楚」。

米已成飯，木已成舟，對於這個兒皇帝兼傀儡皇帝，張邦昌無力抗爭。稱帝後，張邦昌當下封賞了一批擁立自己當皇帝的官員，並效仿歷代新帝登基，宣布大赦天下。大臣呂好問向來看不起張邦昌，於是發難道：「京城四壁之外，都被金人占據，請問大赦天下是赦免哪個天下？」一句話搞得張邦昌啞口無言，面色難堪。名不正，言不順，人心不服，民心不附，是擺在張邦昌面前的最大難題。鑒於這種情況，張邦昌不得不低調做人，謹慎做事。歷代皇帝都是「南面而坐」，而張邦昌卻「東面拱立」；張邦昌下發命令不稱「詔書」，而是稱「手書」；大臣們稱其為「陛下」，他「斥之」；接見百官時，張邦昌不稱「朕」，而是稱「予」（《宋史》）。在中國歷史上，不稱「朕」的皇帝，恐怕也只有張邦昌了。

張邦昌之所以這麼做，無非是讓人們體諒到他的苦衷和無奈，然而文武百官和各地軍民卻不買他的帳，賣國求榮的罵聲和此起彼伏的反抗，讓張邦昌如臨大敵，如履薄冰。再者，靖康之難並沒有讓大宋王朝的大旗完全倒下。當時，康王趙構領兵在外，眾望所歸，元祐皇后倖免於內，位尊身貴，對宋朝感情頗深的臣民，更是希望趙宋政權能夠在趙構和元祐皇后的聯手下重新振作。為了給自己留條後路，四月五日，內外交困的張邦昌「冊元祐皇后曰宋太后，入御延福宮」，請求元祐皇后主持大局。四月十一日，元祐皇后正式垂簾聽政，張邦昌退位，存活了三十三天的「大楚」政權宣告結束。

從哪裡開始，從哪裡結束。張邦昌退位後，仍以太宰身分處理政務，並將在位期間所有赦文全部追回，將所有官員一律廢黜。不久，張邦昌派人將傳國玉璽和皇袍送到趙構手中，勸趙構登基。接著，張邦昌又親自趕到趙構軍營「伏地慟哭請死」，趙構「撫慰之」（《宋史》），免其死罪。趙構稱帝後，任命張邦昌為太保、奉國軍節度使、同安郡王，可以參決大事。不久，趙構又升張邦昌為太傅，位列三公。趙構之所以如此厚待張邦昌，筆者認為有三個原因：其一，張邦昌曾與趙構一起入過金營，有患難之情；其二，張邦昌主動放棄「大楚」皇位，有認罪表現；其三，張邦昌將漂亮的義女獻給趙構，趙構很滿意，不忍心怠慢張邦昌。

然而，張邦昌退位後的安定日子並沒有多久。宰相李綱對張邦昌再次擔任新職極為不滿，力主徹底清算張邦昌賣國求榮、助紂為虐的罪惡行徑，朝中檢舉張邦昌罪行的奏章絡繹不絕，甚至有人告發張邦昌在皇宮玷汙宮人。在這種情況下，建炎元年（西元一一二七年）六月，趙構下令將張邦昌流放到潭州（今湖南長沙），「責降昭化軍節度副使、潭州安置」（《宋史》）。

張邦昌被流放後，金人以張邦昌被廢為藉口，再次出兵攻伐南宋疆土，這更加激起了南宋軍民對張邦昌的憤怒，紛紛要求趙構嚴懲張邦昌。九月，趙構下旨賜死張邦昌。接到詔書後，張邦昌「徘徊退避，不忍自盡」。使臣一再催促，張邦昌在嘆息聲中，自縊而死，終年四十七歲。當過一個多月的皇帝成為張邦昌一生的汙點，張姓家族公開宣布將張邦昌逐出張氏家族，《宋史》更乾脆將其劃入〈叛臣傳〉。

遼世宗為何立大齡漢女為皇后？

契丹耶律氏，在通婚方面有一個鐵律，即《遼史．天祚紀》中說的「耶律與蕭，世為甥舅，義同休戚」。從阿保機的四世祖薩刺德開始，耶律氏和述律（後改為蕭）氏，就建立了牢固的嫁娶關係。這種帶有政治色彩的通婚模式，不僅鞏固了耶律氏在契丹社會的統治，同時也形成了蕭氏對大遼皇后的壟斷。「蕭氏家傳內助之風」（《遼代石刻文編》），就是對這種現象的絕佳概括。不料，中途卻闖進了一個陌生女人。

翻開《遼史．后妃列傳》，生前被皇帝立為皇后的共十二人，她們依次是：太祖皇后蕭（述律）氏、太宗皇后蕭氏、世宗皇后蕭氏、世宗妃甄氏、穆宗皇后蕭氏、景宗皇后蕭氏、聖宗皇后蕭氏、聖宗皇后蕭氏、興宗皇后蕭氏、道宗皇后蕭氏、道宗惠妃蕭氏、天祚皇后蕭氏。毫無疑問，其中的甄氏，就是這位踏進遼河流域的不速之客。她的出現，不僅引起了大遼朝野的一片譁然，同時也擾亂了耶律氏與蕭氏交互為婚的傳統。

除此之外，這個陌生女人還創下了大遼歷史、乃至中國歷史上的多項紀錄：她是大遼唯一的一位異族皇后，也是大遼唯一一位在行軍途中冊立的皇后；大遼曾一度出現過兩位皇后比肩並立的奇怪現象，她就是其中的一位；她比皇帝年長十二歲，登上了中國歷代帝后「姐弟戀」之年齡差距的最高峰，在中國歷史上空前絕後。

這個異姓皇后究竟是誰？什麼來歷？《遼史．后妃列傳》中只有寥寥數語：「甄氏，後唐宮人，有姿色。帝（耶律阮）從太宗南徵得之，寵遇甚厚。」耶律阮稱帝後，將漢女甄氏立為皇后。

宮人，是做什麼的？東漢、北魏的後宮制度，都有宮人這個等級；唐朝的代宗、德宗、憲宗、懿宗，都是宮人所生；《遼史·后妃列傳》中也有「開泰五年，宮人訥木錦生興宗，後養為子」的記載。可見，宮人是地位較低或者沒有封號的妃嬪，她們可以被皇帝寵幸，甚至能生下儲君。史官一想起耶律阮對這個「資深熟女」一系列的幸之、用情和冊立，總覺得骨鯁在喉，有話要說。於是《遼史·世宗本紀》的最後，就有了對世宗「未及師還，變起沉湎」的不滿，最終將耶律阮定為「中才之主」。

其實，他們都錯了。耶律阮不是初出茅廬的傻子，不是無可救藥的浪漫主義者，不是沉湎美色的平庸之主，而是一位極具宏圖抱負的雄才之君。如果僅僅是因為甄氏「有姿色」，以耶律阮當時的地位和權勢，他完全可以另找一個更漂亮、更年輕的女子。耶律阮對這位大齡二手漢族女人如此著迷，是因為甄氏身上的中原政治、文化氣息，深深打動了他。

耶律阮對漢文化極其欽慕，對儒雅的甄氏更是愛若珍寶。在他看來，契丹政權能否問鼎中原、大遼皇帝能否成為真正的中國皇帝，除了必要的軍事擴張和實力積累，關鍵還要加快契丹的封建化進程，拉近與漢族的距離。與太祖和太宗相比，耶律阮沒有兩位前輩的那種軍事才能，所以暫時把重點放在封建制度改革方面，而掌握後唐、後晉兩朝政治體系的甄氏，無疑給予了他創業的智力支持。

正是這種遠見卓識，讓耶律阮「及即位」，就把甄氏「立為皇后」，並對她「寵遇甚厚」。當時，王妃蕭撒葛只就在耶律阮身邊。按照慣例，這個契丹女人應該由王妃成為皇后，而今她只能甘拜下風。耶律阮之所以要違背祖制，冊立漢族皇后，除了為將來入主中原、統治漢人奠定民族基礎外，還在於甄氏「嚴明端重，風神閒雅」（《遼史·后妃列傳》）的氣質風範，是包括蕭撒葛只在內的契丹游牧民族女子所不能比擬的。

除了舉止和風姿勝過那些剽悍的契丹女人，甄氏的品德和情操也很值得稱頌。她待人友善，處事慎重；身為皇后，她以身作則，從來沒有為自己謀取私利。《遼史·后妃列傳》用「內治有法，莫干以私」八個字，對她這種精神給予了高度評價。耶律阮一直對甄氏非常敬重，非常愛戀，並生下了三皇子耶律只沒。後來，耶律阮迫於反對勢力的聲討，又將蕭撒葛只冊立為皇后，但仍保留了甄氏的皇后地位。

耶律阮雖然立蕭氏為皇后，卻把全部感情都放在甄氏身上，直到生命終結。耶律阮即位，是兩股勢力暫時妥協的結果，這種沒有向心力的政府遲早會出問題；再者，耶律阮設置南北樞密院，觸動了不少契丹酋長貴族的利益，從而埋下了殺身之禍。天祿五年（西元九五一年），郭威、劉崇相繼稱帝，中原再起干戈。耶律阮想趁機南征，便和甄氏商量，《遼史．后妃列傳》稱甄氏「與參帷幄，密贊大謀，不果用」。

甄氏不贊成攻掠中原，除了她是漢人外，還在於她對大遼時局有著清醒的認識。其一，連年出兵，將士厭戰情緒嚴重；其二，反叛頻發，內部矛盾非常突出；其三，大敵當前，中原軍民必定同仇。但是，耶律阮不顧甄氏勸阻和諸將反對，強行率兵南征。九月四日，耶律阮在歸化駐紮時，被耶律察割為首的叛軍殺害，隨行的兩位皇后和皇太后一起遇難。耶律阮和甄氏這份曠世戀情，最終畫上了冰冷的句號。

甄氏一死，悲劇接踵而至，她的屍體被草草地埋在荒野，十八年後才被正式收葬，但始終沒有得到應有的諡號。她的兒子耶律只沒「與宮人私通，上聞，怒，榜掠數百，刺一目而宮之，繫獄」（《遼史．皇子表》），出獄後封寧王，八年後又被奪爵。最讓人痛心的是，在《遼史．后妃列傳》中，甄氏竟然被史官稱為妃，而且列蕭氏之後。甄氏死後的一系列遭際，反映出契丹人在民族問題上的狹隘和冥頑。

甄氏當了五年皇后，期間她摒棄了亡國之恨，承受著種種非議，用自己的一言一行，為游牧民族帶來了華夏文明，為大遼帝國注入了漢韻唐風，使契丹社會發展進步，有不可磨滅的貢獻。然而除了耶律阮外，在其他所有契丹人眼裡，甄氏始終是一個陌生人，不論是活著還是死後。連一個漢族女人都不能容納，連一個漢族皇后都無法接受，這樣的民族怎麼可能入主中原？這樣的皇帝，又怎麼可能成為中國皇帝？

歷史是無情的，是殘酷的，也是有報應的。曾經一度雄霸中國北方的契丹民族，注定會在歷史中消亡。耶律阮雖然被貶低了，甄氏雖然被否定了，但他們共同創建的雙軌政治體系，以及他們攜手譜寫的傳奇愛情，卻被永久載入史冊。

朱元璋用什麼手段懲治貪官？

著名史學家孟森先生曾對《明史》中的循吏，做過專門的數據統計：「全傳百二十人，宣德以前六十餘年時得百人以上，正統至嘉靖百三十餘年間十餘人，隆慶、萬曆五十餘年間僅兩人，天啟、崇禎兩朝無一人……宣德以前，尚多不入循吏傳之循吏。」

何為循吏？司馬遷將循吏定義為「奉職循理」，也就是那些照章辦事、重農宣教、清正廉潔、所居民富、所去見思、不貪利、不肥己、不擾民、不犯民的好官。數字會說話，宣德以前，也就是明朝前期，各級循吏如雨後春筍，前仆後繼，層出不窮，其數量竟占了明代所有循吏的八成以上。這一歷史現象，不能不歸功於朱元璋當年的鐵腕治貪。

元朝末年，官貪吏汙，社會腐敗，百姓痛苦。朱元璋出身布衣，祖祖輩輩都是面朝黃土背朝天的貧苦農民，遭受過殘酷的壓迫和剝削，與那些徇私枉法、橫徵暴斂、作威作福的貪官汙吏勢同水火，苦大仇深。再者，朱元璋早年迫於生計，曾打過工、放過牛，後來又化過緣、討過飯，飽嘗了人間風霜冷暖，耳聞了朝廷黑暗腐敗，目睹了農民水深火熱，因此對貧苦百姓有一種發自內心的憐憫，對貪官汙吏懷有一種異常強烈的仇恨。

一場燎原大火，將龐大的蒙古帝國化作飛灰瓦礫。出於對元朝滅亡的深切體會，朱元璋稱帝後，決心打造一個廉潔政府。洪武元年（西元一三六八年）正月，朱元璋召見天下來京朝覲的府州縣官時，諄諄教導他們：「天下初定，百姓財力俱困，如新飛之鳥，不可拔其羽，新植之樹，不可搖其根，要使他們安養生息。要約己愛人，而不要朘人肥己。爾等當深戒之」（《明通鑒》），以此來啟發臣屬的良知和惻隱之心，告誡官吏要體恤百姓，要為政清廉。

為了讓官吏們了解百姓疾苦，朱元璋命人編著《醒貪簡要錄》，頒發所有官吏，命其熟讀。朱元璋親自為該書寫序：「四民之中，士最貴，農最苦，最苦者何？當春之時，雞鳴而起，驅牛秉耒而耕。及苗既種，又要耕耨，炎天赤日，形體憔悴。及至秋成，輸官之外，所餘能幾？一或水旱蟲蝗，則舉家遑遑無所望矣。今居官者不念吾民之艱，至有刻剝而虐害之，甚矣而無心肝。今頒此書於中外，俾食祿者知所以體恤吾民！」（《明太祖實錄》）

除了苦口婆心、語重心長教導臣屬，朱元璋還採取了一系列手段，嚴懲貪贓枉法之歪風。可以說，朱元璋打擊貪官汙吏態度之堅決、手段之嚴厲，前無古人，後無來者。

其一，讓貪官汙吏丟人現眼。明代地方官員每三年一次進京朝覲，也就是述職，皇帝照例要賜宴。朱元璋規定：凡政績突出、為官清廉者，賜座，坐著吃；平常官員，有宴無座，站著吃；劣官庸官，無宴無座，排好隊在門口守候，看著別人吃，等裡面酒足飯飽退席後，方許離去。除此之外，朱元璋還要求，凡為民造福的好官，將其事蹟書寫在家鄉的旌善亭，供人傳美；做了壞事的，則將其劣跡書寫於家鄉的申明亭，引人唾罵；對於那些犯罪留職、免罪復職的官吏，則將其所犯過失張貼在自家大門上，以示警戒，使之自行反省，如果沒有反省改過，就依法論處。這種讓貪官丟人現眼的辦法，不失為朱元璋的一手治貪妙招。

其二，准許老百姓控告、捉拿官吏。朱元璋在具有法律效力的御製《大誥》中鄭重申明：凡守令貪汙者，允許百姓赴京控告；百姓們監視、控告、捉拿貪官汙吏，是「助我為此也」（《大誥》），算是幫我朱元璋一個忙，言辭相當誠懇。朱元璋還特別指出「有能為民除害者，會議城市鄉村，將老奸巨猾及在役之吏、在閒之吏綁縛赴京……敢有邀截阻攔者，梟令」（《大誥》），「其正官、首領官及一切人等，敢有阻攔者，其家族誅」（《大誥三編》）。據記載，嘉定縣民郭玄二等人，手持《大誥》赴京狀告本縣首領弓兵楊鳳春等害民，被巡檢何添觀留難，弓兵馬德旺索要錢財。事發後，馬德旺被砍頭示眾，何添觀被砍掉雙腳帶枷示眾。

其三，嚴刑峻法懲治貪官汙吏。洪武四年（西元一三七一年），朱元璋詔令：「自今犯贓者無怠。」洪武八年（西元一三七五年），朱元璋又下令，犯贓罪的官吏一律貶謫到鳳陽屯種，也就是罰去做農事。僅洪武九年（西元一三七六年）一年，在鳳陽屯種的官吏就接近一萬人，其中大部分為貪官。在《大明律》中，朱元璋對貪官汙吏處罪特別重。其中，犯有貪贓罪的官吏，一經查實，一律發配到北方荒漠之地充軍；官吏貪汙獲贓六十兩以上的，梟首示眾。對付貪官汙吏，除去用刑法規定的「五刑」，朱元璋還常常法外用刑，包括抽筋、挑膝蓋、剁指、剁腳、剝皮等酷刑。在官衙前，往往有一個剝皮場，和一個專挑貪官人頭的長桿；在官衙辦公書案旁，則有一個塞滿稻草的人皮，用以震懾和恐嚇那些心存貪瀆之念的官吏，觸目驚心。

如此懲治貪官汙吏，亙古未聞。朱元璋這三種手段，使一些企圖作案的官員有所恐懼，有所收斂，而且也使貪贓枉法者能及時被揭發、彈劾，有一定的震懾作用。儘管這樣，仍有不少貪官汙吏存有僥倖心理，不把法律放在眼裡，有錢就拿，有好處就撈。對此，朱元璋不管對方是京城高官，還是皇親國戚，一律格殺勿論。郭桓和歐陽倫就因為貪贓枉法，死在了朱元璋的嚴令之下。

戶部侍郎郭桓夥同他人貪贓舞弊，盜賣官糧，甚至牽連到禮部尚書趙瑁、刑部尚書王惠迪、兵部侍郎王傑、工部侍郎麥志德等高級官員，其貪汙盜賣獲得的金銀，折合成糧食達兩千四百多萬石。案件查清後，朱元璋下令將趙瑁、王惠迪等人在鬧市處死，屍體暴露街頭；郭桓等六部侍郎以下官員也通通處死；各布政使司有牽連的官吏幾萬人也都逮捕入獄，嚴加治罪；全國各地捲入這一特大貪汙案件的官吏、富豪，被抄家處死的不計其數。

對京師高官如此，對皇親國戚也不手軟。朱元璋的女婿、駙馬都尉歐陽倫，憑著自己是馬皇后親生女兒安慶公主的丈夫，不顧朝廷的禁令，一向為非作歹。對此，朝廷多次申戒，歐陽倫卻置若罔聞。除了強占土地、隱匿賦稅，歐陽倫還插足商業，走私販私，向陝西販運私茶，從中獲取暴利。家奴周保還強迫當地官吏，抽調幾十輛車為歐陽倫運輸私茶，稍不如意，就任意打罵這些地方官。朱元璋知道後，立即下令賜死歐陽倫，誅殺周保。

由於鐵腕肅貪，雷厲風行，朱元璋在位期間，明朝河清海晏，百姓樂業。《明史》纂修者十分推崇明初的官清吏廉，讚曰：「明太祖懲元季吏治縱弛，民生凋敝，重繩貪吏，置之嚴典……一時守令畏法，潔己愛民，以當上指，吏治煥然丕變矣。」（《明史．循吏傳》）清人朱彝尊《明詩綜》中，收錄了反映了朱元璋時社會民生的一首詩，「山市晴，山鳥鳴。商旅行，農夫耕。老瓦盆中洌酒盈，呼囂隳突不聞聲」，與柳宗元〈捕蛇者說〉中「悍吏之來吾鄉，叫囂乎東西，隳突乎南北，譁然而駭者，雖雞狗不得寧焉」，形成了鮮明對比。

朱元璋在位三十一年，官擾民事件十分罕見，廉吏清官隨處可見，堪稱風正氣順；特別是在地方吏治方面，成效尤為突出。據嘉靖年間戴璟《廣東通志》卷十一〈循吏傳〉統計，洪武年間，廣東的循吏有五十二人，其中許多人以廉吏著稱。如海豐縣丞召翊「開創縣，勤勞為最，且廉」；東莞縣令盧秉安在任十九年，「清操不易」。離任時，他不接受百姓贈送的財物，只接受贈詩。他自己寫詩抒志說：「不貪自古為人寶，今日官貧詩滿囊。十有九年居縣邑，幸無一失掛心腸。」真實反映了朱元璋整飭吏治後的官場氣象。

朱元璋打擊貪官汙吏的做法，為後來的明成祖、仁宗、宣宗所借鑑，他們或嚴刑峻法，或剛柔並濟，不僅使明朝前期的官場風氣持續淨化，也成就了「永樂之治」和「仁宣之治」的美名。應該說，由朱元璋打造的官場清廉之風，一直延續到明朝宣德年間，吏治清朗達六十餘年，這在中國歷史上極其罕見。然而從明朝中葉開始，皇帝昏庸，政治黑暗，官場腐敗，貪贓枉法的土壤滋生，沉寂多年的貪官汙吏東山再起。嘉靖時期，清官海瑞嚮往朱元璋時的酷刑馭吏，主張恢復剝皮治貪的辦法，可惜未被採納，這是後話。

朱元璋為何腰斬詩人高啟？

歷代皇帝對付那些不肯合作的知識分子，向來不會手軟。罵祖宗的有之，羞辱的有之，流放的有之，砍頭的有之，誅九族的有之，腰斬的也有之；但將一名柔弱的文人「截為八段」的腰斬方式，卻只有明朝開國皇帝朱元璋能想得出、做得到，明代大詩人高啟就是這樣的死法。

高啟（西元一三三六年～一三七四年），字季迪，號青丘子，長洲縣（今蘇州市）人，元末明初詩人。高啟出身富家，童年時父母雙亡，生性警敏，讀書過目成誦，久而不忘，尤精歷史，嗜好詩歌，與張羽、徐賁、宋克、王行等十人經常在一起切磋詩文，人稱「北郭十才子」。同時，他還與楊基、張羽、徐賁被譽為「吳中四傑」，也稱做「明初四傑」。雖然同為「十才子」，雖然並列「四傑」，但高啟的文學成就遠遠超過其他人。

在文學方面，高啟可以說是一位天才，也是一位文壇「超級模仿秀」，學什麼是什麼，用紀曉嵐的話說就是「其於詩，擬漢魏似漢魏，擬六朝似六朝，擬唐似唐，擬宋似宋，凡古之所長無不兼之」。不過，高啟的這種模仿，絕不是流於形式和外表，更不是簡單的複製和刪減，而是「兼采眾家之長」，取其精髓，自成一體，絲毫沒有「偏執之病」。高啟在文學上的最大成就，則是在元末明初這段以演義、小說為主流文化的不利環境下，獨樹一幟挑起了發展詩歌的重擔，並改變了元末以來縟麗不實的詩風，從而推動了詩歌的發展。

鑒於高啟在詩歌方面作出的巨大貢獻，不僅後人尊稱他為「明初詩人之冠」，而且歷代詩評家也都對他給予了極高的評價。「大清第一才子」紀曉嵐在《四庫全書總目提要》中讚譽高啟「天才高逸，實據明一代詩人之上」；清人趙翼在《甌北詩話》中推崇他為「（明代）開國詩人第一」。然而就是這樣一位才思俊逸、風格多樣，為中國文化貢獻良多的詩人，卻被朱元璋一聲令下施行腰斬酷刑，而且還要殘忍的截成八段，這在中國歷代被屠殺的詩人中，可以稱得上是最慘無人道的一幕。

把高啟送上刑場的是一篇〈郡治上梁文〉。古代平常人家蓋房子、上大梁時，都要擺上豬頭祭神，點上炮竹驅鬼；而作為蘇州治所的官方辦公大樓建造，更要有一篇像樣的上梁文。時任蘇州知府的魏觀，便把高啟這位隱居在此地的資深文人請出來揮墨獻寶。這本是一件很平常的事情，卻讓朱元璋抓住了把柄。其一，魏觀修建的知府治所選在了張士誠宮殿遺址，而張士誠正是朱元璋當年的死對頭；其二，高啟寫的那篇〈上梁文〉上，有「龍蟠虎踞」的字眼，犯了朱元璋大忌。

按照朱元璋的邏輯，「龍蟠虎踞」之地當為帝王所居，你將張士誠住過的地方也稱「龍蟠虎踞」，豈非大逆不道？豈不是另「有異圖」？用現在的話說，就是「有不可告人的企圖」。

真是欲加其罪，何患無辭！那麼，朱元璋為什麼會抓住高啟的「小辮子」，迫不及待、冠冕堂皇的非要置其於死地呢？據《明史．高啟本傳》透露：「啟嘗賦詩，有所諷刺，帝嗛之未發也。」也就是說，《上梁文》中的敏感字眼，只是高啟被殺的導火線，而真正的禍根其實早就已經埋下了。朱元璋以此為由磨刀殺人，很明顯的是在「秋後算帳」。

朱元璋從一開始就不太喜歡高啟，這除了高啟不肯接受戶部右侍郎一職，不給皇帝面子、不願順從、不肯合作外，還在於他寫的詩多次有意無意觸動、冒犯了朱元璋。高啟曾寫過一首〈題宮女圖〉的詩：「小犬隔花空吠影，夜深宮禁有誰來？」這本是一首針對元順帝宮闈隱私的閒散之作，與明初宮掖毫不相干；可朱元璋偏偏要對號入座，認為高啟是在借古諷今，挖苦自己，所以記恨在心。再者，高啟在〈青丘子歌〉有「不聞龍虎苦戰鬥」的詩句，又遭到了朱元璋的強烈厭惡。因為高啟寫這首詩之時，正是朱元璋率軍與元軍、陳友諒、張士誠三方強敵在「苦戰、苦鬥」之際，在朱元璋看來，你作為詩人不來吶喊助威倒也罷了，竟然表示不聞不問，你的政治、想法、行動與明政府又如何保持一心？另外，高啟在詩中還有「不肯折腰為五斗米」的句子，表示對做官毫無興趣，這也正是朱元璋所忌恨的。

朱元璋嗜殺成癮，這除了對那些幫他打天下的功臣下狠手以外，他也特別熱衷於消滅文人。遠的不說，單說「明初四傑」，就都無一逃過他的黑手。楊基被莫名其妙罰作苦工，最後死在工所；張羽被糊里糊塗綁起來，丟到長江餵魚，屍骨無存；徐賁因犒勞軍隊不及時，被下獄迫害致死；高啟則被活活被腰斬成八段，死得最慘。一名被皇帝忌恨許久的詩人，遲早會走上生命絕路。尤其是像高啟這樣一個自傲的詩人，生不逢時遇到了像朱元璋這樣一位號稱「中國第一屠夫」的殘忍皇帝，那也只有挨刀子的份了。

據相關史料記載，高啟被行刑時，朱元璋親自監斬，這在歷史上並不多見。朱元璋大概是要親眼看著這位不合作、不給面子、多次用詩文諷刺自己的文人，是怎樣一點一點死去，歷代「屠夫皇帝」的兇殘程度莫過於此。高啟被腰斬後，並沒有立即死去，他伏在地上用半截身子的力量，用手蘸自己的鮮血，一連寫了三個鮮紅刺眼的「慘」字，表達對眼前這個放過牛、當過和尚的農民皇帝的強烈蔑視。

高啟，這位當時年僅三十九歲、最有聲望的詩人被腰斬處死，絕不只是一樁一般意義的刑事案件，更是一樁政治事件，這是朱元璋向那些不願順從的士人，發出的明確、冰冷的高壓警告。正是高啟被腰斬這一慘劇，才切實加速了明初士風的轉變。可惜的是，這位天才從漢魏一直模擬到宋人，又死於盛年，未能熔鑄出自己的獨立風格。這不僅是他個人的不幸，更是整個中華民族的悲哀。

朱元璋為何要插手「南北榜案」？

「南北榜案」，是發生在明朝洪武三十年（西元一三九七年）「丁丑科」會試後的一件大事，一樁奇事，一則醜事。說它大，是因為一次北方落第舉子的騷亂，最後演變成為一場南北方人對抗的政治運動，朱元璋親自出馬才平定；說它奇，是因為此科出現了兩榜，初榜公布的五十二人全是南方人，而次榜六十一人則是清一色的北方人；說它醜，是因為朱元璋再次施展殘酷手段，藉機剷除反對勢力，製造了二十餘名考官被淩遲處死的血腥慘案。

按理說，透過科舉考試選拔人才是禮部的事情，可身居皇位、日理萬機的朱元璋為什麼會如此不顧身分，興師動眾、大動肝火、屠殺考官呢？筆者認為有三個原因：一者，朱元璋從大局出發，透過此舉收服北方士子之心；二者，考官們沒有領會皇帝的意圖，引起了朱元璋對他們的猜忌；三者，朱元璋藉機剷除反對勢力，實行文化專制。

明初，北方士子受到戰亂的影響，一直觀望徘徊，遲遲不願依附明朝，用科舉制度收服北方士子之心是當務之急。由於各地區存在著經濟、文化發展的不平衡，若僅以文章的好壞錄取士子，勢必造成地區間極大的差異，一些落後地區的士子永無出頭之日，會影響落後地區的發展及政局的穩定。作為皇帝，朱元璋把握的是全局，考慮的是穩定，只有採取人為平衡的辦法，才能平息北方知識分子的不平，安撫北方舉子之心。

朱元璋的這一思路清晰、正確、明智，但偏偏眾人都不買他的帳。他先是要求主考官劉三吾平衡一下，增加入圍名額，選幾個北方舉子上榜，結果遭到了劉三吾的一口拒絕；接著，他命侍讀張信等人主持考卷複審，希望能選上幾個有才華的北方人，但讓朱元璋大跌眼鏡的是，複審結果與初審結果完全一致，北方人照樣再次集體名落孫山。張信等人不能體會朱元璋的用心，我行我素，使皇帝很受傷，很沒面子，朱元璋這才決定親自出馬，親自主持試卷第三次審閱。

不論是劉三吾還是張信，都是嚴格按照朝廷科舉考試的規定，以文章的優劣選拔人才；朱元璋卻認為張信和劉三吾串通欺君，交由刑部嚴肅查清。刑部沒有確鑿的證據，只好以他們「為胡惟庸鳴冤，反叛朝廷」的罪名交差，於是劉三吾、張信等人轉眼變成了毫無關係的「藍玉餘黨」。朱元璋明知罪名無中生有，仍將張信、白信蹈等二十餘人凌遲處死，劉三吾年老免死，發往邊疆充軍。就連南榜的第一名宋琮、第二名陳安也因涉嫌行賄，一個被充軍發配，一個被處死。至此，這一舉國公案才徹底了結。

「南北榜案」發生於洪武朝長達十三年之久的文字獄剛結束不久，是朱元璋採取極端措施、打擊廷臣的反對勢力、實行文化專制和高壓政治的延續。這一案件，既體現了全國統一形勢發展中，南北政治平衡的要求，也體現了朱元璋打擊和限制江南地主的一貫政策。

朱元璋是草莽皇帝，同時也是一名傑出的政治家，對他來說，插手「南北榜案」，用幾十個人的腦袋換取北方人心，換取政局穩定，換取天下太平，是穩賺不賠的買賣，況且他殺的那些人，都是自以為是、目光短淺、迂腐頑固、沒有共同語言的南方考官，這更能換取北方士子對他的感恩戴德，何樂而不為呢？不過，此次事件，倒開了明朝分南北取士之先例，至洪熙以後遂成定制。

明成祖為何大捕天下尼姑？

尼姑，是出家修行的女教徒，講求六根清淨，四大皆空，與朝廷素無瓜葛，但明朝的尼姑卻遭受到了前所未有的侵擾和追捕。永樂十八年（西元一四二〇年），明成祖朱棣突然下令，將全國尼姑以及女道士通通逮捕，送到京師逐一審問，驗明真實身分。這場史無前例的大索天下尼姑案，既打破了佛門千年來與世無爭的靜雅，也讓後人感到無可名狀的疑惑。那麼，朱棣為什麼要捕捉天下尼姑呢？

事情的起因，卻是一場發生在山東境內、由唐賽兒（女）領導的農民起義運動。據《明史》及清代有關野史雜鈔記載：唐賽兒於永樂十八年二月，在家鄉蒲台（今山東濱州）聚集數千白蓮教徒，以紅白旗為號，揭竿而起，對抗朝廷。這場發生在山東境內的農民起義，因為規模小、持續時間短，且沒有震動明朝政權，所以連歷史課本也沒有記述，但當時的皇帝朱棣卻「甚為震驚」，不但派出了「京營」五千精銳人馬，還調動正在山東沿海「抗倭」的軍隊，鎮壓這場農民起義，很有「攘外必先安內」的架勢。

朱棣為何如此興師動眾？據筆者分析有以下原因。其一，起義發生在「遷都北京」前夕，直接影響到皇帝的「形象工程」和「政績工程」，朱棣絕不允許在這種時候出任何差錯；其二，起義軍以「白蓮教」為依託，教徒對唐賽兒死心塌地，唯命是從，朱棣絕不允許「邪教」蠱惑民眾；其三，起義軍隊伍不斷壯大，屢敗官軍，且唐賽兒對於朝廷的招安不理不睬，使朝廷和朱棣顏面掃地。種種原因，使朱棣對唐賽兒分外仇恨，對起義軍進行瘋狂鎮壓。因為寡不敵眾，腹背受敵，起義軍只堅持了三個月就失敗了，但唐賽兒卻下落不明。

為了消除心中忿恨，為了防止死灰復燃，為了能夠殺一儆百，朱棣下令嚴察唐賽兒的行蹤，但搜捕工作沒有任何進展。民間搜不到，朱棣決定調整工作重心，將搜捕唐賽兒的重點放到了佛門。朱棣之所以這麼做，筆者認為有以下原因：一者，搜捕人員為了推卸搜查不利的責任，有可能以唐賽兒入佛門來搪塞朱棣；二者，佛門弟子遠離世俗，官府一般不介入，唐賽兒兵敗後極有可能混入佛門避難；三者，唐賽兒起義時，曾自稱「佛母」，朱棣以此認為唐賽兒與佛門有著某種關聯。史料中也有相關記載，朱棣因「唐賽兒久不獲，慮削髮為尼或混處女道士中，遂命法司，凡北京、山東境內尼及道姑，逮之京詰之」（《明史紀事本末》）。

於是，朱棣下令將北京、山東的尼姑、女道士通通逮捕，押送朝廷審訊。同年七月，朱棣又命段明為山東左參政，繼續搜尋唐賽兒。段明為了完成這一任務，不僅逐一搜查山東、北京的尼姑，甚至還逮拿了全國數萬名出家婦女。關於此事，《明史》也有簡單記載：永樂十八年二月，山東蒲台唐賽兒反，唐賽兒不獲，逮天下出家尼姑萬人。一直到朱棣病逝，他一心想捉拿到唐賽兒的願望也沒能實現。明朝強大而又嚴密的特務、巡察機構，在捉拿唐賽兒的問題上，因為不得民心，即使想出捕捉天下尼姑這種荒唐、極端的辦法，最終也無濟於事，得到的結果是「賽兒卒不獲，不知所終」。唐賽兒究竟哪兒去了？多少年來，不少歷代史學家，為了尋覓這位巾幗英雄的最後歸宿，窮經皓首，至今仍無定論。

明世宗為何差點被宮女勒死？

嘉靖二十一年（西元一五四二年）十月的一個深夜，北京皇宮內發生了一起中國歷史上極其罕見的宮女謀害皇帝案，以楊金英為首的十幾名宮女，趁明世宗朱厚熜醉睡之機，以繩帶套住其頸部，然後左右一起用力拉，意在了結明世宗性命。但由於楊金英當時手忙腳亂，誤將繩帶繫成了死扣，未能將明世宗勒死。事後，楊金英等人全部被處死。那麼，這些宮女為何對明世宗如此恨之入骨，又為何不惜鋌而走險呢？事情原委，還要從明世宗服用春藥說起。

朱厚熜是明朝第十一任皇帝，在位四十五年，年號嘉靖，廟號世宗。在位期間，明世宗荒怠朝政，靡費無度，醉心於修仙長壽，迷戀於床笫宣淫，在歷代昏君中，明世宗稱得上屈指可數。明世宗即位之初，就表現出了對女色的貪婪。過度縱慾，使明世宗身體疲軟，面容憔悴，接連生了幾場大病，「帝數不豫」。大臣鄭岳勸他「遵聖祖寡慾勤治之訓，宮寢有制，進御以時……以養壽命之源」（《明史》），可明世宗根本就聽不進去，仍舊肆意縱情。

初為皇帝那幾年，明世宗尚注重鑽研房中術，隆禧因進獻房中術「太極衣」而蒙受恩寵。後來各種補品應時而生，讓明世宗眼花撩亂。趙文華進獻的「百花仙酒」、汪鋐進獻的「甘露」，吳山、李遂、胡宗憲等人進獻的仙桃、玉芝、白鶴、白兔、白鹿、白龜等，都是所謂的大補之品，都和房事有關，進獻之人大都得到提拔和重用。仙酒、仙桃、玉芝、甘露諸事雖然荒唐，畢竟還是可食之物。然而，隨著明世宗口味的加重，這些補品就落伍了。

為了滿足宣淫慾望，為了彌補精力不足，明世宗最終選擇服用有壯陽功效的所謂春藥。中國古代的春藥由來已久，歷朝歷代均有些花樣，漢代有「昚（慎）恤膠」，魏、晉有「回龍湯」（又名「輪迴酒」）；

唐代有「助情花」，唐人梅彪的《石藥爾雅》就收錄有石藥幾百種；宋、明有「顫聲嬌」、「膃肭臍」（即海狗腎）；清代有「阿肌蘇丸」，上述這些春藥均見之於史。而明世宗最感興趣的壯陽藥，是一種名為「紅鉛丹」的春藥。

「紅鉛丹」是一種充滿神祕色彩的「接命神方」，是以少女的經血製成。明人張時徹的《攝生眾妙方·紅鉛接命神方》記載：「用無病室女，月潮首行者為最；次二、次三者為中，次四、次五為下，然亦可用。」意思是說，少女初潮時排出之物最可貴，第二、三次的次之，第四、五次的更次之。方士邵元節、陶仲文為了取悅明世宗，頻頻進獻「紅鉛丹」。《萬曆野獲編·進藥》記載嘉靖時，「邵、陶則用紅鉛，取童女初行月事，煉之如辰砂以進」。

對於「紅鉛丹」，龔廷賢在《萬病回春》中說的更玄了，要求選擇眉清目秀、齒白唇紅、髮黑面光、肌膚細膩、不肥不瘦、三停相等、算其生年月日約為五千零四十八日前後的少女（古法有五千零四十八日得首經之說）。又說：「若得年月日應期者，乃是真正至寶，為接命上品之藥」，經過許多繁複工序，製成小藥丸。其功效據《攝生眾妙方》說：「此藥一年進二三次，或三五年又進二三次，立見氣力煥發，精神異常。草木之藥千百服，不如此藥一二服也。」

《萬病回春》和《攝生眾妙方》雖然說得神乎其神，但實際上女子的經血中並沒有什麼特殊成分，自然不會有什麼療效。李時珍對「紅鉛丹」也持拒斥態度，他在《本草綱目》中論曰：「婦人入月，惡液腥穢，故君子遠之，為其不潔，能損陽生病也……今有方士，邪術鼓弄愚人，以法取童女初行經水服食，謂之先天紅鉛。巧立名色，多方配合……愚人信之，吞噬穢滓，以為祕方，往往發出丹疹，殊可嘆惡！」然而明世宗卻如獲至寶。

為了大批量生產「紅鉛丹」，明世宗便命禮部派人在京城、南京、山東、河南等地挑選了千餘名民間女子進宮，為煉製「紅鉛丹」提供原料。為了盡可能獲取煉丹原料，明世宗還命方士給那些年幼的宮女大量服用催經藥物，對她們的身心造成極大羞辱和摧殘，不少宮女因此喪命。

由於大量服用丹藥，明世宗變得更加褊狹乖戾，冷酷無情。太僕寺卿楊最因「諫丹藥，予杖死」（《明史》），左右宮女稍不如意，便遭他打罵或屠殺，正如明人筆記《明宮詞》中所說的「世宗性卞，宮人多不測」。《李朝中宗實錄》中也稱：「（宮女）若有微過，多不容恕，輒加箠楚。因此殞命者多至二百餘人……皇帝好道術，煉丹服食，性寢躁急，喜怒無常。」正是在這種毫無尊嚴和保障的情形下，宮女楊金英萌發了暗殺明世宗的驚天密謀。

楊金英是服侍端妃曹氏的宮女，因明世宗常到曹氏處所，她也多受其苦。看到身邊宮女一個個被折磨致死，楊金英對明世宗恨之入骨，便與同伴密謀弒君。嘉靖二十一年（西元一五四二年）十月二十日夜，明世宗到曹氏處所就寢，由於喝了些酒，行房後倒頭就睡。趁明世宗熟睡之機，楊金英夥同其他宮女暗藏繩帶，潛入房內，企圖勒死明世宗，結果因做事不周，加之出現叛徒，致使謀害計畫功敗垂成。嘉靖二十一年為壬寅年，史稱「壬寅宮變」。

宮女造反，給明世宗敲了一記警鐘。事後，明世宗從乾清宮搬到了西苑（今北海、中南海），再也不敢住在紫禁城內的寢宮。即便如此，明世宗對丹藥的追求卻未停歇，且愈演愈烈。據《萬曆野獲編．宮詞》記載，「嘉靖中葉，上餌丹藥有驗，至壬子（三十一年）冬，命京師內外選女八歲至十四歲者三百人入宮。乙卯（三十四年）九月，又選十歲以下者一百六十人，蓋從陶仲文言，供煉藥用也」，說明又有一批批花季少女掉進火坑。

除了「紅鉛丹」，明世宗對另一種春藥——「秋石」也很感興趣。顧可學為了討明世宗的歡心，便獻上了壯陽奇方——「取童男小遺，去頭尾（回龍湯飲法），煉之鮮鹽以進」。李時珍雖對「紅鉛丹」持否定態度，但對「秋石」卻予以肯定，他在《本草綱目》卷五十二中寫道，「秋石四精丸，治思慮色慾過度，損傷心氣，遺精小便數」，意思是說，食用「秋石」這種藥物，可以激發體內陽氣，治療性功能衰退，從而達到壯陽的功效。

不管是「紅鉛丹」，還是「秋石」，都不是純粹的人體排洩物，而是加上諸如金、石、鉛等物煉成的，服用後對身體毒害很大。明世宗身體本來就不健康，長期慢性中毒，使他四肢麻木，面如土色，走路搖搖晃晃，說話也變得很困難。從嘉靖四十四年（西元一五六五年）正月起，明世宗就疾病纏身，臥床不起。次年十二月，明世宗一命嗚呼，時年六十歲。明世宗雖然沒有死在宮女手裡，卻死於由宮女經血煉製的丹藥，可謂報應不爽。

明朝皇帝為何熱衷於「打屁股」？

魯迅先生曾說：「身中間脖頸最細，古人則於此砍之；臀肉最肥，古人則於此打之。」看來古人，尤其是古代皇帝對人體的生理結構，拿捏得還是非常精準。砍頭不過是一刀下去，血濺三丈，一命嗚呼；而打屁股，尤其是在朝堂之上，在眾目睽睽之下被當場按倒，脫下褲子、拿起板子、皮開肉綻、血肉橫飛，受刑者除了感受肉體痛苦，還要忍受精神羞辱，這份生不如死的折磨，恐怕要比砍頭還要難受許多。

把大臣按在朝堂上公開打屁股，這種極其野蠻的所謂「廷杖」，最早可以追溯到東漢的漢明帝，隋唐皇帝也偶爾小試牛刀，但也只是做做樣子，直到金、元等野蠻的少數民族皇帝執政時才開始流行。高呼「驅逐韃虜，恢復中華」口號的朱元璋，在接手華夏政權的同時，也把蒙古人偏愛的酷刑保留下來。於是，朝堂之上公開打屁股，竟成為明朝皇帝教訓大臣們的一道特色風景。

明朝的廷杖，始於朱元璋鞭死開國元勛永嘉侯朱亮祖。朱亮祖父子倚仗功勛，作威作福，「所為多不法」，罪不可恕，直接砍頭不就完了；可朱元璋卻下令，將其一下一下活活鞭死，之後還假惺惺以「念其有功，將其保留全屍」自我標榜。從此，明朝皇帝拉開了廷杖大臣的序幕。從開國皇帝朱元璋起，到亡國之君朱由檢止，明朝的每位皇帝執政期間都無一例外有過「廷杖」的紀錄。

明代前期，皇帝對於被打屁股的大臣們，多少還留了點體面，允許他們穿著褲子，還要拿一塊氈毯裹起來再打。被打者傷勢不太重，一般養上幾個月也就痊癒了。後來到了明武宗的時候，在太監劉瑾的教唆下，就開始在打屁股的時候拉下他們的褲子，讓他們在眾目睽睽之下趴在地上、光著屁股，「從皮肉觸及了靈魂」。沒有了「厚綿底衣，重毰迭帊」的隔層保護，只有板子和身體惡狠狠的親密接觸，很多被打者吃不消，在朝堂之上就斷了氣。

明朝場面最壯觀的兩次廷杖，一為正德十四年（西元一五一九年）的「諫南遊」事件，兩次共打了一百六十八人的屁股，打死十五人；二為嘉靖四年（西元一五二五年）的「爭大禮」事件，一次就打了一百三十四人的屁股，打死十七人。而之後廷杖的起因更是五花八門、無所不有。大臣們彈劾奸臣當道要廷杖、上言後宮干政要廷杖、阻諫元夕觀燈要廷杖，就連勸諫嘉靖勿服金丹也要廷杖。到了崇禎皇帝，廷杖的花樣更上一層樓。某次，一名大臣拒絕承認錯誤，崇禎大怒，下令索性就在金鑾殿上用刑。幾名內閣大臣連忙奏道：「在殿上用刑，是三百年沒有的事！」崇禎皇帝說：「這傢伙也是三百年沒有的人！」

明朝是一個打屁股的朝代，沒有哪一個朝代像明朝皇帝那樣熱衷於打臣子屁股。朱元璋出身貧農，早年要過飯、放過牛、撞過鐘，受盡了欺辱和虐待，由此心靈也扭曲變態，總怕別人瞧不起他。當上皇帝以後，為了證明自己是「皇帝」，為了讓那些權貴適時「體驗」民間疾苦，朱元璋早把「刑不上大夫」的觀念拋到九霄雲外，對出身高貴的士大夫的惡意侮辱，往往從最見不得人的私處（屁股）開始。朱元璋運用廷杖的目的很簡單，就是要「威嚇鎮壓，折辱士氣，剝喪廉恥」。看到士大夫們在血肉淋漓之中，一個個俯首帖耳，如犬馬牛羊，他這才滿足。草莽皇帝式的報復狂、虐待狂，在朱元璋身上充分體現和淋漓發揮。

朱元璋的子孫繼承了他的基因和衣鉢，大都殘忍暴虐，沒有人性，視臣屬為糞土，這固然是明朝廷杖盛行的主要原因。但也有不少士大夫文人硬著頭皮主動找打，這則是明朝廷杖蔚然成風的另一重要原因。主動找打，是傻子都不願意去做的事情，但挨打之後能夠被人「頂禮膜拜」，能夠立即以「敢於廷爭面折」而聲名天下，能夠得到賢良的美名和熱烈的追捧，甚至只是屁股上挨幾板子就可以名垂青史，在這種「屁股效應」的巨大誘惑下，那些善於投機取巧、熱衷沽名釣譽的知識分子，也只好讓自己的屁股受些委屈了。

張居正不用守父喪，留在京城繼續當差，那是萬曆皇帝的意思，誰讓年幼的皇帝須臾離不開他呢？可有些御史偏偏要挺起脖子計較，結果遭到了皇帝的白眼。皇帝很生氣，後果很嚴重，於是板子又派上了用場。受廷杖的那些大臣，屁股上挨了板子，精神上卻得到了空前榮光，整個京城都在向他們致敬。因為他們堅持的是綱常、是倫理、是道德、是禮教、是國之基石、是民之根本，好像只有他們才是明朝的中流砥柱，才是封建禮法的堅強捍衛者。當時，吳中行、趙用賢等五人一起受杖，時稱「五賢」，而領袖人物吳、趙二人，竟成為舉世景仰的「一時之直」，成了當時再紅不過的「政治明星」。於是群起仿效，不惜生命，抵死上奏，觸犯天顏，冒險以求得一杖，想透過這種捷徑，這種屁股開花的特殊方式，達到「一鳴驚人」的無上境界。

中國的知識分子，在那個打屁股成風的年代裡，其討揍之犯賤，其挨打之竊喜，其冒死之投機，其求名之卑鄙，其心靈之扭曲，已很難以正常人視之了；而尤為反常的是，趙用賢竟然將這種靠屁股挨打來邀名節的遊戲，不知廉恥推向了極致。據史書記載，趙用賢「體素肥」，臀部脂肪豐富，雖被打得「肉潰落如掌」，但命還是保住了。在奄奄一息之際，他居然讓妻子把他屁股上那坨打爛、尚未掉下的臭肉，割下來「臘而藏之」，並當做一次榮譽，一份榮耀，一種資本，一座豐碑，永久保存。每次讀《明史》至此，想到他這塊風乾人肉，免不了就要噁心一番。中國文人之醜陋下賤，就在於撅了屁股挨打以後，還如數家珍般炫耀，恐怕是最讓人作嘔的事情了。這也能怪皇帝對他下狠手嗎？

明代宗朱祁鈺為何沒被葬入十三陵？

明十三陵是中國明朝皇帝的墓葬群，坐落在北京西北郊昌平區境內的燕山山麓的天壽山。明朝自開國以來，從明太祖朱元璋傳到明思宗朱由檢（即崇禎皇帝），共傳了十六位皇帝。其中除了開國皇帝明太祖朱元璋葬在南京明孝陵、還有在靖難之役中不知所蹤的第二任皇帝建文帝朱允炆外，其餘十四位皇帝中的十三位，就連亡國之君吊死煤山的明思宗朱由檢，都葬在了北京的明十三陵：長陵（成祖）、獻陵（仁宗）、景陵（宣宗）、裕陵（英宗）、茂陵（憲宗）、泰陵（孝宗）、康陵（武宗）、永陵（世宗）、昭陵（穆宗）、定陵（神宗）、慶陵（光宗）、德陵（熹宗）、思陵（思宗）。唯獨第七任皇帝——明代宗朱祁鈺，卻沒被葬入十三陵。

這是為什麼呢？原來，這與明代宗和其哥哥明英宗之間的恩怨有關。

明代宗朱祁鈺是明宣宗（宣德帝）次子，明英宗朱祁鎮（正統帝）之弟。在正統十四年（西元一四四九年）「土木堡之變」中，明英宗朱祁鎮被瓦剌所俘。朱祁鈺被擁立為帝，年號景泰，並遙尊英宗朱祁鎮為太上皇。代宗朱祁鈺即位後，用于謙為兵部尚書，粉碎了瓦剌對北京的進攻，並成功迫使瓦剌放回英宗。

英宗被放回後，自然不甘心當大權旁落的太上皇。代宗為怕英宗復辟，將其軟禁，由此兄弟倆結下了很深的仇怨。

景泰八年（西元一四五七年）正月，代宗病危，在英宗朱祁鎮心腹黨羽石亨、徐有貞、曹吉祥等的策劃下，發動奪門之變，迎英宗朱祁鎮復位，改元天順，廢景泰帝，殺了景泰年間的朝廷棟梁——兵部尚書于謙，重用了一批忠於朱祁鎮的舊臣。

代宗病重期間，英宗不准太醫幫他看病，令其病情日益嚴重，最後駕崩。至於他的死說法不一，有的說是因重病而死，有的說是英宗命太監用白綾將其勒死，總之眾說紛紜。朱祁鈺被害死，英宗不承認他是皇帝，搗毀了其在天壽山區域內修建的陵墓，而以「王」的身分將他葬於北京西郊玉泉山，其陵墓被稱為景泰陵。

英宗死後，其子朱見深即位即明憲宗，朱見深念代宗迎還英宗有功，恢復景泰年號，並將北京西山的景泰陵以皇帝之禮重新布置。但代宗還是沒能進明十三陵，成為了明成祖朱棣遷都北京後，唯一沒能葬入明十三陵的大明皇帝了。

歷史上出現過多少位太上皇？

中國歷史上一共出現了八十三個王朝，共有五百五十九位帝王，包括三百九十七位「帝」和一百六十二位「王」。歷代帝王中，壽命最長的是清高宗（乾隆皇帝）愛新覺羅弘曆，享年八十九歲（西周共和元年以前的計年不準確，故不計）；壽命最短的帝王是東漢殤帝劉隆，兩歲即亡。歷代王朝中，延續最久的是周朝，共八百餘年（西周三百餘年，東周五百一十五年）；國祚時間最短暫的是北遼，僅一年多。那麼，在這八十三個王朝中，出現過多少位太上皇呢？

總共有九位。

歷史上的第一位太上皇是李淵。西元六二六年，李世民在「玄武門之變」中，殺掉了哥哥，即太子李建成，與弟弟李元吉。其時，唐高祖李淵正在皇宮泛舟嬉戲，突然一群兵士擁至跟前，聲稱奉秦王之命為皇父護駕。李淵得知兩子被殺，驚慌莫名。他深知朝廷局勢已為次子李世民控制，迫不得已，這位坐了九年皇位的唐朝開國皇帝只好下詔退位，宣布由李世民承繼大統。李世民既想做皇帝，又不願背上逼宮篡位的千古惡名，於是他的謀士們為他出了主意，讓他尊奉皇父為「太上皇」，以保全皇父的體面。就這樣，李淵做了十年太上皇，於西元六三五年憂鬱而逝。

第二位太上皇是李旦。西元七一〇年，臨淄王李隆基起兵殺掉毒死唐中宗李顯的韋后，擁立父親李旦即位，是為唐睿宗。睿宗知道自己的皇位是兒子為自己爭得的，三年後便知趣傳位於兒子李隆基，是為唐玄宗。李旦做了五年太上皇，在孤寂中死去。

第三位太上皇是李隆基。李隆基讓父親做了太上皇，他兒子李亨如法炮製，也讓他做了六年太上皇。西元七五五年，「安史之亂」爆發，次年叛軍逼近國都長安，已做了四十五年皇帝、七十一歲高齡的李隆基在倉皇之中西逃成都，但他仍捨不得放棄帝位。當時承擔抗擊叛軍重任的太子李亨，在距長安千里之外的肅州靈武宣布即位，同時根據祖宗先例，遙尊遠在成都的李隆基為太上皇。「安史之亂」平定後，李隆基回到長安，不得不承認這個既定事實。

第四位太上皇是趙佶。西元一一二五年，金兵藉口宋朝君臣背盟毀約，大舉南下，對北宋都城汴京形成合圍之勢。兵臨城下，朝內一些當權大臣以非帝退休不足，以平金人之怒為由，逼迫宋徽宗趙佶傳位於太子趙桓，是為欽宗。趙佶則成了太上皇。但金朝並不因此罷兵，西元一一二七年，太上皇趙佶與欽宗趙桓雙雙被金兵俘虜，史稱「靖康之恥」，父子二人先後客死他鄉。

第五位太上皇是趙構。南宋時期的宋高宗趙構沒有親生兒子，立趙匡胤的七世孫趙昚為太子。由於宋朝開國皇帝趙匡胤將位傳給弟弟趙光義，因此開國兩百餘年，他的嫡系子孫一直沒有人當過皇帝，為此朝野中常常有各種議論。尤其是金兵壓境、局勢危急之時，滿朝文武大臣越來越傾向於盡快讓趙匡胤的後裔擔負護國重任，坐了三十五年皇位的趙構在各方壓力下，不得已宣布禪位於太子趙昚，是為孝宗。

第六位太上皇是趙昚。宋孝宗趙昚做了二十七年皇帝後，在內憂外患中將位傳於趙惇（宋光宗），自己也當起了太上皇，成為宋朝歷史上第三位太上皇。

第七位太上皇是趙惇。宋光宗趙惇，是宋朝比較昏庸的一位皇帝。他受父宋孝宗禪位而登基做皇帝以後，已經四十三歲。宋光宗體弱多病，又沒有安邦治國之才，而且光宗聽取奸臣讒言，罷免辛棄疾等主戰派大臣，又由當時著名的妒婦、心狠手辣的李皇后執政，奸佞當道，朝政從宋孝宗時的清明轉向腐敗，宋光宗自己卻不思朝政，沉湎於酒色之中。據考證，光宗歷來就與孝宗不和，宋孝宗遜位後他長期不去探望。紹熙五年（西元一一九四年），宋孝宗得病，宋光宗既不請人看病，又不去探望孝宗，乃至孝宗病逝他也不服喪。因此，大臣韓侂胄和趙汝愚經過太皇太后允許，逼迫光宗退位。光宗只好讓位於太子趙擴（宋寧宗），自己閒居臨安壽康宮，安享太上皇的日子。

第八位太上皇是朱祁鎮。西元一四四九年，蒙古族瓦剌部進犯明朝北部邊疆，前鋒很快逼近大同。在宦官王振的鼓動下，明英宗率五十萬大軍親征瓦剌。明軍由於指揮不靈，行動遲緩，在土木堡（今河北省懷來縣東南）被瓦剌軍包圍，明英宗被俘。留在都城的兵部尚書于謙等，擁立朱祁鈺為帝（明代宗），遙尊英宗為太上皇，明英宗朱祁鎮也因之成為明朝歷史上唯一的太上皇。一年後雙方議和，明英宗被送還北京。明英宗當了七年的太上皇後，於西元一四五七年在「奪門之變」中復辟，重登大寶。

第九位太上皇是弘曆。弘曆（即乾隆）二十五歲登基時，曾經燒香禱告上天，自己如果能做六十年皇帝，就將皇位自動禪讓給兒子。可能他沒有想到自己會如此長壽。到西元一七九六年，乾隆已坐夠了六十年皇位，再不兌現諾言，實在無法向上天和臣民交代。於是他宣布禪位給太子（即嘉慶），同時又宣布自己身體康健、精力充沛，仍要過問軍國大事，指導新皇施政。乾隆同時也是歷史上最後一位太上皇。

在這九位太上皇中，宋高宗趙構當了二十六年太上皇，是在此位上坐得最長的太上皇。

慈禧為何能在六天內扳倒肅順？

咸豐十一年（西元一八六一年）十月六日午時，一名在押赴途中被百姓用瓦礫、泥塊打得鼻青臉腫、頭髮凌亂的中年男子，此刻正跪在京城西市刑場上。面對死亡，他面不改色，始終剛強的昂著頭，直到被劊子手一刀砍下腦袋，他就是咸豐時期曾經不可一世的肅順。

幾個時辰之前，肅順一黨中的另外兩個關鍵人物載垣、端華，也在接到令其自盡的聖旨後，結束了自己的生命。至此，這場震驚中外、歷時僅六天的「辛酉政變」，以慈禧等人的勝利宣告結束。

那麼，慈禧為什麼在六天內就能夠扳倒權傾朝野的肅順一夥呢？事情還要從咸豐皇帝的駕崩說起。

咸豐十一年七月十七日，咸豐皇帝在熱河病逝，遺命載垣、端華、肅順等八人為「贊襄政務王大臣」，輔佐年僅六歲的載淳。權力慾望都極其強烈的慈禧和肅順，他們一個心機深重，一個權傾朝野，一個憑藉是小皇帝的生母，一個自恃是小皇帝的輔臣，都想抓住這個機會，謀取大清國的最高統治權。一場以慈禧為代表的后妃與以肅順為代表的權貴之間的權力之爭，一觸即發。

一個孱弱的女子想扳倒大權在握的肅順一黨，絕非易事。為了達到奪權目的，為了成功發動政變，慈禧可謂煞費心機。

第一，成功的熱河密謀。在取得了皇太后的地位後，慈禧在極力尋求一種能夠幫助她扳倒肅順的強大勢力。這時，一直在密切關注熱河局勢的恭親王奕訢，很快進入了她的視線。奕訢在咸豐皇帝執政期間一直不得志，咸豐逃往熱河時，曾將北京的一切事務全都交給他來打理，對於奕訢來說，北京是他的地盤。慈禧從咸豐死後奕訢迫不及待來熱河的情形看得出來，奕訢對權力也有很大的渴望。為了共同的政治利益，他們很快就達成共識，並討價還價除掉肅順之後的權力分配，達成了君子協定。於是，一場兩股勢力共同對付肅順一黨的政變密謀，已經初步形成。這場密謀，可以說是肅順等人失敗的前奏。

第二，成功促成回京。回京後的奕訢迅速籠絡了駐紮在京、津一帶的兵部侍郎勝保，做好了政變前的充分準備。與此同時，慈禧、慈安也在採取措施，積極行動。慈禧知道，熱河是肅順一黨的地盤，只有回到北京，才能借助奕訢的勢力將他們剷除。很快，慈禧、慈安經過密謀，決定以為咸豐辦喪事和舉行新任皇帝登基大禮為由，提出盡快回京，從政治上重壓企圖賴在熱河不走的肅順，並逼其就範。促成回師，使扳倒肅順的計畫又向前邁出了一大步。

第三，成功搶占先機。慈禧深知，肅順詭計多端，很難對付。最好的辦法，就是將肅順與載垣、端華二人分開，使他們三人之間不能聯繫。於是，慈禧將回京的隊伍分作兩部分：讓肅順負責護送咸豐的梓宮從大路走；讓載垣、端華護送兩宮皇太后和皇上挑選的小路，急速趕赴北京。這種分道而行的精心安排，不但將肅順遠遠甩在後面，使他失去了小皇帝這張王牌，同時為慈禧提前四天進京，並按計畫發動政變創造了先機。

第四，成功博得同情。慈禧一回到北京，就向前來迎接的文武百官傾訴了在熱河的辛酸遭遇和切身苦楚，痛斥了肅順等人的無法無天和欺君罔上，說到傷心之處，不禁一把鼻涕一把淚。她那有些誇張似的涕泣和陳述，博得了眾人的極大同情，使在場的文武無不感到平日專橫跋扈的肅順確實大逆不道，罪大惡極。一時間，肅順成為眾矢之的。憤慨的大學士周祖培甚至向前對慈禧說：「何不重治其罪？！」接著，他還提出了「皇太后可降旨，先令解任，再予拿問」切實可行的行動方案，打擊肅順黨人的鬥爭揭開了序幕。

第五，成功的抓捕行動。慈禧和慈安在返回北京的第二天，就迅速發動政變。九月三十日，以皇帝的名義發布上諭，宣布解除肅順等人的官職。十月二日，抓捕了載垣、端華，避免了他們向肅順通風報信的可能。十月二日夜，抓捕了還在返京路上的肅順。十月六日，下旨處死肅順、載垣和端華。

慈禧處理肅順一黨確實神速又幹練！從九月三十日至十月六日，僅僅六天的時間，不僅剷除了肅順、載垣和端華三位主要人物，其他五位大臣也革職的革職、充軍的充軍，「贊襄政務王大臣」全軍覆沒。慈禧、慈安和恭親王奕訢行動之迅速，措施之得當，讓人慨嘆：「辦理神速，為中外人情所不料，尤有迅雷不及掩耳之勢！」（《清朝野史大觀．清宮遺聞》）

中國歷史上最完美的皇帝是誰？

論英偉，他比不上秦始皇和漢武帝；論名氣，他比不上唐太宗和清聖祖；論功績，他比不上隋文帝和宋太祖；論謀略，他比不上光武帝和武則天；論剛猛，他比不上明太祖和明成祖。然而，若要論生平無懈可擊，要論身後無一微詞，只要他一出場，包括上述十大傑出帝王在內的所有皇帝通通靠邊站。他，就是中國歷史上最完美的皇帝——後周世宗柴榮。

柴榮雖然只當了五年半皇帝，但他的一言一行、一舉一動，卻凝集了中國歷代帝王之美德。在位期間，柴榮勵精圖治，任人唯賢，虛心納諫，銳意革新，抗擊外敵，關心民生，使國家在短時間內強勢發展。司馬光生平最佩服的帝王就是柴榮，他稱讚柴榮「以信令御群臣，以正義責諸國」，「大邦畏其力，小邦懷其德」，真正「無偏無黨，王道蕩蕩」。溢美之詞，無與倫比。司馬光是個嚴謹之人，他不顧宋朝皇帝之感受，把一位與自己毫不相干的皇帝抬到如此高的地位，說明柴榮為人、為政的完美程度，確有登峰造極之處。

柴榮（西元九二一年~九五九年），邢州龍岡（今河北邢台西南）人，五代時期後周第二任皇帝，史稱周世宗，中國歷史上傑出的政治家、改革家、軍事家、統帥。柴榮是郭威的內侄，早年因家境敗落，曾到江陵販賣過茶貨，郭威見他辦事謹慎，為人厚道，便收他為義子，並把家裡開支等事交給他打理。柴榮經商之餘，非常注重讀書習武，幾年下來就已經「善騎射，略通書史黃老」。這段經歷，不僅將柴榮塑造成了一名「器貌英奇」的英俊青年，同時也讓他有機會深入社會底層，深知民間疾苦和地方利弊，為他以後的完美人生揭開了光輝序幕。

廣順元年（西元九五一年）正月，郭威稱帝，柴榮被任命為澶州節度使、檢校太保，封太原郡侯。

在任期間，柴榮為政清肅，盜不犯境，而且在澶州遭洪水破壞後，整修和拓寬街道，擴大城市規模，得到了吏民的一致好評。顯德元年（西元九五四年）正月，柴榮晉升為加開府儀同三司、檢校太尉、兼侍中，依前開封尹兼功德使，判內外兵馬事，從而掌握了最高軍事指揮權。不久，郭威病死，遺命柴榮接管後周政權。柴榮即位之初，就立下了「以十年開拓天下，十年養百姓，十年致太平」的宏偉目標和長遠構想，這在中國歷代皇帝中相當罕見。

為了實現自己的人生理想，同時也是為了順應「合久必分，分久必合」的歷史趨勢，柴榮進行了一系列大刀闊斧的改革。在軍事上，柴榮募集天下壯士，組建了一支「征伐四方，所向皆捷」的威武之師、勝利之師，在掃除群雄時立下了赫赫戰功；在政治上，柴榮打破常規，破格任用有才幹的人，充實政府的主要部門，提高了國家的運轉效率；在經濟上，柴榮降低稅收，整頓錢幣，興修水利，疏通漕運，大大減輕了人民的負擔，提高了農民的生產積極性。柴榮的改革立竿見影，國家實力逐漸增強，統一全國的大業也指日可待。

柴榮是個非常講求策略的人，面對周圍虎視眈眈的割據政權，他決定先易後難，即先對付後蜀，後將兵鋒指向南唐，最後揮師北伐強敵契丹。歷次用兵，柴榮大都御駕親征，要嘛「自率親騎，臨陣督戰」，要嘛「馳騎於陣前，先犯其鋒」，甚至還冒著箭石衝鋒陷陣，與眾將士同甘共苦，這種身先士卒的勇敢，大大鼓舞了士氣，於是「戰士皆奮命爭先」，多次在不利條件下扭轉戰局，在逆境中反敗為勝。除了作戰勇猛外，柴榮對軍紀要求也非常嚴厲，對於臨陣脫逃之人，不管是將校還是監押使臣，柴榮都獎罰分明，絕不姑息。

在戰場上，柴榮英姿颯爽；在生活上，柴榮更是催人淚下。柴榮非常關心民眾疾苦，一次，柴榮與百官會餐時，指著滿桌的酒菜對眾人說：「朕在宮中吃美味佳餚，深愧無功於民而坐享天祿，既然自己不能躬耕而食，那就只有親冒矢石為民除害，還略可自安。」這些話如果放在今天，足以讓那些貪官汙顏。最讓人感動的是，柴榮曾說「若朕身可以濟民，亦非所惜也」，這種高度和境界，更是讓歷代帝王自慚形穢。難怪司馬光會對他佩服得五體投地：「若周世宗，可謂仁矣，不愛其身而愛民；若周世宗，可謂明矣，不以無益廢有益。」

但凡明君、仁君，大都非常重視臣屬的進諫。在這個問題上，唐太宗的「虛心納諫」已經讓後人頂禮膜拜，而柴榮的「虛心求諫」更讓人刮目相看。顯德二年（西元九五五年）二月，柴榮下詔，要求「內外文武臣僚，今後或有所見所聞，並許上章論諫。若朕躬之有闕失，得以盡言；時政之有瑕疵，勿宜有隱」；同年四月，柴榮再次下詔，明確要求「翰林學士承旨徐台符已下二十餘人，各撰〈為君難為臣不易論〉、〈平邊策〉各一首」。兩番「求諫」，無不凸顯了柴榮在傾聽民聲上的主動性和強烈性。單從這一點上看，柴榮的完美指數已無人超越。

一個完美的皇帝，除了必備的文治武功，還應該有一段完美的婚姻。柴榮的皇后符氏，不僅是一位能夠在戰亂中「獨脫死兵刃之間」的聰慧女子，同時也是柴榮事業上的賢內助。柴榮稱帝後，因為急於創業，有時難免會對眾將發脾氣，符氏往往會「從容伺顏色，漸為解說」，柴榮見符氏說的有道理，便「意亦隨解，由是益重之」。一急一緩，柴榮夫婦二人形成了完美互補。後來，柴榮親征淮南，符氏認為「不宜親行」，但柴榮執意要去，結果「師久無功」，符氏竟然「憂成疾而崩」，用生命詮釋了這段完美愛情的至真至切。

英勇、睿智、勤勉、虛心、愛民，柴榮無愧為中國歷史上最完美的皇帝。然而，再完美的人總會有缺陷。顯德六年（西元九五九年）六月，柴榮在北伐契丹途中突患重病，被迫班師。不久，崩於滋德殿，享年三十九歲。

「出師未捷身先死，常使英雄淚滿襟」，這首用來讚美諸葛亮的千古名詩，同樣適用於周世宗柴榮。柴榮去世之日，四方遠近都自發的哀悼仰慕他，明清皇帝對他祭祀不斷，後人對柴榮的評價向來有褒無貶，少有爭議。英年早逝，使柴榮避免了歷代長壽明君執政後期的昏聵，這不能不說是柴榮完美皇帝人生的另一重要因素。

第二部分：更向荒唐演大荒

齊頃公導演的超級惡作劇

歷史上，凡有遠見的政治家、軍事家，總是十分嚴肅慎重對待外交事宜。對於主動上門的外國使節，都應以禮相待。但偏偏有一位國君，反其道而行之，他對於四位遠道而來的外國使節，不僅不能以禮相待，而且還拿對方各自的生理缺陷開玩笑，導演了一場史上最搞笑的宮廷惡作劇。這樣行事，自然後果很嚴重，他招來了一場戰爭，還差點做了人家的俘虜。

這位好笑的國君就是春秋時期的齊頃公。

齊頃公（前五九八年～前五八二年在位），姓姜，名無野，齊惠公之子，齊桓公之孫，齊太公十四世孫。

事情的經過是這樣的：

魯成西元年（前五九〇年），晉國大夫郤克、魯國大夫季孫行父、衛國使臣孫良夫、曹國使臣公子首結伴而行，出使齊國，來到了齊國國都臨淄。奇巧的是，這四位使臣生理上都有缺陷：郤克駝背、季孫行父跛腳、孫良夫只有一隻眼睛、公子首是個禿頭。齊頃公接見他們之後，將四個人的長相說給母親蕭夫人聽。蕭夫人好奇心很重，非要親自看看。

「孝順」的齊頃公為博母親一笑，就導演了一場超級惡作劇。他讓人從國內找來一名獨眼龍、一名禿子、一名瘸子、一名羅鍋，分別對號入座為四位來賓駕車，定於第二天來後花園做客。

齊國的上卿國佐勸說道：「國家之間的外交是件大事，人家朝聘修好而來，我們要待之以禮，千萬不要耍笑人家。」齊頃公仗著國大兵多，不聽勸告。

其時，曾為春秋霸主之國的晉國，因在西元前五九七年的「邲之戰」中被楚莊王擊敗，失去中原霸主地位。相繼稱霸中原的楚莊王也於西元前五九一年去世。中原霸主暫時空缺。作為中原第一霸主齊桓公之孫的齊頃公，自視為泱泱大國之君，不把中原各諸侯國放在眼裡。

第二天，當四位使臣在四位齊國僕人的陪同下經過蕭夫人居住的樓台之下時，蕭夫人和宮女們啟帷觀望，禁不住哈哈大笑，觀賞一對對活生生的「複製秀」。

郤克起初見給他駕車的人也是駝背，以為是偶然巧合，沒有在意，等聽到戲笑聲，恍然大悟。他草草飲了幾杯，就同三國使臣回到館舍。當他探聽到台上戲笑的是國母蕭夫人，不由火冒三丈；另外三國的使臣也憤憤說，我們好意來訪，齊頃公竟把我們當笑料供婦人開心，真可恨之極！郤克說：「此仇不報，就不是大丈夫！」四國使臣歃血為盟，對天起誓，決心共同伐齊報仇。四人商量到深夜，不辭而別，各回本國準備。

齊頃公這件令人匪夷所思的奇事，在《史記．晉世家》中有記載：「八年，使郤克於齊。齊頃公母從樓上觀而笑之。所以然者，郤克僂，而魯使蹇，衛使眇，故齊亦令人如之以導客。郤克怒，歸至河上，曰：「不報齊者，河伯視之！」至國，請君，欲伐齊。」

仇恨的種子一旦有了合適的土壤和氣候，就會長成參天大樹。果然過了三年，郤克掌握了晉國的大權，晉、魯、衛、曹四國結成同盟，攜怒復仇而來，共同討伐齊國，這就是春秋著名的「鞌之戰」。

齊頃公舉全國之力來應戰，戰前他還下令，把敵人消滅再吃早飯，彷彿勝利就是他的。

戰鬥雖然非常激烈，卻很快就見出了分曉：齊軍大敗，晉國的韓厥追趕上齊頃公的戰車，逢醜父冒充齊頃公，假意讓他取水，藉機讓齊頃公逃離。齊頃公回到軍中帶兵，回來尋找逢醜父，三入三出敵軍之中。逢醜父被俘後，郤克要殺他，但聽他說「以後就沒有替君主承擔禍患的人了！」就釋放了他。戰後雙方議和，齊國歸還了侵占的魯衛領土，同晉國議和。

此役之後，齊師大傷元氣，齊頃公也差點當了俘虜。齊頃公戰敗後回國路過徐關，還對保衛徐關的士兵說：「勉之！齊師敗矣。」也就是說，大家好好努力，我們這仗打敗了。戰勝方的晉國在和解條件中，還特別提出一條：「必以蕭同姪子為質」。拿齊國的「國母」作人質，這是齊頃公絕不能接受的，齊國上下也都抗議此事，為此齊國表示要舉國「決戰到底」，晉國才放棄此項要求。

第二年（魯成公三年）十二月，齊頃公到晉國行朝聘禮。將要舉行授玉禮節時，晉國執政郤克還記得被齊頃公母親嘲笑的事，上前說：「您是為了女人的戲笑而受到羞辱，所以寡君不敢當授玉之禮。」（《左傳》原文：齊侯朝於晉，將授玉。郤克趨進曰：「此行也，君為婦人之笑辱也，寡君未之敢任。」）可見郤克是何等耿耿於懷。授玉，就是要將朝見天子時所用的玉圭交給晉景公，是表示恭敬、臣服。郤克上前阻止了齊頃公，表示晉景公不該接受，因為晉景公只是諸侯國君，不是天子，所以不敢受此只有天子才能享用的大禮。

齊頃公後來開始輕傜薄賦，關心百姓疾苦，民心大悅。對外，也以厚禮待各諸侯。頃公死前，百姓歸附，諸侯不敢來犯。據《史記．齊太公世家》記載，（頃公）十一年，「齊頃公朝晉……歸而頃公弛苑囿，薄賦斂，振孤問疾，虛積聚以救民，民亦大說。厚禮諸侯。竟頃公卒，百姓附，諸侯不犯。」

縱觀齊頃公，「三入三出」救逢醜父可算是有義氣；戰敗對徐關士兵還說：「勉之！齊師敗矣」，也算敗不餒；輕傜薄賦，關心百姓疾苦，諸侯不來犯，也算個勵精圖治的好君王！但是戲弄四國使臣，拿別人的生理缺陷開玩笑之事，就有些不厚道了。

一句玩笑引發的弒君悲劇

禮崩樂壞的春秋時代，曾發生過一件離奇的弒君案。《公羊傳》記載，宋閔公手下有一員大將叫南宮長萬，是當時聞名於世的大力士。由於宋閔公的一句玩笑話深深傷害了南宮長萬，故「萬怒，搏閔公，絕其脰」，宋閔公被南宮長萬所弒。

事情的經過是這樣：

西元前六八四年的春天，齊國軍隊攻打魯國，雙方決戰於長勺（今山東曲阜北）。魯國國君聽從曹劌之計，一鼓作氣，大敗齊國軍隊。齊桓公本想透過此仗揚威於諸侯，進而稱霸，不料卻吃了敗仗，當時氣壞了。

鮑叔牙獻計說：「齊魯兩家都是大國，軍事力量相當，攻則不足，守則有餘。今長勺之戰，魯為主，是以敗於魯。臣願以君命乞師於宋，齊宋聯手出兵，可雪敗於魯國之恥。」

齊桓公於是派鮑叔牙聯絡宋國，一起攻魯，以報長勺慘敗之仇。

宋國是商紂王的哥哥微子啟的封地，原本在商朝時就已經築邑，當時就叫「商丘」，即今天的商丘，位置在河南東部，與山東交界，一向因為邊土紛爭，跟東邊的魯國關係很糟糕。

西元前六八八年，宋莊公去世，兒子子捷即位，就是宋閔公。這時候，距離西周建國已經三百多年，周天子的威望日益下降，而第一個春秋霸主尚未稱霸，中原諸侯當中，鄭、齊、魯、宋屬於比較強大的幾個。宋閔公非常聰明能幹，文有太宰華督、大夫仇牧，武有南宮長萬、猛獲，國勢蒸蒸日上。

齊國來人提出聯合出兵攻打魯國，宋閔公一聽就爽快答應了。他不顧仇牧等人的強烈反對，派出大力士南宮長萬為主將，猛獲為副將，領了百十輛戰車，往東北三百五十里，進入山東，殺向魯國。

齊國則派遣鮑叔牙為主將，仲孫湫為副將。齊宋兩軍集於郎城。齊軍駐紮於郎城東北，宋軍駐紮於郎城東南。

齊宋聯軍一起攻過來，大敵當前，魯國上下都很緊張。為了知己知彼，魯國大夫公子偃乘，夜間認真觀察了齊宋兩國的營地，回來報告：齊國鮑叔牙領軍，軍容整齊不可小視，宋國南宮自恃勇力不足懼，我們先打宋營，只要戰勝宋軍，齊軍就會退回。魯莊公擔心公子偃不是南宮長萬的對手，就親自出馬。

公子偃讓手下兵士蒙上老虎皮，天色朦朧時接近宋營，宋兵一看老虎來了，陣營大亂，紛紛逃跑。主帥南宮長萬卻臨危不懼，非常勇敢，手拿大戟，左刺右殺，所向披靡。

魯國軍隊都被南宮長萬的神勇震懾了。情急之下，魯莊公請出了他的國寶級武器，聞名天下的殺傷力極強的弓——金僕姑。魯莊公拿起金僕姑，彎弓射箭，一下子射中左衝右突的南宮長萬，南宮長萬還不明白怎麼回事，就倒在地上，魯國人將其活捉回國。南宮長萬成為魯國的俘虜。

魯莊公兩戰兩勝，但他知道這兩個鄰居不可得罪，就分別向齊宋示好。到了第二年，魯宋通使，兩國關係改善。宋國就請求把南宮長萬釋放回國。回國後，宋閔公跟他開玩笑說，以前我尊敬你，現在你是魯國的囚犯，所以不敬重你了。大夫仇牧悄悄勸宋閔公：「主公身為人君，怎麼能跟臣子開玩笑呢？！這樣說他會大亂啊……」宋閔公笑著一擺手：「我跟南宮隨意習慣了，沒事。」歷史學家記載說，南宮長萬當時聽了，沒說什麼話，「病之」，卻得了心病。也就是說，南宮長萬從此對宋閔公懷恨在心。

宋閔公做夢也沒想到，自己的一句玩笑話，卻從此為自己埋下了禍根。

接下來的幾年，幾個國家暫時沒有戰爭，時間過得很快。六年後的一天，宋閔公在園裡大宴群臣，喝到高興之處，他讓大臣都露一手絕活，有的唱、有的舞、有的練劍……輪到南宮長萬，他拿起自己的大戟，玩起了拋戟功夫：接近三公尺長的大鐵戟單手拋到天上，然後接住，再拋再接，一連幾十次，眾人連聲叫好。

宋閔公見人們給南宮的喝彩太盛，不樂意了，要跟南宮長萬下棋，並說誰輸了罰酒一大杯。南宮長萬沒有辦法，只好跟他下。可是下棋卻是宋閔公所長，不用多久，南宮連輸五盤，五大杯酒下肚，人也暈了，非要接著下。宋閔公又管不住自己的嘴了：「你小子當俘虜的手，再怎麼下也還是輸！」把南宮氣得差點跳起來，眾人趕緊拉開。本來事情就算過去了，巧合的是，這時候來了周天子的訃告。

天子駕崩，諸侯都得派員去弔唁。南宮長萬主動請願：「臣從未到過都城，我去。」

宋閔公說了他在世間的最後一句話：「宋國再沒有人，也不能派個俘虜到天子之都啊……」

南宮長萬再也忍不住了，大吼一聲：「欺人太甚！你知道俘虜也會殺人嗎？！」拿起棋盤就砸過去，宋閔公的頭被砸碎了，倒地而死。

弒君後，南宮長萬索性一不做二不休，趁著一股殺氣要在宋國做主。他在城門口遇到大夫仇牧，一巴掌便打死了仇牧。他在東宮的西面撞見了宋國的執政大臣華督，又把華督殺了。殺完這些人後，長萬立宋國公子子游為國君。一時人心惶惶，宋國的公子都逃亡到蕭邑（江蘇蕭縣），而公子禦說逃亡到亳地（河南商丘縣北）。長萬看見這些人並不服自己，就派親信南宮牛、猛獲率領軍隊包圍了亳地。

南宮長萬的弒君之惡冒犯了當時的整個貴族上層，顛覆了三代以來的宗法傳統，因此，他的行為是跟整個諸侯國貴族階層為敵。這年冬十月，宋國大夫蕭叔大心和宋戴公、武公、宣公、穆公、莊公的族人，借調曹國的軍隊討伐南宮牛和猛獲。在陣前殺死了南宮牛，在宋國都城殺死了子游，擁立公子禦說為國君，即宋桓公。猛獲逃亡到衛國，南宮長萬逃亡到陳國。

南宮長萬在倉皇出逃的路上，顯示了自己的勇力和孝心。他自己駕車拉著母親，從宋國到陳國那麼遠的路程（據說有兩百六十里），他一天就跑到了。

宋國人到衛國請求引渡猛獲，衛國人不想給他們。衛國大夫石祁子說：「這怎麼能行呢？普天下的邪惡都一樣可惡，在宋國作惡而在中國受到保護，保護了他有什麼好處？得到一個人而失去一個國家，結交邪惡的人而丟掉友好的國家，這不是好辦法。」

石祁子的話很有道理，於是衛國人就把猛獲歸還給了宋國。宋國又到陳國請求引渡南宮長萬，並且施以賄賂。陳國人讓女人勸南宮長萬飲酒，灌醉他後，就用犀牛皮把他包了起來。南宮長萬就這樣被押回宋國。但等到達宋國時，南宮長萬的手腳都已鑽破犀牛皮露在外面，他的力氣太大了，但也太遲了。

新即位的宋桓公（也就是公子禦說）命人將南宮長萬與猛獲一同綁至市曹，剁為肉泥（醢刑），並使人治為酪（肉餅），遍賜群臣曰：「人臣有不能事君者，視此酪矣！」南宮長萬的八十歲老母也被誅殺了。

《東周列國志》作者馮夢龍曾有詩嘆之：「可惜赳赳力絕倫，但知母子昧君臣。到頭驕戮難追悔，好諭將來造逆人。」

貽笑千古的「蠢豬」式君主

古人喜歡在讀書時眉批或橫批，喜臧否歷史人物，其中比較狠的評語有：劉表「虛有其表」；郭象無行；王建庸人，不懂政治；笑裡藏刀李義府；李治朽物等等。而對古人最狠的評語大概是「蠢豬」，這個狠勁十足的詞送給了兩千五百多年前那位愚不可及的宋襄公。

〈論持久戰〉一文中曾指出：「我們不是宋襄公，不要那種蠢豬式的仁義道德。」認為戰爭中的主動與被動是相互轉換，任何一方都不可避免因自身主觀、客觀因素的局限，而產生薄弱環節，予敵以可乘之隙，導致失敗。高明的戰爭指揮者，不應恪守教條，從而使自己陷於被動局面。宋襄公就是一個懷抱教條主義、一戰而為天下笑的蠢豬式人物。

歷史上把宋襄公和齊桓公、晉文公、秦穆公、楚莊王並稱為「春秋五霸」。後四位各有豐功偉績，均稱霸一時；而宋襄公不僅未曾稱霸中原，並且還在「泓水之戰」中被楚國殺得大敗，且在此戰中迂腐實施所謂的「仁義」行為，徒留千古笑柄。審視歷史，宋襄公實在不配位列「春秋五霸」。

宋襄公是個資質平庸的人，宋國的實力也很弱小。宋襄公曾僥倖為齊孝公復位發揮關鍵作用，異常順利幫助超級大國齊國安定了局勢。之後他竟然異想天開，想仿效齊桓公會盟諸侯，做各國的霸主。

於是，他派使者去楚國和齊國，想把會盟諸侯的事先和他們商量，取得楚國、齊國的支持。一開始，楚成王接信後輕蔑的直想笑，譏笑世上竟有宋襄公這等不自量力的人。大夫成得臣說：「宋君好名無實，我們正可利用這一時機進軍中原，一爭盟主之位。」楚成王覺得甚是，便將計就計，答應與會。

周襄王十三年（西元前六三九年）春，宋、齊、楚三國國君相聚在齊國的鹿地。宋襄公一開始就以盟主的身分自居，認為自己是這次會議的發起人，盟主非己莫屬。他事先未徵求齊國、楚國的意見，自作主張擬了一份秋季在宋國會合諸侯，共扶周天子王室的通告，並把時間定在當年秋季。

雖然楚成王和齊孝公對宋襄公的這種做法很不痛快，但礙於情面還是簽了字。到了秋天約定開會的日子，楚、陳、蔡、許、曹、鄭六國之君都來了，只有齊孝公和魯國國君沒到。宋襄公首先說：「諸侯都來了，我們會合於此，是仿效齊桓公的做法，訂立盟約，共同協助王室，停止相互間的戰爭，以定天下太平，各位認為如何？」

楚成王說：「您說得很好，但不知這盟主是誰來擔任？」宋襄公說：「這事好辦，有功的論功，無功的論爵，這裡誰爵位高就讓誰當盟主吧。」話音剛落，楚成王便說：「楚國早就稱王，宋國雖說是公爵，但比王還低一等，所以盟主的這把交椅自然該我來坐。」說罷並不謙讓，一下子就坐在盟主的位置上。

宋襄公一看如意算盤落空，不禁大怒，指著楚成王的鼻子罵：「我的公爵是天子所封，普天之下誰不承認？可你那個王是自封的。有什麼資格做盟主？」楚成王說：「你說我這個王是假的，你請我來做什麼？」宋襄公氣急敗壞大喊：「楚國本是子爵，假王壓真公。」

批判的武器顯然不如武器的批判來得更簡單。這時，只見楚國大臣成得臣脫去長袍，露出裡面穿的全身鎧甲，手舉一面小紅旗，只一揮動，那些隨楚成王而來、打扮成家僕和侍者的人紛紛脫去外衣，原來個個都是內穿鎧甲、手持刺刃的兵士。他們往台上衝來，嚇得諸侯四散而逃，楚成王令楚兵將宋襄公拘押起來，然後指揮五百乘大軍浩浩蕩蕩殺奔宋國。幸虧宋國大臣早有防備，團結民眾，堅守城池，使楚莊王滅宋的陰謀未能得逞。楚成王把宋襄公拖到楚國的車上，帶他回楚國。幾個月後，在齊國和魯國的求情調解下，楚成王覺得抓了宋襄公也沒什麼用，才將宋襄公放歸回國。

霸主未當成，反成為別人的階下囚。從那時起，宋襄公對楚國懷恨在心，但是由於楚國兵強馬壯，也沒什麼辦法出氣。宋襄公聽說鄭國最積極支持楚國為盟主，就想討伐力薄國小的鄭國，出胸中惡氣。過了不久。鄭文公去楚國拜會楚成王。宋襄公認為是個機會，西元前六三八年夏，怒氣未消的宋襄公不顧公子目夷與大司馬公孫固的反對，出兵伐鄭，鄭文公向楚國求救，楚成王接報後，沒直接去救鄭國，卻統領大隊人馬直接殺向宋國。

大敵當前，宋襄公這下慌了手腳，顧不上攻打鄭國，帶領宋軍星夜趕回國內。待宋軍在泓水邊紮好營盤，楚國的兵馬也來到了對岸。公孫固對宋襄公說：「楚軍到此只是為救鄭國。我們已經從鄭國撤軍，他們的目的已經達到了。我們兵力少，不能硬拚，不如與楚國講和算了。」

宋襄公卻說：「楚國雖然人強馬壯，可缺乏仁義；我們雖然兵力單薄，卻是仁義之師。不義之兵怎能勝過仁義之師呢？」宋襄公又特意做了一面大旗，並繡有「仁義」二字，以「仁義」來戰勝楚國的刀槍。

到了第二天天亮，楚軍開始過河。公孫固向宋襄公說：「楚軍白日渡河。等他們過到一半，我們殺過去，定能取勝。」宋襄公卻指著戰車上的「仁義」之旗說：「人家連河都沒渡完就打人家，那算什麼仁義之師？」

等到楚軍全部渡完河，在河岸上布陣時，公孫固又勸宋襄公說：「趁楚軍還忙著布陣，我們衝鋒，尚可取勝。」宋襄公聽到此話不由罵道：「你怎麼一直出歪主意！人家還沒布好陣，你便去打他，那還稱得上是仁義之師嗎？」

宋襄公的話才說完，楚軍已經布好陣，列隊衝了過來。宋國軍隊抵擋不住，紛紛敗下陣來。由於宋襄公是個講仁義的人，對待下屬十分友好，屬下都拚死保護他；而那桿「仁義」大旗，早已不知丟到何處去了。

宋襄公逃回商丘後，首都群眾情緒高漲，舉行示威、靜坐等非暴力活動，指責他不會打仗，喪師辱國。公子目夷進宮視疾，將群眾的意思委婉告訴襄公。襄公不以為然說：「我這個君子在戰場上，不傷害已經受傷的敵人，不俘虜頭髮花白的老人，不將敵人逼進絕境。如今雖然慘敗，但我們沒有攻擊過沒作好戰鬥準備的敵軍，這不正說明了我仁義的君子風度嗎？」西元前六三七年，受傷大半年的宋襄公死於傷口感染，結束了他可憐可笑的一生。

宋襄公所恪守的是當時盛行的兵法——《司馬法》。這部中國兵法的經典著作在當時影響很大，其上說：「古者逐奔不過百步，縱綏不過三舍，是以明其禮也；不窮不能而哀憐傷病，是以明其仁也；成列而鼓，是以明其信也；爭義不爭利，是以明其義也；又能舍服，是以明其勇也；知終知始，是以明其智也。六德以時合教，以為民紀之道也，自古之政也。」《司馬法》強調，追擊逃散的敵人不能超過一百步，追尋主動退卻的敵人不能超過四十五公里，這是禮；不逼迫喪失作戰能力的敵人，並哀憐傷病人員，這是仁；等待敵人擺好作戰陣勢再發起進攻，這是信；爭天下大義而不爭一己小利，這是義；能夠赦免降服的敵人，這是勇；能夠預見戰爭勝負，這是智。宋襄公所說的「不重傷，不禽二毛」、「不鼓不成列」正是《司馬法》中「仁」、「信」的內容。仁義道德是中國兵法的思想，歷來為兵法家重視，但實施這一思想必須以雄厚的政治、經濟、軍事實力為基礎，弱小者在強敵面前空談仁義道德，只會落得失敗下場。

宋襄公嚴守商周以來形成的「治兵以禮」的軍事思想，沿襲了「君子不重傷」、「不殺黃口，不獲二毛」、「重偏戰而賤詐戰」的作戰方式，他努力保持了君子的風範，墨守於既定戰爭中的道德法則，因為那時的軍事並不強調「詐」，而講求「禮」。

以宋襄公「仁義論」慘敗收場的泓水之戰，標誌著商周以來「禮義之兵」的壽終正寢。

在泓水之戰後不久，《孫子兵法》問世，孫子十三篇雄視軍事幾千年，成為古今中外軍事將領、乃至商賈們的必讀之書。從此，戰爭已經不允許有任何溫情，只要能消滅敵人、保存自己，戰爭的手段可以無所不用。兵不厭詐已經成為兵家奉行的原則，戰爭披上了只求目的、不講手段的殷紅慘烈外衣。

群雄逐鹿的東漢末年，大軍事家曹操進一步否定了儒家以禮治軍的原則，在其《孫子注》中旗幟鮮明提出「禮不可治兵」。通觀《三國演義》，全書精彩之處在於各為其主的政治鬥爭和軍事謀略，從頭到尾都的爭鬥掩蓋不住一個「詐」字！

歷史上最荒唐的短命皇帝是誰？

《漢書．霍光金日磾傳》載：劉賀「受璽以來二十七日，使者旁午，持節詔諸官署徵發，凡千一百二十七事」。這個劉賀，是歷史上最荒唐的短命皇帝，在其皇帝的任期二十七天內，就做了一千一百二十七件荒唐事，平均一天四十件，真是聳人聽聞，匪夷所思。

劉賀，西漢第九任皇帝，中國史上在位時間最短的皇帝，史稱昌邑王。劉賀是西漢時期最雄才大略的漢武帝劉徹之孫，五歲襲父劉髆封為昌邑王。劉賀是個典型的不學無術紈絝子弟，行事十分荒唐怪異。平日在他的封國中一向狂妄放縱，所作所為毫無節制，無論是漢武帝駕崩，還是漢昭帝去世，劉賀依舊如故，照樣出外巡遊狩獵，放縱如常。

劉賀能夠登基成為皇帝，其實是很有戲劇性。漢元平元年（西元前七十四年）四月，漢昭帝僅僅二十一歲就害病去世。那一年，上官皇后才十五歲，還沒有生孩子，漢昭帝的其他後宮也沒有生育，又該立誰做皇帝呢？

當時，漢武帝的兒子只有廣陵王劉胥還活著，大臣們都主張立劉胥做皇帝；但大將軍、大司馬霍光不同意，說劉胥這個人太荒唐，不是做皇帝的材料。史載，劉胥力能扛鼎，空手搏熊彘猛獸，好倡樂逸遊。昭帝時，劉胥覬覦帝位，曾使女巫祝詛。

霍光是西漢著名將領霍去病的同父異母之弟，上官皇后又是霍光的外孫女。漢武帝病死前，任命霍光為漢昭帝劉弗陵的輔命大臣。所以當時霍光的意見舉足輕重，滿朝文武都要看霍光的臉色行事。

當時朝廷內有人寫信給霍光：「立皇帝主要看他合不合適，不一定考慮輩分的大小，只要合適，哪怕立晚一輩的也可以。」霍光把這封信轉交給丞相楊敞，請大臣們討論。最後商議的結果，大家都主張立昌邑王劉賀。於是，霍光就以上官皇后的名義下了詔書，派少府樂成、宗正劉德、光祿大夫丙吉等，迎接昌邑王，請他到長安即位。

昌邑王劉賀，是個不折不扣的浪蕩子弟。在為漢武帝治喪的時候，他竟敢帶著隨從去打獵，按當時規定，這是極其嚴重的罪過。他手下有個中尉叫王吉，抓住這件事將他狠狠數落一頓。他賞給王吉五石酒和五百斤牛肉，表示一定要改過自新；可是他事過後又是老樣子。

劉賀手下有個叫龔遂的郎中令，也曾經多次規勸他。劉賀聽得不耐煩，就雙手捂著耳朵朝外跑。他一邊跑，一邊還嬉皮笑臉說：「郎中令真會羞人啊！」後來，龔遂徵得昌邑王的同意，專門挑選了十幾個讀書人伺候他，向他講解各種禮儀。但還沒過幾天，他就把這些人轟走了。

當樂成、劉德、丙吉三人風塵僕僕奉命趕到昌邑見到劉賀時，正值「夜漏未盡一刻」，也就是半夜。照理說碰到這種能當皇帝的天大喜事，應該是迫不及待馬上啟程進京；可劉賀一直拖到第二天中午才啟程，而且一走就像是「急行軍」，三個多時辰竟然狂奔了一百三十五里地，不少侍從的馬都被累死在路上。劉賀沒有行程安排，沒有時間觀念，想怎麼樣就怎麼樣，行事就是如此荒唐。

然而，劉賀在去長安的一路上所做的事情，更讓人感到荒唐：車駕行至濟陽（今河南蘭考東北）時，劉賀還惦記著當地的特產，派人求得「長鳴雞」，作為沿途解悶的玩物；經過弘農（今河南靈寶北）時，他還吩咐家奴搶了一些鄉下美女，藏在裝衣服的車廂裡，供自己在路上尋歡作樂。行事如此下流，當地的老百姓全都在咒罵他。

劉賀一行到達霸上（今西安市東）後，當禮儀官員獻上只有皇帝才有資格享用的乘輿時，劉賀興奮得手舞足蹈，甚至得意忘形。但為了順利「過關」，他不得不收斂自己一貫的荒唐行為，牢牢記下了郎中令龔遂對他的囑託。在車駕到達長安未央宮時，「下車，向闕西面伏哭，盡哀止」。劉賀「盡哭如儀」的即興表演，通過了宮廷眾人的「面試」，也打動了霍光的心。霍光帶他參見了上官皇后，接著上官皇后下詔書立他為太子。六月，劉賀以皇太子的身分接受了皇帝璽綬，即皇帝位；尊昭帝的遺孀、年僅十五歲的上官皇后為皇太后。

昌邑王劉賀做了皇帝，卻沒有一點當皇帝的樣子。每天從早到晚，他不僅不與霍光和大臣商議國家大事，反而將原來昌邑的全套人馬都帶到長安，甚至將昌邑那些打鼓、鬥狗、耍把戲的都接到皇宮裡，叫他們陪自己胡鬧，隨意賞給他們錢財；居喪期間，宮裡不允許吃肉，他卻偷偷派人到宮外去買雞、買豬，宰了大吃大喝；他閒著沒事，甚至還跑到漢昭帝的後宮姦污宮女。

一天，劉賀夢見在皇宮西門的台階東側，有一大堆綠頭蒼蠅的糞便，約有五六石之多，上面蓋著大片的屋瓦。劉賀向龔遂詢問，龔遂說：「陛下平日所讀的《詩經》中，不是有這樣的話嗎：『綠蠅往來落籬笆，謙謙君子不信讒。』陛下左側奸佞之人很多，就像陛下在夢中見到的蒼蠅糞便一樣。因此應該挑選先帝大臣的子孫，作為陛下身邊的親信侍從。如若總是不忍拋開昌邑國的故舊，信任並重用那些讒佞阿諛之人，必將招致不祥之禍。希望陛下能反禍為福，將那些昌邑舊人中的奸佞之徒全部逐出朝廷。我龔遂願以身作則，第一個走。」劉賀依然不加理會，根本就聽不進龔遂的話。

霍光沒有想到自己擁立了這麼一個浪蕩皇帝，真是又氣憤又後悔。他不敢聲張，悄悄將他的心腹、大司農田延年找來，問他應該怎麼辦？田延年說：「大將軍認為這個人不能做皇帝，為什麼不稟告皇太后將他廢掉，再挑選一個賢明的人呢？」霍光說：「我也想這麼做，但不知道古時有沒有這種先例？」田延年說：「怎麼沒有呢？殷朝時有個國相叫伊尹，曾經廢黜了昏君太甲，使國家安定，後世都說他是忠臣。大將軍要是這麼做，那就成了漢朝的伊尹了。」霍光又去跟已經升任車騎將軍的張安世商議，張安世也同意將劉賀廢黜。

霍光又派田延年去報知丞相楊敞。楊敞是一個膽小怕事的人，他一聽說要廢掉新立的皇帝，嚇出了一身冷汗，一時說不出話。他的夫人趁田延年出去更衣的工夫，急忙對丈夫說：「這是國家大事，如今大將軍已作出決定，還派大司農來通知您，您若不爽快答應，跟大將軍同心合力，還能有好結果嗎？」楊敞的夫人沒辦法，只好自己出面說明。《漢書．楊敞傳》上說，「延年從更衣（處）還，敞夫人與延年參語，許諾，請奉大將軍令」。言及楊敞的夫人與田延年兩個人一起研討此事，代替楊敞表明態度說：「一切遵從大將軍的命令！」

就在昌邑王即位的第二十七天，霍光將文武百官召集到未央宮，跟他們一起商議廢除昌邑王的事。霍光開門見山地問道：「昌邑王昏庸無道，恐怕要危害社稷，大家說應該怎麼辦呢？」群臣見霍光不稱劉賀為皇帝而稱昌邑王，都嚇得說不出話來。田延年看這種情況，不由得站起身來，手按著劍柄說：「先帝將天下託付給大將軍，是因為大將軍忠厚賢明，能夠安定劉家的天下。要是漢朝的宗廟從昌邑王的手裡絕祀，大將軍死後還有臉到地下去見先帝嗎？今天大將軍作出的決定，容不得半點遲疑，誰要是不響應，我馬上砍了他的腦袋！」霍光道：「所有責任應當由我來負。」群臣聽了，全趴在地上磕頭，齊聲說：「我們一定遵從大將軍的命令！」於是，霍光就讓尚書令將事先寫好的奏章拿出來，請大臣在上面一一簽名。

隨之，霍光率群臣晉見太后，陳述劉賀種種無道行徑，於是皇太后乘車前往未央宮承明殿，下詔命皇宮各門不許放原昌邑國臣屬入內。守門的太監接到太后的詔令，每人手握一扇宮門，劉賀一進入溫室殿，太監立即將門關閉，將跟在後面的原昌邑國的臣屬擋在外面。劉賀面有懼色，馬上問道：「這是做什麼？」霍光在旁跪道：「皇太后有詔，不許原昌邑國的群臣入宮。」劉賀說：「慢慢吩咐就是了，何必如此嚇人！」霍光命人將昌邑國的群臣全部驅趕到金馬門之外，被張世安率領的羽林軍全部逮捕，關進監獄；同時，霍光又命曾在漢昭帝時擔任過侍中的太監，專門守護劉賀，命令道：「一定要嚴加守護，謹防劉賀被害或自殺，讓我在天下人面前擔上殺主的惡名。」此時劉賀還不知內因，便問身邊的人說：「我以前的群臣和從屬犯了什麼罪？大將軍為什麼要將他們全部關押起來？」等到皇太后下詔召見劉賀時，劉賀才真正感到害怕：「我犯了什麼錯？太后為什麼要召見我？」就這樣，在霍光與文武群臣的聯名參劾下，皇太后下詔將劉賀廢黜。

劉賀仍不死心說：「我聽說『天子只要有七位耿直敢言的大臣在身邊，即使荒淫無道，也不會失去天下』。」霍光說：「你已被廢黜，豈能再稱天子。」隨即抓住劉賀的手，將他身上佩戴玉璽的綬帶解下，送與皇太后，然後扶劉賀下殿，直送到長安所設置的昌邑王官邸。劉賀過了二十七天的皇帝癮，連一個年號也沒有定下來，就被莫名其妙廢掉了。劉賀從昌邑國帶來的臣屬共兩百餘人，除王吉、龔遂等少數正直人士外，皆被處死。

事後，霍光親自把劉賀送到昌邑邸，並對他說：「大王自絕於天下，臣下也沒有辦法。臣下寧可對不起大王，也不能對不起國家。從今天起，臣下就不能再服侍大王了，請大王多多保重！」就這樣，劉賀僅僅做了二十七天的皇帝，又被趕回封地昌邑。可嘆劉賀，曾經是堂堂大漢皇帝，離開皇宮時只配享用牛車的待遇。到宣帝時，曾封為海昏侯，後又被貶為庶人。西元前五十九年，劉賀病故，年僅三十多歲。

當年七月，霍光另立漢武帝的曾孫劉病已（劉詢）為皇帝，這就是漢宣帝。劉詢是漢武帝的曾孫，上官太后論輩分是漢宣帝的祖母，這樣，上官氏年僅十五歲，就尊為太皇太后，成為中國歷史上最年輕的太皇太后。

漢宣帝即位前，曾長期在民間生活，頗知民生疾苦。所以他即位後勤儉治國，政治更加清明，社會經濟更加繁榮，使漢朝的強盛局面又保持了幾十年。宣帝統治期間，「吏稱其職，民安其業」，號稱「中興」。應該說，宣帝統治時期，是漢朝武力最強盛、經濟最繁榮的時候，因此史書對宣帝大為讚賞，曰：「孝宣之治，信賞必罰，文治武功，可謂中興。」

歷史事件的發生，往往是綜合因素的共同作用。筆者認為，劉賀之所以很快就被廢黜，除了他荒唐透頂這一眾所周知的原因之外，還有一個重要因素，就是政治權力的角逐。劉賀被擁立為帝，本應重用以霍光為首的、擁立他為皇帝的朝廷大臣，維護他們在朝中的既得利益；然而劉賀不僅沒有這樣做，反而將原來昌邑國的全套人馬都帶到長安，權力與利益的鬥爭，對於在朝中還沒有根基的劉賀來說，只有被廢黜的一條路了。下詔廢黜劉賀皇位的皇太后，年僅十五歲，朝廷的實際權力其實掌握在大將軍霍光的手裡。透過廢立，權臣霍光的地位和權力更穩固了，《資治通鑒·漢紀十六》中這樣記載：「及昌邑王廢，光權益重。」

史上賣官最瘋狂的皇帝

官職者，國家之名器也。歷史上的那些腐敗王朝，大都存在買官賣官的現象。但即便是很腐敗的朝廷，在賣官時也是遮遮掩掩、巧立名目操作。然而，歷史上有一位皇帝，卻將賣官行為推向極致：不僅堂而皇之專門開了個賣官店、明碼標價公開售官，而且將賣官鬻爵行為制度化和持續化，公開賣官長達七年之久。

這位腐敗透頂的皇帝，就是東漢第十一位皇帝漢靈帝劉宏。漢靈帝與其前任漢桓帝的統治時期，是東漢最黑暗的時期，諸葛亮的〈出師表〉中，就有劉備每次「嘆息痛恨於桓靈」的陳述。

漢靈帝劉宏能登上皇位是幸運的。他的前任漢桓帝劉志，三十六歲就死了，身後無一子嗣。年輕的竇皇后（桓帝死後被尊為太后）及其父親竇武，為了便於控制朝政，就將繼承人的年齡設定在少年。便鎖定了漢桓帝的親堂侄、當時只有十二歲的劉宏。劉宏是漢章帝玄孫，劉宏的曾祖父是河間王劉開，父親解瀆亭侯劉萇與桓帝劉志是堂兄弟。

漢桓帝永康元年（西元一六七年），光祿大夫劉儵與中常侍曹節，帶領中黃門、虎賁、羽林軍一千多人，前往河間迎接劉宏。第二年正月二十日，小劉宏來到夏門亭，竇武親自持節用青蓋車把他迎入殿內。第二天，劉宏在權臣竇武等的安排下登基稱帝，改元為「建寧」。就這樣，劉宏便懵懵懂懂由一個本無前途的皇族旁支子弟，一下子君臨天下了。

漢桓帝留給漢靈帝的是一個千瘡百孔的爛攤子。漢靈帝即位後，漢王朝政治已經十分腐敗了，天下旱災、水災、蝗災泛濫，怨聲載道，百姓民不聊生，國勢進一步衰落。再加上宦官與外戚奪權，最後宦官推翻外戚竇氏，並軟禁竇太后，奪得大權，又殺正義的太學生李膺、范滂等一百餘人，流放、關押八百多人，多慘死於獄中，並折磨死了敢於仗義執言的太傅陳蕃（陳蕃的名言「一屋不掃，何以掃天下」對後世影響極大），賢能忠義等勢力遭到徹底打擊。宦官們透過鎮壓，消除了與自己直接抗衡的力量，宦官專權達到了歷史頂峰。宦官是一個十分腐朽的政治集團，身體的殘缺和社會的鄙視，使得他們具有卑劣的人格和極強的報復心理。因而當這個集團左右了皇帝、操持了朝政後，東漢的命運便不可避免走向衰落。

而昏庸荒淫的漢靈帝，除了沉湎酒色以外，還一味寵幸宦官，尊張讓等人為「十常侍」（常侍是宦官中權勢最大的職位，負責管理皇帝文件和代表皇帝發表詔書），並常常無恥說「張常侍乃我父，趙常侍乃我母」。宦官仗著皇帝的寵幸，胡作非為，對百姓勒索錢財，大肆搜刮民脂民膏，可謂腐敗到極點，朝野上下怨聲載道。

漢靈帝十分好淫，他在後宮裡隨時看中了哪個女子長得美豔，就拉到床上交歡。為了便於臨幸，這些後宮美豔女子都得穿開襠褲。中平三年（西元一八六年），漢靈帝在西園修建了千間裸遊館，靈帝與眾多的姬妾在這裡裸體遊玩，經常通宵達旦。靈帝又讓宮內的內監學雞叫，在裸遊館北側修建了一座雞鳴堂，裡面放養許多雞。每當靈帝在醉夢中醒不過來時，內監們便爭相學雞叫，以假亂真來喚醒靈帝。

漢靈帝酷愛做生意，堪稱歷史上第一個皇帝商販。他在後宮專門開闢了「宮中市」，仿造街市、市場、各種商店、攤販，讓宮女嬪妃一部分扮成各種商人在叫賣，另一部分扮成買東西的客人，還有扮成賣唱、要猴戲的，他自己則穿上商人的衣服，裝成是賣貨物的商人，在這人造的集市上走來走去，或在酒店中飲酒作樂，或與店主、顧客相互吵嘴、打架、廝鬥，好不熱鬧。靈帝混跡於此，玩得不亦樂乎。肆中的貨物都是搜刮來的珍奇異寶，被貪心的宮女嬪妃陸續偷竊，甚至為了你偷的多、我偷的少而暗中爭鬥不休，靈帝卻一點也不知道。靈帝還用驢駕車，親自操轡執鞭，驅馳於苑中，這件事被京城的百姓知道了，爭相仿效，一時本來低廉的驢價驟然上漲，與馬的價格相同。

如此的荒唐行徑，我們倒還能容忍，因為畢竟對國家沒造成多大的損失。但可悲的是，漢靈帝很快就把他對商業的愛好發展到賣官鬻爵的方面了，這樣一來，後果之嚴重自然不堪設想。

漢靈帝之前的一些皇帝，也曾有過賣官的現象，但都只是偶爾為之，而且所得錢款一般都是「佐國之急用」；而到漢靈帝之時，一切都是赤裸裸的。最為荒唐的是，漢靈帝竟然在西園創辦了一間官吏交易所，明碼標價，公開賣官。賣官所得錢款都流入了漢靈帝自己的腰包。漢靈帝親自制定賣官的規定是：地方官比朝官價格高一倍，縣官則根據所治縣的大小貧富而價格不一；官吏的升遷也必須按價納錢。一般來說，官位的標價是以官吏的年俸計算，如年俸二千石的官位標價是二千萬錢，年俸四百石的官位標價是四百萬錢，也就是說，官位的價格是官吏年收入的一萬倍。除固定的價特別，還根據求官人的身價和擁有的財產隨時增減。

漢靈帝賣官可謂雁過拔毛，不放過任何機會，連功勞很大、聲望也很高的張溫、段熲等人，也都是給漢靈帝先交足了買官的錢，才登上公位。關於這一點，《資治通鑑》中有記載：「張溫等雖有功勤名譽，然皆行輸貨財，乃登公位。」及至後來更變本加厲，以後官吏的調遷、晉升或新官上任，都必須支付三分之一或四分之一的官位標價，也就是說，官員上任要先支付相當他二十五年以上的合法收入。許多想做官的人都因無法交納如此高額的「做官費」，只好望洋興嘆，徒喚奈何。

崔烈買官的故事十分搞笑：崔烈出身於北方的名門望族，歷任郡守及朝廷卿職。中平二年（西元一八五年）三月，崔烈想當司徒，便透過關係，花了五百萬買了個司徒。到冊拜之日，宮廷舉行隆重的封拜儀式，靈帝親臨殿前，百官肅立階下。望著崔烈春風得意的樣子，靈帝突然覺得他這司徒一職來得太便宜了，忍不住惋惜，對隨從親信碎念：「這個官賣虧了，本來該要他一千萬的。」旁邊的中常侍便插嘴道：「他能出五百萬，已經很不錯了。陛下您要有點品牌意識，像崔公這樣的冀州名士，豈肯輕易買官？現在連他都認可陛下的產品，正好幫我們做免費廣告，以後這官位就會更暢銷了。」事後，崔烈有一天問兒子崔鈞：「吾居三公，於議者何如？」意思是說，人們對我當上三公有何議論。崔鈞據實相告：「論者嫌其銅臭。」這就是「銅臭」一詞的來歷。

崔烈所買到的司徒一職，與太尉、御史大夫合稱「三公」，是掌握軍政大權、輔佐皇帝的最高長官。賣官已賣到朝廷的最高官職——三公，堂堂皇帝竟然貪婪的像買賣貨物那樣，討論三公的價格，真是滑天下之大稽，荒唐到無以復加了。

漢靈帝賣官還推行了競標法，求官的人可以估價投標，出價最高的人就可中標上任。

漢靈帝賣官不僅公開化，而且還具有制度化和持續化的特點。從光和元年（西元一七八年）一直持續到中平六年（西元一八四年），漢靈帝不亦樂乎做了七年的賣官生意，將官場弄得烏煙瘴氣，使原本就風雨飄搖的漢室更是雪上加霜。

皇帝尚且如此，自然是上行下效，那些貪官酷吏更是變本加厲搜刮、盤剝百姓，榨取更多的錢財來買更大的官，然後利用手中更大的權力來撈取更多財富。

靈帝曾在西園遊樂場與一班無賴子弟玩狗，並為狗戴上進賢冠和綬帶。東漢的進賢冠為文官所用，前高七吋，後高八吋，長八吋。為狗戴上文官的帽子，不知是對官吏的一種侮辱，還是對狗的一種侮辱。

朝政腐朽黑暗，各地遍布貪官汙吏，土地兼併十分嚴重。百姓再也忍受不了剝削與壓榨，紛紛走上反抗的道路，各地起義連年不斷，從建寧元年（西元一八六年）到中平元年（西元一八四年）的十多年時間內，見於史籍記載的農民起義不下十幾起。漢靈帝中平元年，也就是西元一八四年（甲子年），鉅鹿（今河北涿州）人張角兄弟三人，以「蒼天已死，黃天當立，歲在甲子，天下大吉」為名舉行起義，史稱「黃巾之亂」，這次起義所向披靡，給病入膏肓的東漢王朝以沉重打擊。雖然被鎮壓，但是影響極大，從此東漢王朝名存實亡。

西元一八九年，昏庸的漢靈帝在淒風苦雨中結束了他的一生，終年三十四歲。漢靈帝一生嬪妃眾多，所生皇子也有十幾個，但存活下來的只有兩個：劉辯和劉協。漢靈帝死後，十四歲的皇長子劉辯被何太后和何進立為皇帝，史稱漢少帝；後董卓入朝亂政，強迫何太后詔策廢除少帝，貶為弘農王；立漢靈帝的另一個兒子陳留王劉協為帝，史稱漢獻帝，也是漢朝四百年歷史中的最後一個皇帝。

中國歷史上第一個染髮的皇帝

染髮是現在流行的一種活動，年輕人將黑髮染成了紅發、黃髮，是為了追求時髦、凸顯個性；中老年人把白髮染成黑髮，則是為了增加活力，更年輕。其實，染髮現象並非當代所獨有，而是源遠流長，自古有之。包括皇帝在內的古代上層社會，有過此舉的人不勝枚舉，王莽便是中國歷史上明確記載第一個染髮的皇帝。

對於普通人來說，染髮無非就是為了美觀，目的比較單純；而對於帝王將相那些政治人物來說，他們的言行舉止，包括染髮這一生活細節，都往往與政治掛鉤。如南唐開國皇帝徐知誥初當宰相時，因擔心「非老成不足壓眾」，於是「服藥變其鬚鬢，一日成霜」；後來，徐知誥的做法被宋朝的寇準效仿，「宋寇萊公急欲作相，其法亦然」（《北江詩話》）。顯然，此二人透過服藥讓頭髮變白，都是為了裝成熟、扮滄桑，目的是為了在政治上更加穩固。與他們相比，新朝皇帝王莽將白髮染成黑髮，又是為了什麼呢？

王莽（西元前四十五年～前二十三年），字巨君，祖籍魏郡元城（今河北大名），後遷至濟南東平（今山東章丘）。王莽自幼喪父，姑姑王政君當了皇后之後，他的叔叔伯伯均被封侯，唯獨王莽的父親早亡未得封賞。家道不幸，家境寒酸，使王莽從小就恭儉有禮，廣交名人儒士，因此頗受讚譽。後來，在大伯王鳳的舉薦下，王莽當上了黃門郎，不久又升為射聲校尉，掌管弓弩兵。綏和元年（西元前八年），王莽被封為大司馬。此後，王莽的政治地位不斷上升，從大司馬到宰衡，最後當上了「攝皇帝」，總攝國家大事。居攝三年（西元八年），野心勃勃的王莽代漢自立，建立兩漢之間短暫的新朝。

王莽的書生氣息很重，執政後推出的一系列意「復古」的改革計畫，富於幻想，過於荒誕，非但沒有推動社會的進步，反而阻礙了社會發展。拿著一本老掉牙的《周禮》，不顧實際情況，一味硬套，不僅加重了勞動人民的負擔，同時也觸動了官僚地主、富商大賈的利益。無論是黎民百姓，還是豪強地主，都對這個渾身上下散發迂腐氣息的新朝感到失望痛恨，各地起義連綿不絕，風起雲湧。推翻新朝、打倒王莽，一時間成為當時社會的主流呼聲。強大的綠林軍、赤眉軍攻城略地，所向披靡，從蠶食到鯨吞，迅速向新朝的統治中心長安逼近。到了地皇三年（西元二十二年），王莽的新朝已經到了分崩離析的境地。

地皇四年（西元二十三年）正月，綠林軍擁立劉玄為皇帝，年號更始。遭此大變，王莽猶如五雷轟頂，寢食難安，《漢書》稱其「聞之愈恐」。然而，一向自負的王莽不甘心失敗，他要做最後的掙扎，寄希望於萬一。為此，他必須向爪牙示以鎮靜，以安人心，即《漢書》提到的「欲外視自安」。搜尋枯腸後，王莽想到了透過大辦婚禮來欺人惑眾的方法。自從王皇后死後，皇后的位子一直空著。舉辦一場皇帝大婚的盛大禮典，立一名皇后，或許會有粉飾太平的作用。出於這種想法，王莽在農民起義的吶喊聲中，向全國下發了選美詔令，一批美女被選送進京師長安。經過層層篩選，王莽最後選定杜陵史家的女兒為皇后。這一年，王莽六十八歲，已是皓首白鬚的老翁了。

王莽是個飽讀詩書之人，他不可能不知道人老髮衰的自然規律，不可能不明白再好的染髮劑也擋不住歲月的洗禮。然而，到了三月大婚那天，王莽卻將自己花白的頭髮連同鬍子染成黑色，「乃染其鬚髮」（《漢書》），將自己打扮成了一名貌似精壯的年輕人。王莽用什麼方法將鬚髮染成黑色，正史中沒有記載，《漢史演義》稱「莽年已六十有八，鬚髮盡白，他卻用煤塗髮，用墨染鬚，假充壯年男子」，這顯然有戲說和嘲諷之意。

王莽原本就善於在頭髮上做文章，大伯王鳳病重時，王莽「侍疾，親嘗藥，亂首垢面，不解衣帶連月」（《漢史》）。試想，王莽當時再孝順、再投入，還不至於抽不出一點時間來洗臉梳頭，可他卻故意把頭髮弄得亂蓬蓬，把臉蛋弄得髒兮兮，以此來表現他在照料王鳳問題上的無暇自潔和忽視自我。正是這副「亂首垢面」的可憐相，最終感動了王鳳，感動了皇帝。如果當時有「感動中國十大人物」評選活動，王莽無疑會榮登榜首。數十年後，王莽在大婚時故技重演，又在頭髮上作秀，應該是很自然的事情。

在歷代皇帝中，王莽是第一個染髮的皇帝。那麼，王莽為何要把頭髮鬍子染成黑色呢？筆者認為主要有兩個原因。其一，王莽是個很注重面子的人，大婚時已年近古稀，而史皇后卻正處妙齡，這種年齡上的巨大反差，會讓一些人認為王莽老來荒淫，有老牛吃嫩草之嫌；其二，王莽自知大廈將傾，眾叛親離，染髮是為了製造假象，讓人看到自己還很年輕，身體還很硬朗，還有足夠的精力來穩定政局，力挽狂瀾，應付農民起義軍。

然而這一切都是徒勞，地皇四年（西元二十三年）十月，也就是大婚七個月後，起義軍便攻破了城門，存活了十五年的新莽政權就此傾頹。原本想用大婚和染髮扭轉敗局的王莽，最終在刀光劍影中慘烈身死。

王莽死後，起義軍「斬莽首，軍人分裂莽身，支節肌骨臠分，爭相殺者數十人」（《漢書》）。王莽的腦袋先被送到王憲手中，不久又被送到了更始帝劉玄帳中。劉玄下令將王莽的腦袋掛在宛市（今河南南陽）的城門上示眾。對王莽恨之入骨的黎民百姓「共提擊之」。提，擲也，也就是說，人們朝著王莽腦袋投擲東西。甚至有人因王莽生前說了很多謊話，深受其害，竟然「切食其舌」（《漢書》）來洩憤。王莽那顆高貴的腦袋最終被毀掉，連同上面的黑色鬚髮。

話說回來，如果這顆腦袋能夠被妥善保管並流傳到現在的話，憑藉當下先進技術，說不定還能檢測出王莽當年是用什麼東西染髮。

歷史上真正的「白痴皇帝」是誰？

說起「白痴皇帝」，多數人把票投給了晉惠帝司馬衷。平心而論，司馬衷雖然「不慧」，有庸的一面，有昏的一面，但他口齒伶俐，思維敏捷，對外界事物較敏感，情感比較豐富，生育能力也不錯，並且生有「幼而聰慧，武帝愛之……奇之」（《晉書》）的太子司馬遹，所以絕不是醫學上所講的白痴。關於這個問題，筆者曾在〈被誤讀千年的「白痴皇帝」司馬衷〉一文中闡明，此處不再贅述。那麼，歷史上有沒有真正意義上的「白痴皇帝」呢？有。這位一直被遺忘的「白痴皇帝」，便是晉安帝司馬德宗。

關於司馬德宗的生理狀態，各種史籍的記載如出一轍。《晉書．安帝紀》稱「帝不惠，自少及長，口不能言，雖寒暑之變，無以辨也。凡所動止，皆非己出」；《資治通鑑》稱「安帝幼而不慧，口不能言，至於寒暑饑飽亦不能辨，飲食寢興皆非己出」；《續晉陽秋》稱「安皇不慧，起居動止不自己出，（恭）帝每侍左右，消息涼溫饑飽之中，而恭謹備焉」。從小到大，從生到死，晉安帝不會說話，不知饑飽，不辨寒暑，吃喝拉撒一律不能自理，大小事務全靠別人照顧，這種真正意義上的「白痴皇帝」，在歷代皇帝中僅此一例。

晉安帝的先天性白痴，可以說是他的父親——晉孝武帝司馬曜長期酗酒所造成。現代醫學證明，酒精能影響精子活動，降低精子品質，造成精子畸形，對生殖細胞和胚胎發育破壞力也極大，嚴重還會生出畸形怪胎。司馬曜喝起酒來不管不顧，「溺於酒色，始為長夜之飲……醒日既少」，往往「肆一醉於崇朝，飛千觴於長夜」（《晉書》），「嗜酒，流連內殿，醒治既少，外人罕得進見」（《資治通鑑》）。在酒精長年累月的侵蝕毒害下，司馬曜生育能力下降甚劇，不僅生子寥寥無幾，而且生出了超級智障的兒子司馬德宗。

歷史上真正的「白痴皇帝」是誰？

司馬德宗（西元三八二年～四一八年），司馬曜之子，東晉第十任皇帝。司馬曜共有兩子，長子為司馬德宗，幼子為司馬德文，司馬德宗比司馬德文大四歲，生母均為陳淑媛。太元十二年（西元三八七年），司馬德文已經開始蹣跚走路、牙牙學語，而六歲的司馬德宗仍不會說話。司馬曜明知司馬德宗是個白痴，智力遠不及小兒子司馬德文，將來不能擔當國家重任，但為了維護「立長」的傳統皇位繼承制，仍咬牙將他立為太子。太元二十一年（西元三九六年），司馬曜因為一句玩笑話，在醉夢中被張貴人害死，司馬德宗即位，從此揭開了他沉淪起伏的屈辱悲劇命運。

司馬德宗先天不足，坐不止，站不穩；長大後，體能雖然增進了不少，但不能像正常人那樣面南背北，發號施令，治理國家。在人們眼裡，司馬德宗只是一個符號，一個象徵，一個名義上的最高統治者，而他本人只是一具只會吃飯的傀儡。即便如此，他頭上那頂皇帝的帽子卻惹人垂涎，受人利用。所以，司馬德宗即位後，隨即成為權臣把持朝政的擋箭牌和爭權奪利的護身符。司馬德宗在位期間，朝政大權先後落在了司馬道子、司馬元顯、桓玄和劉裕之手。所以，了解「白痴皇帝」司馬德宗，必須從這四人說起。

司馬道子是司馬曜的弟弟，初為司徒、會稽王。司馬德宗即位後，以「道子為太傅，攝政」，司馬道子以親叔叔的身分輔政，掌握了東晉大權。隆安元年（西元三九七年），司馬德宗十六歲，「加元服，改元，增文武位一等。太傅、會稽王道子稽首歸政」（《晉書》），名義上雖然「親政」，但朝政大權實際上仍由司馬道子把持。司馬道子昏聵懦弱，聽信奸佞，專事聚斂，奢侈無度，朝政日趨腐敗，地方勢力不斷膨脹，農民起義屢屢爆發，東晉王朝威信掃地，中央權力驟然衰減，「德宗政令所行，唯三吳（吳郡、吳興、會稽）而已」（《魏書》）。

隆安元年（西元三九七年），京口守將王恭、江陵守將殷仲堪，因不滿司馬道子，憤然舉兵對抗朝廷，桓玄、庾楷等人也紛紛響應。面對四路大軍，司馬道子不知所措，索性將政權全部交給兒子司馬元顯。

司馬元顯比較聰明，雖然透過策反利誘、借刀殺人、以敵制敵等方法，除掉了王恭和殷仲堪兩大勢力，桓玄卻乘機占據了江陵，進而控制了東晉三分之二的領土。桓玄是一個野心很大的人，向來藐視皇權，覬覦皇位，實力大增後變得更加桀驁不馴。司馬元顯不能容忍桓玄實力增強，積極謀劃除掉對手桓玄，期間，司馬德宗被派上了用場。

元興元年（西元四〇二年）正月，司馬元顯以司馬德宗的名義下詔書，公布桓玄種種罪狀，自任大都督，調兵遣將，征討桓玄。與此同時，桓玄也發出檄文，羅列了司馬元顯的一大堆罪狀，兵鋒直逼國都建康，矛頭直指司馬元顯。火是誰點起來的，只能由誰去滅。司馬元顯畢竟年輕，因懼怕桓玄威名，遲遲不敢出兵。二月，大臣們特意為司馬德宗換了身軍裝，扶著他到西池，為司馬元顯踐行，以示重視，「帝戎服餞元顯於西池」（《晉書》）。皇帝都出面了，司馬元顯只好硬著頭皮出征，結果不戰而敗，不久被殺，司馬道子也被流放。

占據建康後，桓玄歷任太尉、楚王，統領百官，大權獨攬。司馬德宗也由此轉手，再次成為權臣操控下的傀儡。桓玄初入建康，作了一些黜奸佞、擢良才的政治秀，很快便原形畢露，驕奢淫逸。後來，三吳一帶發生大饑荒，餓殍無數，桓玄照舊大吃大喝，卻大幅削減了司馬德宗的供養，「玄削奪德宗供奉之具，務盡約陋，殆至饑寒」（《魏書》）。與此同時，桓玄也加快了篡位的步伐。元興二年（西元四〇三年）十一月，桓玄命卞範之扶著司馬德宗的手，寫下禪位詔書，又命王謐解下了司馬德宗的璽紱，司馬德宗莫名其妙下了台。

桓玄沒有殺掉司馬德宗，而是將他安置到潯陽，封固安王，這也可以佐證司馬德宗是個白痴，桓玄根本沒把他放在眼裡。桓玄稱帝後，朝令夕改，紀綱不整，廣建宮室，大興土木，政局變得動盪不安，地方將領蠢蠢欲動。元興三年（西元四〇四年）四月，劉裕舉兵京口，匡扶晉室；劉毅在廣陵響應，聲勢浩大。做賊心虛的桓玄急忙挾持司馬德宗，從潯陽逃往江陵。逃亡期間，桓玄「經日不得食，左右進以粗粥，咽不能下」（《魏書》），連他自己都吃不上、喝不上，哪裡顧得上司馬德宗。「白痴皇帝」司馬德宗淪落到如此境地，讓人可憐。

桑落洲、崢嶸洲兩次兵敗後，桓玄主力殆盡。大勢已去，桓玄急於逃命，把司馬德宗丟在江陵，帶領部分親信逃往四川，路上被劉毅將士殺死，與此同時，桓氏一族遭到了清算。五月，劉毅率兵占據江陵，司馬德宗「復幸江陵」，暫時脫離了苦海。然而，到了閏五月，桓玄的侄子，也就是成為漏網之魚的揚武將軍桓振，卻伺機再次攻陷江陵，劉毅等人只好退守潯陽，「帝復蒙塵於賊營」（《晉書》），司馬德宗又一次落入敵手。當時，司馬德宗身邊只剩下司馬德文，由司馬德文照顧其生活起居，這對痴兄難弟在桓振的挾持下相依為命。

桓振控制江陵後，報仇心切，便闖入司馬德宗的住處，瞪圓雙眼，怒氣沖忡說：「臣門戶何負國家，而屠滅若是。」桓氏家族哪裡對不起國家，竟遭到滅族慘禍！同時，桓振「躍馬奮戈，直至階下」（《晉書》），想了結司馬德宗的命。司馬德宗是個白痴，根本不清楚此時命懸一線。關鍵時刻，還是司馬德文反應快，為司馬德宗解了難。司馬德文對桓振說：「這並非我們的主意，你沒看到我們兄弟二人的處境嗎？」一句話說得桓振下馬拜服。元興五年（西元四〇五年）三月，司馬德宗被迎回建康，在遭廢黜的一年零四個月後重登皇位。

在劉裕的控制下，「白痴皇帝」司馬德宗只能再次淪落為傀儡。此後，劉裕歷任相國、宋公、宋王，都督中外諸軍事，掌握東晉的軍政大權，等待時機取而代之。到了義熙十四年（西元四一八年），劉裕的勢力和聲望如日中天，改朝換代易如反掌，但想到「昌明之後有二帝」（《晉書》）的讖語，認為司馬德宗之後應該還有一位東晉皇帝，便尋找機會害死司馬德宗。司馬德文看穿了劉裕這一心機，於是形影不離守候在胞兄身邊，使劉裕下不得手。十二月，劉裕利用司馬德文「有疾，出居於外」（《資治通鑑》）的空當，派人縊死了司馬德宗。

六歲封太子，十五歲登基，司馬德宗歷經數次轉手，最終沒能逃過死劫，享年三十七歲。司馬德宗生前立有王皇后，但以他的生理狀態，二人只能是名義上的夫妻。司馬德宗有沒有其他妃嬪，史料不詳。不過，司馬德宗生理畸形，基因變異，所以一生無兒無女。為了再立一位皇帝，劉裕將司馬德文推上龍椅，是為晉恭帝。元熙二年（西元四二〇年）六月，劉裕逼迫司馬德文禪位，東晉滅亡。兩晉政權的奠基者司馬懿「聰明多大略」（《晉書》），可後代偏偏出了個「白痴皇帝」司馬德宗，如果泉下有知，司馬懿一定會再氣死一次。

哪個皇帝越來越不說「人話」？

有的皇帝早年很聰明，後期很糊塗；有的皇帝早年很振作，後期很頹靡；有的皇帝早年很能幹，後期很荒淫；有的皇帝早年很仁厚，後期很殘暴。相比之下，前秦皇帝苻健的前後變化則相當特殊，相當另類。年輕時，苻健很會說話；然而，到了晚年，苻健卻變得越來越不會說話，而且越來越不說人話。在中國歷代強勢皇帝中，因為說了不該說的話、說了不像是人所說的話，而險些招來殺身之禍的，恐怕也只有苻健了。

苻健（西元三一七年～三五五年），字建業，苻洪第三子，十六國時期前秦皇帝。關於苻健的身世，有一段傳奇故事：他的母親姜氏嫁給苻洪後一直不孕，一天夜裡，姜氏做了個夢，夢見一名身材碩大、渾身是毛的人熊來到自己身邊；事後，姜氏發現懷孕，後來便生下了苻健。對此，《晉書．苻健載記》稱「初，母姜氏夢大羆而孕之」。故事是真是假，苻健是不是大羆投胎，後人一眼望穿；不過，苻健「初名羆」（《魏書．苻健列傳》）倒是真的。

說苻健，不能不提到他的父親苻洪。苻健從小隨苻洪戎馬，飽受流離顛沛之苦。後趙延熙元年（西元三三三年），苻洪被迫歸降後趙，被石虎任命為冠軍將軍。石虎對苻洪非常賞識，先是「委以西方之事」，不久提拔他為龍驤將軍、流人都督。苻洪「多權略，驍武善騎射」，幾年下來戰功累累，又被封為西平郡公，關內領侯將，成為後趙數一數二的人物。苻洪得勢，讓石虎的養孫冉閔心裡很不痛快，於是冉閔以「苻洪雄果，其諸子並非常才」（《晉書．苻洪載記》）為由，建議石虎祕密除掉他。

石虎性格很複雜，所以對苻洪既愛又怕，他一面「待之愈厚」（《晉書．苻洪載記》），一面又「心實忌之」。為了防患於未然，石虎祕密謀殺了苻洪的幾個兒子，以削其羽翼；不過石虎揮刀時，偏偏放過了苻健。石虎不殺苻健，是因為苻健有可愛之處，即「好施，善事人」（《晉書．苻健載記》），石虎捨不得殺他。花錢討好人不足為奇，隨便一個人就能辦到；但察言觀色，見風使舵，與人周旋，八面玲瓏，見人說人話，見鬼說鬼話，可不是一般人能夠辦到，苻健在這方面是個高手。

說話需要天賦，更多的是後天養成。苻健自幼飄零，寄人籬下，仰人鼻息，洞悉炎涼，在猛虎邊生活，在懸崖上生存，嘴巴甜，是他保住小命的必備條件。苻健送了什麼高帽、拍了什麼馬屁，史官們沒有記錄下來，但他「甚為石季龍（石虎）父子所親愛。季龍……乃陰殺其諸兄，而不害健也」（《晉書．苻健載記》），說明苻健嘴巴肯定抹了油，顯然是得到了石虎父子的歡心，不然他很難逃過這一劫。

石虎死後，石遵即位，冉閔掌握了大權，苻洪的好日子算是走到了頭。不久，苻洪因都督一職被免，一氣之下帶著苻健歸降了東晉。後來苻洪又脫離東晉，自稱大單于、三秦王，在冀州草創了一個相對獨立的政權。東晉永和六年（西元三五〇年），苻洪遇害，苻健掌權，成為新一任秦王。鑒於東晉強大，難以抗衡，出於策略上的考慮，苻健「去秦王之號，稱晉爵，遣使告喪於京師，且聽王命」（《晉書．苻健載記》），打出了尊晉的旗號。

為了完成父親遺志，苻健看準機會，挺進關中，另派侄子苻菁率偏師攻打河東。用人之際，苻健的嘴巴又派上了用場。在盟津分別時，苻健拉著苻菁的手說：「事若不捷，汝死河北，我死河南，不及黃泉，無相見也」（《晉書．苻健載記》）。明明是讓苻菁分兵吸引敵軍注意力，卻偏偏說出這番叔侄同命、共同赴死的話，話說得驚天地，泣鬼神，有水準，夠歹毒。幸虧苻菁神勇，歷經萬難，才與苻健的先鋒苻雄會攻於長安。

權力容易暴露人的本性，也容易讓人滋生一些毛病。占據關中，有了穩固的根據地後，苻健說話開始變味。賈玄碩等人聯名上表，奏請苻健為大單于、秦王。這等好事換作別人，說不定會恭讓一番；即使不滿意，最起碼要對手下還以微笑。可苻健當即火冒三丈，「怒曰：我官位輕重，非若等所知！」（《晉書．苻健載記》）苻健野心很大，覺得當秦王屈才，便把氣出在手下頭上，這些可都是些為他流血賣命的人啊！萬里長征剛邁出第一步，苻健就迫不及待表現出言語上的野蠻霸道。

賈玄碩等人看到這架勢，一時不清苻健的真實意圖，索性閉口不言。沒過多久，苻健便有些沉不住氣了，迫切需要眾星捧月。為了保住自己的面子，苻健「潛使諷玄碩等使上尊號」（《晉書．苻健載記》），暗地派人勸賈玄碩等人：你們擁立我為帝王不就行了？這一招果然奏效。東晉永和七年（西元三五一年），苻健稱天王、大單于，建元皇始，設置百官，國號大秦，大赦境內，當起了「準皇帝」。時間不長，苻健覺得當天王還不稱心，又於皇始二年（西元三五二年）舉行隆重登基大典，如願以償正式當了皇帝。

屁股決定嘴巴，皇帝是一國之君，一字一句都要注意影響。照理說，苻健當了皇帝，應該有個當皇帝的樣子，但是恰恰相反。苻健即位後，權力大了，位子高了，說話也變得相當隨便，甚至出口傷人，張嘴辱人。在這方面，張遇就是個例子。張遇曾為東晉鎮西將軍，後因受到謝尚的歧視和排擠，迫不得已投靠苻健。張遇父母早亡，繼母韓氏尚在，隨張遇生活在許昌軍營之中。張遇歸秦後，韓氏也一同來到長安。韓氏雖然徐娘半老，但風韻猶存，苻健垂涎美色，便將其納入後宮，封為昭儀。不久，張遇也因此被封為司空，位列三公。

苻健霸占繼母，張遇心裡很痛苦，但他寄人籬下，只能含垢忍恥。然而，苻健得了便宜賣乖，偏偏要一次次往張遇傷口上撒鹽，生怕他忘了這件事。《晉書．苻健載記》稱苻健「每於眾中謂遇曰：卿，吾子也」；《資治通鑑》稱「秦主健納張遇繼母韓氏為昭儀，數於眾中謂遇曰：卿，吾假子也」。不管是「子」，還是「假子」，但凡有骨氣、不彎腰、不缺鈣的男人，寧肯丟帽子，寧可掉腦袋，也斷然不給外人當兒子，何況對方還是一個如此素養的胡人。

張遇是漢人，非常注重禮義、道德和人倫，自尊心也很強。張遇雖然位列三公，但因為繼母改嫁一事，在人前一直抬不起頭來，一天到晚默默做事；可苻健故意在大庭廣眾喊他為兒子，張遇哪裡能受得了這份氣。個人仇恨，民族隔閡，使張遇對苻健日益生恨，決心重新回歸正統天朝，並暗中聯絡關中豪傑，想把苻健首級和雍州作為見面禮獻給東晉。前秦皇始三年（西元三五三年）七月，張遇與劉晃密謀夜襲苻健，由劉晃開門接應。不料，劉晃當天被派了外出差事，張遇不知此事，導致事情敗露，張遇被殺，苻健逃過此劫。

當時，苻雄等悍將在外征戰，朝中空虛。若不是張遇計劃不周，苻健那句有辱人格的話，很有可能就讓他腦袋搬家。禍不單行，苻健類似的遭遇還有一例。皇始五年（西元三五五年），苻健身染重病，臥床不起，侄子苻菁趁機搶班奪權。苻健稱帝後，先立苻萇為太子，苻萇死後，又立苻生為太子，這件事讓苻菁很惱火。在苻菁看來，苻健寧可傳位獨眼龍兒子，也不會想起他這個侄子。想起苻健當年把他往死路上推，想起「汝死河北，我死河南」的花言巧語，苻菁氣得咬牙切齒，於是謊稱苻健已死，煽動將士殺進皇宮。苻健聞聽有變，從病榻上艱難爬起。叛兵見到苻健，「皆捨杖逃散」（《晉書．苻健載記》），苻菁被殺。當年的一句話，又差點要了苻健的命。

能躲過暗殺，能躲過政變，苻健卻躲不過生老病死。苻菁叛亂，苻健連病帶嚇，沒過幾天就奄奄一息了，於是急召苻生入宮，囑以後事。苻健知道苻生是個「凶暴嗜酒」的君主，擔心他不能保全家業，於是拚盡全力留下最後遺言：「酋師、大臣若不從汝命，可漸除之。」（《晉書．苻生載記》）人之將死，其言也善。歷代皇帝臨終前幾乎都要告誡太子積德行善，廣樹恩信，而苻健卻讓苻生「磨刀霍霍向群臣」，臨死也不說人話。不久苻健去世，享年三十九歲，廟號高祖。苻健死後，苻生即位。

在歷代皇帝中，苻生絕對稱得上是一個怪胎。苻生只有一隻眼，而且是「生無一目」。生理上的缺陷，讓苻生早年飽受嘲弄，因而心理變態，生性殘忍。苻健的臨終勸導，最終讓苻生堂而皇之成為一個嗜殺成性的殺人狂。不論該殺還是不該殺，但凡不順眼，一律格殺毋論，殺人成了苻生即位後的主要工作。會見大臣時，苻生常常是弓箭拉緊，佩刀出鞘，各種工具一字排開，「常彎弓露刃以見朝臣，錘、鉗、鋸、鑿備置左右」（《晉書．苻生載記》）。因為苻健一句話，死在苻生手裡的將帥大臣不可勝數。

除了殘暴，苻生比苻健說話還要難聽，可謂青出於藍。如，苻生在詔書中說：「朕受皇天之命……殺不過千，而謂刑虐。行者比肩，未足為稀」，我即位以來，殺了不過幾千人，這算什麼暴虐，大街上人們仍然並肩走路，沒看到人變少啊？又如，境內虎狼吃人，群臣求苻生想辦法，苻生說：「野獸饑則食人，飽當自止，終不能累年為患也。」（《晉書．苻生載記》）虎狼餓了才吃人，吃飽了自然會停下，總不會長年累月吃個不停吧？

你看看，這是人話嗎？這樣的皇帝能做長久嗎？苻生在位不足兩年，因眾叛親離，被堂弟苻堅殺死。

歷史上唯一死於「酒駕」的帝王

酒駕，是如今廣受關注的一個社會問題。從「駕駛」二字來看，無論是駕，還是駛，究其字形和字源，均與馬有關，均是從騎馬行路演變而來。今人飲酒後駕駛，是為酒駕；古人飲酒後騎馬，同樣可以視為「酒駕」。不管是酒後開車，還是酒後騎馬，都是一件非常危險的事情。酒後開車，精神麻痺，極易導致車毀人亡；酒後騎馬，神志不清，同樣可以讓人命喪黃泉。南涼開國之君禿髮烏孤，酒後騎馬墜地重傷，旋即一命嗚呼，成為中國歷史上唯一死於「酒駕」的帝王。

禿髮烏孤，生年不詳，河西（今甘肅西北）鮮卑人，十六國時期南涼政權的建立者。禿髮，不是光頭，而是姓氏。禿髮烏孤的祖先原本沒有姓氏，因為七世祖壽闐是在被窩裡出生，而鮮卑人稱被子為禿髮，所以自壽闐開始以禿髮為姓，又稱禿髮鮮卑。父親禿髮思復鞬擔任鮮卑部落酋長時，一度臣屬於後涼呂光。禿髮烏孤自幼「雄勇有大志」（《資治通鑒》），後來成為後涼將領，繼任酋長後「務農桑，修鄰好」（《晉書》），帶領部落在後涼東南一帶的廣武（今甘肅蘭州）漸漸強盛，於是有了擺脫後涼統治的念頭。

禿髮烏孤的崛起，讓呂光很緊張，加之呂光執政後期，後涼四面起火，內憂外患，統治力量大幅度減弱，呂光不得不對禿髮烏孤加以安撫。後涼麟嘉六年（西元三九四年）六月，呂光派使者冊封禿髮烏孤為假節、冠軍大將軍、河西鮮卑大都統、廣武縣侯。對於這個職位，禿髮烏孤心存不滿。在他看來，禿髮鮮卑「士眾不少，何故屬人」，但部將石真若留卻認為呂光「德刑修明，境內無虞」，如果公開撕破臉，武力對抗，後果難料，不如「受而遵養之，以待其釁耳」（《晉書》）。禿髮烏孤權衡再三，決定接受封號，向後涼稱臣。

臣服不過是禿髮烏孤的權宜之舉。在尊奉呂光的同時，禿髮烏孤四處搶占地盤，不斷擴大勢力。麟嘉七年（西元三九五年），禿髮烏孤打敗青海湖一帶的乙弗鮮卑和湟水流域的折掘鮮卑，並在湟水流域修建了廉川堡（今青海樂都東北），作為自己改旗易幟前的政治中心，從而邁出了重振禿髮鮮卑的第一步。之後，禿髮烏孤又大破盧陵、契汗等叛離禿髮鮮卑的部族，收編了不少將士。呂光無力制止，不得不又封禿髮烏孤為廣武郡公。禿髮烏孤再次接受封號，表示臣服。不久，禿髮烏孤又擊敗河西的意雲鮮卑，勢力再一次擴張。

麟嘉八年（西元三九六年）六月，呂光自稱天王，改元龍飛，大封百官，再次派使者來到廣武，封禿髮烏孤為征南大將軍、益州牧、左賢王。不過，當時益州（今四川一帶）並不屬於後涼版圖。呂光此舉，顯然是希望禿髮烏孤把進攻矛頭指向南方益州，而不是北方後涼。這一封號，說明呂光對禿髮烏孤已經產生了畏懼。禿髮烏孤看穿呂光的企圖，於是趁機大罵呂光「不能以德柔遠……諸子貪淫，三甥肆暴，郡縣土崩，下無生賴」，拒絕接受「不義之爵」，並聲稱「將順天人之望，為天下主」（《晉書》）。實力決定口氣，槍桿出政權。

半年後，也就是後涼龍飛二年（西元三九七年）正月，禿髮烏孤另起爐灶，自稱大都督、大將軍、大單于、西平王，建立南涼政權，年號太初。不久，禿髮烏孤出兵占領了金城，接著打敗了前來反擊的後涼大將竇苟，取得了稱王後的第一個勝仗。此次旗開得勝，使禿髮烏孤信心百倍，決心兼併整個涼州地區，取代呂光。六月，沮渠蒙遜、沮渠男成兄弟擁立建康（今甘肅高台）太守段業為國君，建立北涼，公開與呂光分庭抗禮。北涼的建立，使後涼失去了對張掖以西地區的控制，勢力更加衰弱。這種形勢，對於禿髮烏孤來說是非常有利。

此後，禿髮烏孤對外聯合北涼、西秦，全力進攻後涼，「降（呂）光樂都、湟河、澆河三郡，嶺南羌胡數萬落皆附之」；對內開明統治，禮賢下士，「（呂）光將楊軌、王乞基率戶數千來奔」（《晉書》），一時間國力充盈，人才濟濟。太初二年（西元三九八年）年底，禿髮烏孤改稱武威王（一說烏威王），矛頭直指後涼國都——姑臧（今甘肅武威）。太初三年（西元三九九年）正月，禿髮烏孤將國都從廣武遷至樂都。六月，禿髮烏孤又「以利鹿孤為涼州牧，鎮西平，召車騎大將軍傉檀入錄府國事」（《資治通鑑》），充分做了取代後涼的戰前準備。

然而樂極生悲。就在南涼蒸蒸日上之時，禿髮烏孤卻因為當年八月份的一次意外事故斷送性命，而他的「陰有吞併之志」（《晉書》）也就此終結。關於禿髮烏孤的死，《晉書》稱「是歲，烏孤因酒墜馬傷脅……俄而患甚……而死」；《魏書》稱「烏孤因酒走馬，馬倒傷脅……既而遂死」；《資治通鑑》稱「武威王禿髮烏孤醉，走馬傷脅而卒」；《十六國春秋》也稱「八月，孤因酒走馬，馬倒傷脅……俄而患甚……而薨」。可以說，禿髮烏孤酒後從馬背上墜落，致使「脅」部遭遇重創，於當日不治而亡這一史實，是毋庸置疑的。

脅，腋下之名也，也就是從腋下到肋骨盡處的部分。這個部位非常脆弱，故人們常用「軟肋」形容人或事的缺陷和弱點，也就是薄弱環節。正常狀態下，兩隻手臂自然下垂，對脅部能夠有保護作用。但是，如果像禿髮烏孤那樣酒後走馬（按：駕馬飛奔），一手持轡，一手持鞭，從馬背上摔下來，脅部受到重創在所難免。折斷的肋骨插入肺臟，如果不及時施救，必然會造成呼吸衰竭；再者，從馬上摔下，巨大的衝擊力也會造成內傷，特別是肝臟、脾臟這些比較脆弱的內臟，會瞬間出現裂口，繼而大出血，嚴重休克，甚至死亡。

墜馬後由於酒精麻醉，禿髮烏孤並沒有感覺痛苦，而是自我幽默了一下，「幾使呂光父子大喜」，從其「笑曰」（《晉書》）的表情來看，當時他還沒有醒酒。然而禿髮烏孤摔得不輕，一個「患甚」，一個「俄而」，交代了禿髮烏孤病勢之猛，死亡之快。無論是呼吸衰竭，還是肝脾大出血，哪一種傷情對禿髮烏孤來說都非常凶險。在沒有現代醫學技術的十六國時期，神仙也救不了禿髮烏孤的命。一代非常有潛力的帝王，因為「酒駕」，最終只能帶著深深的遺憾閉上眼睛。

歷史上唯一被地震嚇死的皇帝

地震，這種來自地下的神祕力量，在古代往往被看做是神靈震怒，是上天對執政者的警示和懲罰，「國家將有失道之敗，而天乃先出災害以譴告之」（《漢書》）。董仲舒的這套「災害天譴論」，著實讓皇帝吃了不少苦頭。在這種迷信輿論下，每當有災害，特別是地震發生，皇帝多半會坐立不安、內心忐忑。意志堅強的，或大赦天下，或自我批評，抵擋一下諫臣的唇槍舌劍也就順利過關了；心理脆弱的，或戰戰兢兢，或精神恐懼，嚴重的甚至會像東晉十六國時期的慕容德那樣一命嗚呼。

在歷史上，慕容德稱得上是一位極具傳奇色彩的皇帝。他是未有戰場敗績的皇帝之一，是年逾六旬才登基的皇帝之一，也是墓葬至今未被發現的皇帝之一。除此之外，他的離奇死亡更是一則空前絕後的奇聞。

關於慕容德的死，《資治通鑒》稱「戊午，備德引見群臣於東陽殿……俄而地震，百官驚恐，備德亦不自安，還宮。是夜，疾篤，瞑不能言……尋卒」；《十六國春秋．南燕錄》也稱「引見群臣於東陽殿……俄而震起，百寮驚越，德亦不安，還宮疾甚……是夕薨於顯安宮」。在現有的文獻記載中，慕容德是唯一一位被地震嚇死的皇帝。

慕容德（西元三三六年~四〇五年），字玄明，鮮卑人，慕容垂之弟，南燕開國皇帝。嚴格意義上說，南燕是從後燕分裂而來，慕容德能夠草創政權，還得從北魏那次大舉進犯後燕說起。晉太元二十一年（西元三九六年）八月，拓跋珪率四十萬大軍，兵分三路，對後燕的中山、信都、鄴城發動猛烈攻勢。慕容德雖然取得了鄴城保衛戰大捷，但信都和中山卻被北魏攻陷，國君慕容寶逃跑，後燕政權嚴重受創。晉隆安二年（西元三九八年）正月，慕容德從鄴城移師至滑台（今河南滑縣）代行帝制，「依燕元故事，稱元年，大赦境內殊死已下，置百官」（《晉書》），史稱南燕。

滑台處於平原地帶，一馬平川，四通八達，地少人稀，加上「北通大魏，西接強秦」（《晉書》），南臨東晉，三面俱為強敵，南燕腹背受敵，很難立足。晉隆安三年（西元三九九年）三月，慕容德與前秦對攻之際，不料後院起火，滑台在內奸的策應下被北魏占領，南燕面臨著遷都的重大抉擇。尚書潘聰力排眾議，建議慕容德將目光投向廣固（今山東青州），「青齊沃壤，號曰東秦，土方二千，戶餘十萬，四塞之固，負海之饒，可謂用武之國。三齊英傑，蓄志以待，孰不思得明主以立尺寸之功！廣固者，曹嶷之所營，山川阻峻，足為帝王之都」（《晉書》）。

慕容德接納了潘聰的建議，放棄滑台，穿越黃河，定兗州，拔琅琊，占莒城，克廣固，成功控制了山東全境。晉隆安四年（西元四〇〇年）八月，慕容德在廣固城登基稱帝，大赦天下，更名備德，改元建平，南燕也由此成為幾千年來唯一一個在山東境內建都的王朝。雖然年近古稀，但慕容德壯心不已，他禮賢下士，聽納忠言，發展教育，賞罰分明，盡情展示治國之才。此外，慕容德還特別重視軍隊建設，「講武於城西，步兵三十七萬，車一萬七千乘，鐵騎五萬三千，周亙山澤，旌旗瀰漫，鉦鼓之聲，振動天地」（《晉書》），使南燕雄踞於齊魯。

然而，就在南燕國力蒸蒸日上之時，慕容德的身體卻出現了重大變故。晉元興元年（西元四〇四年）二月，桓玄被劉裕打敗，江南大亂。慕容德聞訊，立刻調兵遣將，準備攻取江南，可後來卻因為突然生病而放棄。對此，《資治通鑑》稱「南燕主備德聞桓玄敗，命北地王鍾等將兵欲取江南，會備德有疾而止」；《晉書》也稱「德聞桓玄敗，德以慕容鎮為前鋒，慕容鍾為大都督，配以步卒二萬，騎五千，剋期將發，而德寢疾，於是罷兵」。慕容德一直對江南虎視眈眈，不久前還揚言要「飲馬長江，懸旌隴坂」（《晉書》）。看來，慕容德確實病得不輕。

慕容德生的什麼病，為什麼突然生病，《資治通鑑》和《晉書》均沒有提及，而據《十六國春秋》

記載，晉元興元年（西元四〇四年）二月，廣固城附近發生了一次地震，「二月，夜，地震，在棲之雞皆驚攪飛散」（《南燕錄》）。從史籍記載來看，這次地震很輕微，不過讓那些正在睡覺的雞「驚攪飛散」而已，難怪正史會將這次地震忽略。然而，慕容德卻非常緊張，想到當時盛行的「災害天譴論」，想到去年四月境內爆發的王始叛亂，「泰山賊王始聚眾數萬，自稱太平皇帝，署置公卿」（《資治通鑑》），慕容德不能不把這次地震看做是上天對他的譴告。

作為馬上皇帝，慕容德有其威武、雄壯的一面，也有其脆弱、憂慮、傷感的一面。這種內心深處的東西，一旦受到外界刺激，常常讓慕容德難以控制，不能自拔，而且年齡越大，反應就越強烈。如登高遠望鼎足山（按：齊國君主陵墓），他發出了「古無不死」的長嘆，且「愴然有終焉之志」（《晉書》）；受命在外的杜弘被強盜殺害，他「聞而悲之」（《晉書》）；聽到母親去世的噩耗，他當著眾人的面「號慟，吐血」（《晉書》）；見到失散多年的侄子慕容超，他「慟哭，悲不自勝」（《資治通鑑》）。在歷代帝王中，像慕容德這般敏感的人，實屬罕見。

對外界事物如此敏感的一個人，一旦遇到老天爺震怒，一旦遇到神靈譴告，一旦發生預示執政者存在嚴重過失的地震，哪怕是一次只能讓雞「驚攪飛散」的輕微震動，慕容德的那根敏感神經如何不緊張，他又如何不恐懼，不生病呢？所以地震過後，慕容德「疾動經旬，幾於不振」（《南燕錄》）。動，即地震，地動；疾動，即因為地動而染疾。這次地震，讓慕容德受了不少苦頭，直到三月份，有人用偏方拿白酒內服外揉，慕容德才緩過來，「以白酒解之，乃瘳」（《南燕錄》）。因此，慕容德才不得不放棄那次進兵江南的絕好戰機。

從此以後，慕容德沉寂了不少。晉義熙元年（西元四〇五年）九月，南燕境內又發生了一件怪事，確切的說，是廣固城附近一條名為女水的小河突然枯竭了，這讓慕容德心裡很不愉快。據《水經注》記載，廣固城「四周絕澗，岨水深隍」，城西為淄水（今淄河），城東為濁水（今北陽河），淄水和濁水之間，有一條很不起眼的小河，這條小河發源於鼎足山下的晏蛾兒墓，故名女水。放在當下，河流枯竭是一種常見的自然現象，不值得大驚小怪，但在古代，由於人們得不到科學解釋，常常把它與政治聯繫，所以女水便成了一條詭祕之河。

《齊記補》稱「女水，東海龍女隱於此……將還，作此水，甚有神焉。化隆則水生，政薄則津竭」；《太平御覽》也稱「齊人諺曰：世治則女水流，世亂則女水竭」。慕容德「博觀群書」，曾專門向晏謨請教「齊之山川丘陵，賢哲舊事」（《晉書》）。所以對於女水，慕容德耳熟能詳。此外，慕容家族最初為逐水草而居的游牧民族，雖然已經遷至農耕地區，但他們潛意識中對水的崇拜心理，也很容易把河流的枯竭視為政權衰亡的先兆。兩種因素交織的影響下，慕容德再次病倒，「汝（女）水竭，南燕主備德惡之，俄而寢疾」（《資治通鑑》）。

躺在病床上，慕容德想了很多。稱帝期間，他勵精圖治，「崇儒術以弘風，延讜言而勵己」（《資治通鑑》），南燕國力強盛，百姓安居，沒有大的「政薄」和「世亂」問題，也沒有國家敗亡的跡象。這些年唯一能讓慕容德感到心虛的，就是當年對後燕和慕容寶的背叛。中山失陷後，慕容寶被迫逃亡，慕容德趁亂建立南燕政權。後來，慕容寶曾一度南下黎陽，準備與滑州的慕容德匯合，並派使臣前去聯絡。這時，慕容寶偶然從樵夫口中得知慕容德已經代行帝制，嚇得又跑回龍城，「知德攝位，懼而北奔」（《晉書》），不久便被蘭汗殺害。

老實說，慕容寶的死，是由慕容德間接造成。照理說這種事情在慕容家族司空見慣，算不上什麼，但慕容德除外。慕容德的地盤是山東，是孔子的故鄉，是儒家思想的發源地和盛行地。稱帝這幾年來，慕容德一直被孔子那套「君君、臣臣、父父、子子」道德倫理所困擾。因為女水枯竭而生病，不能不說是其良心受到譴責的一次體現。慕容德向來以德著稱，「此兒易生，似鄭莊公，長必有大德」（《南燕錄》），而他為了種種讖語應驗而拋棄故主，另起爐灶，分裂後燕。這種與儒家思想格格不入的篡逆行為，致使他在精神上承受了巨大壓力。

最嚴重的是，慕容寶雖然死了，但後燕政權並沒有倒下。直到慕容德此次病倒，後燕政權還在延續。後燕存活一天，南燕就是反動集團，就是叛逆政權，慕容德就是佞臣賊子。米已成飯，木已成舟，慕容德已經毫無退路可言。所以，侄子慕容超多次請求前往女水祭祀祈禱，慕容德一直沒點頭，「終不許」（《魏書》）。慕容寶也是慕容德的侄子，他的死一直是壓在慕容德心頭的重負。日有所思，夜有所夢。慕容德夢到父親說「汝既無子，何不早立超為太子」（《晉書》），與其說是讓他傳位慕容超，還不如說是對他背叛慕容寶的訓斥。

到了九月，慕容德的病情似乎有所好轉，要不然，他也不可能「引見群臣於東陽殿」（《資治通鑒》）。這次廷議的主要內容，就是立慕容超為太子。然而恰恰在這個非常關鍵、非常敏感的特殊時間，廣固城再次發生地震。這次地震，明顯要比上次強烈，上次是雞「驚擾飛散」，而這次卻讓「百僚驚恐」（《資治通鑒》）、「百寮驚越」（《南燕錄》）。對此，《青州大事年表》對此次地震也有相同記載。生病之人最怕驚嚇，何況慕容德是一個極其敏感且尚在病中的老人。所以地震發生後，慕容德就嚇得說不出話來，當天晚上就死了，享年七十歲。

慕容德在位五年，廟號世祖，謚號獻武皇帝。慕容德死後，沒有經過小殮和大殮，當天夜裡就匆匆潛葬在了某一處山谷之中。對此，《資治通鑒》稱「為十餘棺，夜，分出四門，潛瘞山谷」；《晉書》也稱「乃夜為十餘棺，分出四門，潛葬山谷，竟不知其屍之所在」。當時南燕官方發言人稱，慕容德葬在東陽陵（青州境內），經後人證實，這裡埋葬的不過是一口空棺材而已。一千六百年後，有學者稱慕容德葬在青州附近的山谷，也有學者稱慕容德葬在臨淄的鼎足山，但均沒有確鑿的依據。慕容德究竟葬在哪裡，迄今仍沒有定論。

後宮美女超過十萬的皇帝

後趙皇帝石虎活了五十五歲，留下了四個字：暴虐荒淫。

在暴虐方面，石虎動輒屠城，殺人無數，甚至用「拔其髮，抽其舌……斷其手足，斫眼潰腹」（《晉書》）的酷刑殺死親生兒子，其殘忍程度史所罕見，令人髮指；在荒淫方面，石虎驕奢淫逸，欲壑難填，除霸占了石勒的宮嬪，還大肆徵納民女，強搶有夫之婦，後宮美女數量竟踰越了十萬大關，其貪婪指數前無古人，後無來者。

在歷史上，以荒淫著稱的皇帝不勝枚舉，而後宮美女過萬的皇帝卻如寥寥無幾。如嬴政「後宮列女萬餘人，氣上沖於天」（《三輔舊事》）；劉徹「掖庭總籍，凡諸宮美女萬有八千」（《漢武故事》）；孫皓「後宮坐食者萬有餘人」（《三國志》）；司馬炎「多內寵，掖廷殆將萬人」（《晉書》）；陳叔寶「帷薄嬙嬪，有逾萬數」（《隋書》）；就連大名鼎鼎的李隆基，也不過「宮嬪大率至四萬」（《新唐書》）。所以作為一個割據統治者，石虎能把後宮規模擴大到如此空前絕後的地步，無不暴露了他當年異常誇張的荒淫人生。

石虎（西元二九五年~三四九年），字季龍，羯族，後趙開國皇帝石勒的侄子（一說從弟），後趙第三任皇帝。因為「虎」字犯李淵之父李虎，所以唐臣為了避諱，在撰寫《晉書》時一律稱石虎為石季龍。龍也好，虎也好，再怎麼講究的名字，也不能改寫石虎「暴君」、「淫君」的雙重罵名。

石虎從小跟隨石勒，後來一度失蹤了六年。石虎十七歲時，重新回到了石勒身邊。石虎個子長高了，也變成了一個典型的流氓惡少，「性殘忍，好馳獵，遊蕩無度」。效力石勒後，石虎有事沒事就用彈弓打人，將士們無不「以為毒患」。由於石虎弓馬嫻熟，治軍嚴格，加上正是戰亂用人之際，石勒從石虎身上看到更多的是其作戰勇猛、所向無敵的長處，所以對石虎越來越器重。不過石虎殺氣太重，「至於降城陷壘，不復斷別善惡，坑斬士女，鮮有遺類」。為此石勒也多次斥責他，但石虎我行我素，照舊「行意自若」（《晉書》）。

東晉咸和五年（西元三三〇年）九月，石勒稱帝，改元建平，立兒子石弘為皇太子、大單于，封石虎為中山王、尚書令。對於這個位子，石虎顯然不滿意。在石虎看來，這些年來他南征北戰，東平齊魯，西定秦雍，先後攻克了十三個州郡，後趙江山是他一手打下，他是真正的「成大趙之業者」，大單于（石勒實行胡漢分治，皇帝管理漢人，大單于管理胡人）這個位子非他莫屬，沒想到石勒封賞不公。想到石弘坐享其成，石虎心裡先嚥下了一口惡氣，發誓有朝一日要讓石勒斷子絕孫，「待主上（石勒）晏駕之後，不足復留種也」（《晉書》）。

石虎這話不是開玩笑，而是真的要實踐。建平四年（西元三三三年）七月，石勒病死，太子石弘即位，改元延熙，封石虎為丞相、魏王、大單于，加九錫。石弘文弱，名義上雖是皇帝，但大小權力完全操控在了石虎手中。延熙二年（西元三三四年）十一月，石虎廢掉石弘，後在眾人所謂的「推逼」下，自稱居攝趙天王，改元建武。不久，石虎將石弘及其生母殺害，繼而將毒手伸向了石勒所有兒子，「乃殺大雅（石弘）及其母程氏，並大雅諸弟」（《晉書》），這才解了當年的心頭之恨。建武三年（西元三三七年）正月，石虎正式即位，稱大趙天王。

權力最容易暴露一個人的本性，石虎執政後，隨即著手重修古都鄴城（今河北臨漳），並於建武元年（西元三三五年）九月，把國都從襄國（今河北邢台）遷至鄴城。此後，石虎便連續大興土木，廣建宮室。別的皇帝建宮室，一般建在國都附近；而石虎卻放眼各大城市，在所轄版圖上遍地開花。如建武二年（西元三三六年）十一月，石虎「作太武殿於襄國，作東、西宮於鄴……又作九殿於顯陽殿後」；建武八年（西元三四二年）十二月，又「作台觀四十餘所於鄴，又營洛陽、長安二宮」；建武十一年（西元三四五年）正月，又「治長安未央宮……修洛陽宮」（《資治通鑒》）；建武十三年（西元三四七年）八月，石虎又命人「運土築華林苑及長牆於鄴北，廣長數十里……鑿北城，引水於華林園」（《晉書》），可謂水榭樓台一應俱全。

古代沒有機械化，土木工程完全靠人工、拼體力。如建樓台館閣和洛陽、長安二宮，用了「四十餘萬人」；治長安未央宮，用了「十六萬人」；修洛陽宮，用了「二十六萬人」；築華林苑，用了「男女十六萬人，車十萬乘」。為了早日完工，早日享用，石虎命工匠不分晝夜施工，白天靠太陽，天黑了則「燃燭夜作」。遇到斜風細雨倒也罷了，可遇到惡劣天氣，石虎仍然不許停工，造成了大批工匠的非正常死亡。僅華林苑工程，就因「暴風大雨，死者數萬人」，而像太武殿這種「高二丈八尺，縱六十五步，廣七十五步，甃以文石。下穿伏室，置衛士五百人。以漆灌瓦，金瑠，銀楹，珠簾，玉璧，窮極工巧。殿上施白玉床、流蘇帳，為金蓮華以冠帳頂」（《資治通鑒》）的大工程，更是可想而知。

石虎在全國各地建造多處大型宮殿豪宅，不是為了投資或房地產，而是用來廣納美女。石虎是個極端好色之人，石勒剛一閉眼，他就迫不及待將石勒的後宮美女連同貴重物品一掃而光，「簡其美淑及車馬服御，皆歸虎第」（《魏書》）。顯陽殿後面的九座宮殿建成後，石虎又「選士民之女以實之」，其中僅「服珠玉、被綺縠者萬餘人」。後宮有了這麼多佳麗，石虎除了發洩獸慾，還從中精心挑選了一千名善騎者組成一支千騎美女儀仗隊，充當自己車駕的侍從，「以女騎千人為鹵簿，皆著紫綸巾，熟錦袴，金銀鏤帶，五文織成靴，執羽儀，鳴鼓吹，遊宴以自隨」（《資治通鑒》）。此後，石虎無論是外出遊幸，還是應邀赴宴，這支英姿颯爽、粉香脂濃的千騎美女儀仗隊出鏡率極高，堪稱中國後宮史上的一大奇觀。

石虎的後宮美女遠不止這一萬多人，其後每年都有遞增，僅建武十一年（西元三四五年）就陡增了四萬多人。這一年正月，長安、洛陽殿修繕完畢急需填充，其他宮殿也需要注入新鮮血液。為此，石虎打著「增置女官二十四等」的幌子，向全國十三至二十歲的未婚女子發布招賢通告，各路使者「大發百姓女」，貌美者優先，這哪裡是招公務員，明擺著是選美。可石虎的話誰敢不聽，結果連搶帶騙加威脅，有「三萬餘」民女掉進火坑，被石虎「為三等之第以分配之」。二十四等指標，只招了三等，數量還遠遠不夠。為此，石虎下令可以適當降低門檻、放寬條件，無論是處女還是熟女、不管是已婚還是離異，只要容貌「務於美淑」即可。於是，又有一批已婚女子約「九千餘人」被離散家庭，強搶入宮。到了六月，先後有四萬多名美女雲集國都鄴城，場面極其壯觀，難怪石虎「臨軒簡第諸女，大悅」（《晉書》）。

上行下效，其中反應最快、下手最快的，莫過於石虎的兒子石宣。選美期間，石宣等人渾水摸魚，瞞著石虎「私令採發者，亦垂一萬」，真是有其父必有其子。後來，石宣被石虎用酷刑折磨而死，焚屍揚灰，恐怕也與這件事有關。入宮伺候天王石虎，未婚女子去也就去了，而多數已婚女子都不肯合作。不少已經嫁人的女子，面對威脅，寧死不屈，「率多自殺」（《晉書》）。郡守縣令為了自己的榮華富貴，不惜「強奪人妻」，甚至操刀殺掉她們的丈夫，斷其後路；也有不少丈夫眼睜睜看著妻子被人搶走，又氣又恨，自尋短路，致使「殺其夫及夫自殺者三千餘人」（《資治通鑒》）。一時間，後趙各地百姓妻離子散，家破人亡。

石虎只想著把美女弄到手，哪管百姓的死活。為了表彰官員，石虎還「封使者十二人皆為列侯」，破例提拔了十二個黃門使者為侯級官員。那些沒有封侯的黃門不甘心，繼續在各地「大發百姓女」，以博得石虎封賞。元老逯明實在看不下去了，懇切勸了石虎幾句，就被「拉殺之」，用杖打斷肋骨而死。建武十二年（西元三四六年）五月，中黃門嚴生因為遇上大雨，道路泥濘，延誤了上交美女的期限，非但沒提拔，反遭到石虎的訓斥。為了推卸責任，嚴生告發尚書朱軌「不修道，又訕謗朝政」（《晉書》），石虎聽後，立刻囚禁了朱軌，不久又殺掉。石虎之所以殺朱軌，不修路是其一，更重要的是朱軌對他的所作所為不滿，背地裡說他壞話，議他無道。明目張膽又怕別人說，石虎還真有點「婊子立貞節牌坊」的意思。

為了杜絕「訕謗朝政」，石虎下令，今後凡奴才告主子的狀，下級說上級的不是，發現一起，處理一起，一律處以「威刑」，也就是砍頭。石虎的高壓政治讓朝野上下噤若寒蟬，公卿以下的官員索性就此封住嘴巴，朝會時只能相互遞個眼神，誰都不敢多說一個字，就連最基本的日常寒暄，也從此銷聲啞言，「公卿已下，朝會以目，吉凶之問，自此而絕」（《晉書》）。石虎廣蓄後宮一事，成了一條高壓線，誰說一下，誰碰一下，就會招來滅頂之災。石虎究竟霸占了多少美女，大臣們不敢說，史官也不敢記，所以正史中沒有明確記述，不過，當年苻洪勸諫石虎的那番話中，還是提到了十萬這個讓人瞠目結舌的數字。

苻洪，氐族盟主，早年投降石虎，封冠軍將軍，委以西方之事，石虎對他寵遇甚厚。朱軌被囚後，苻洪對石虎說：「陛下既有襄國、鄴宮，又修長安、洛陽宮殿，將以何用？作獵車千乘，環數千里以養禽獸，奪人妻女十萬餘口以實後宮……願止作役，罷苑囿，出宮女，赦朱軌，以副眾望」（《資治通鑑》）。對此，《晉書》也有類似記載，「今襄國、鄴宮足康帝宇，長安、洛陽何為者哉？盤於遊田，耽於女德，三代之亡恆必由此。而忽為獵車千乘，養獸萬里，奪人妻女，十萬盈宮……特願止作徒，休宮女，赦朱軌，允眾望」。苻洪說的這段話，不是謾罵，不是聲討，而是對石虎一番推心置腹的勸諫。苻洪當時寄人籬下，在沒人敢吭聲的時候，他在公開場合跳出來說話，至少應該不敢誇大石虎的罪惡事蹟。

在古代，四馬一車為一乘，千乘即四千匹馬、一千輛車。修建一所華林苑，石虎還動用了「十六萬人，車十萬乘」呢！何況石虎從小就喜歡打獵，置辦「獵車千乘」在情理之中。再者，《晉書》也明確記載石虎「性既好獵，其後體重，不能跨鞍，乃造獵車千乘」。石虎的獵場確實很大，《晉書》稱「自靈昌津南至滎陽，東極陽都」。靈昌津，今河南滑縣；滎陽，今河南滎陽；陽都，今山東沂南。三處連起來，周長「環數千里」或方圓「養獸萬里」是恰當的。既然獵車和獵場都用了實際數字，同一句話中的「十萬盈宮」會是苻洪信口開河？再者，後宮是皇家私密禁地，如果沒有十足的把握，苻洪敢說嗎？顯然，石虎後宮美女數量至少是十萬，恐怕還要高於這個數，所以司馬光用了「十萬餘口」，加了個「餘」字。

可能有人會說，隋煬帝的後宮嬪數也不少，「九區之內，鑾和歲動，從行宮掖，常十萬人，所有供需，皆仰州縣」（《隋書》）。筆者認為，文中提到的「十萬人」並非專指宮掖，而是指各種男女隨從，所以石虎是中國歷史上後宮美女最多的皇帝。這麼多美女，以石虎一人之力應對，恐怕也只能走馬看花了。難怪苻洪會比較含蓄，開導他「出宮女」、「休宮女」。對於苻洪的忠告，石虎雖裝作不理不睬，但還是作了一下自我批評，「罷長安、洛陽作役」（《資治通鑒》）、「停二京作役」（《晉書》），保持現有的規模，不再擴建工程了。除去吃著、占著、看著，石虎把一部分宮嬪重新安排，有「星占及馬步射」的，有「仰觀災祥，以考外太史之虛實」（《晉書》）的，那支千騎美女儀仗隊也要隨時作人事調整。

民間美女石虎不去理睬，大臣家的小姐卻遭了殃。尚書柳耆的兩個女兒都很漂亮，石虎先是「特幸」老大，封為貴嬪，後來又看上了老小，「追其姿色，復納耆少女於華林園」（《晉書》）。除了好色，石虎還特別喜歡金銀珠寶，「據十州之地，聚斂金帛，及外國所獻珍異，府庫財物，不可勝紀」。建武十三年（西元三四七年）八月，石虎為了賺錢，竟「悉發前代陵墓，取其金寶」，又一個帝王級的盜墓賊。睡覺睡累了，數錢數累了，石虎有時也會出來登台觀景。石宣被殺時，身體已經被折磨的慘不忍睹，還要放在柴火上活活燒死，「四面縱火，煙炎際天」時，石虎竟饒有興趣，與「昭儀已下數千登中台以觀之」（《資治通鑒》）。

長期的縱慾，讓石虎的身體漸漸垮了下來，太寧元年（西元三四九年）正月，染病在身的石虎正式稱皇帝，改元年號，想以此消災去病，老來安寧。然而石虎已經病入膏肓，任何方法都無力回天。四月，石虎一命嗚呼。石虎一死，幾個兒子爭權奪利，相互殘殺，後趙宮廷一片血腥，而那些後宮美女們卻面臨著另一種生活。石遵爭得帝位後，石虎的養孫冉閔掌握大權，為了收攏人心，廣樹恩信，除了為悍將「萬餘人」加官晉爵，還特別「賜以宮女」，猜想至少一人一個，這一下子就少了接近兩萬。後來，冉閔兵敗被殺，鄴城被前燕圍困，因城中無糧，石虎的女人又派上用場，「鄴中饑，人相食，季龍（石虎）時宮嬪被食略盡」（《晉書》）。這樣一來，石虎的十萬美女所剩不多，沒被吃掉的，則成了慕容儁的戰利品。

石虎死後，諡曰武帝，廟號太祖，《晉書》和《資治通鑒》均稱石虎葬於顯原陵，其實是空墳一座。石虎自知罪惡不淺，死後怕人算計，於是效仿石勒喪葬時「夜瘞山谷，莫知其所，備文物虛葬，號高平陵」（《晉書》），也想騙盜墓賊，然而十年後，這個祕密竟被一個名叫李菟的「鄴女子」揭曉。晉生平三年（西元三五九年）二月，前燕皇帝慕容儁夢見石虎咬他的手臂，醒來後便挖了石虎的顯原陵，一看是虛塚，「求屍不獲」。沒辦法，慕容儁四處打聽，並「購以百金」。不久，李菟「知而告之，得屍於東明觀下，僵而不腐」。慕容儁一邊踢石虎屍體，一邊大罵「死胡，何敢怖生天子」，然後「鞭之，投於漳水」（《資治通鑒》）。也就是說，石虎真正的墓在東明觀下。那麼李菟——這個神祕女子究竟是誰？

為了解開這個謎，筆者查閱了大量資料，從《水經注．卷九》記載的「過鄴縣南，洹水出山，東逕殷墟北……又東，分為二水，一水北逕東明觀下。昔慕容儁夢石虎嚙其臂，寤而惡之，購求其屍，而莫之知。後宮嬖妾言，虎葬東明觀下，於是掘焉，下度三泉，得其棺，剖棺出屍，屍僵不腐……此蓋虎始葬處也」，得知李菟當時是慕容儁的「後宮嬖妾」。此外，《全史宮詞．前燕》中那首「常山圭璧應真人，嚙臂無端入夢真。東苑鞭屍誰指認，後宮猶有石家嬪」，則點明了李菟曾經是後趙（石家）的宮嬪。晉永和八年（西元三五二年），前燕攻陷鄴城，慕容儁下令「殿中舊人皆隨才擢敘」，李菟的職位沒變，只是換了男人。考慮到石勒早就死了，石世、石遵、石鑒在位時間極短，石祗又是在襄國稱帝，所以李菟只能是石虎的宮嬪。

應該說，李菟是後宮十萬美女中一名非常特殊的美女，要不然，她不可能知道石虎的真正墓穴。李菟為何要告密，現在看來已無關緊要，關鍵是石虎一生倒行逆施，居然連同床共枕過的女人都對他咬牙切齒。石虎，這位後宮美女多達十萬的暴淫皇帝，這個瘋狂掘墳斂財的盜墓賊，竟然由於李菟的告密，最終被暴屍墓外，鞭屍東苑，棄屍漳河。

可惜河水沒能沖走那具肥屍，「屍倚橋柱不流」。十一年後，也就是晉太和五年（西元三七〇年），前秦滅前燕，王猛出鎮鄴城後，誅李菟，將石虎遺骸「收而葬之」（《資治通鑒》）。為此，王猛遭到了各種議論，有說他多事，有說他是漢奸，有說他執行苻堅密令，也有說他調節民族關係，褒貶不一。往事越千年，歷史的真相，恐怕也只能穿越時空，問問那一條滔滔漳河水了。

從「豬圈」爬出來的屠夫皇帝

他生於帝王之家，長得白白胖胖。即位前，他遭人猜忌，被脫光衣服關在「豬圈」裡，扮的是豬相，吃的是豬食，任人羞辱，任人打罵，甚至幾次險些被當做豬殺掉，是個可憐巴巴的落魄王爺；即位後，他猜忌別人，拿起手中的霍霍屠刀，利用手中的生殺大權，屠殺功臣，屠殺宗室，一臉的凶相，一身的血腥，是個道地的殘暴皇帝。這位從「豬圈」裡爬出來的屠夫皇帝，就是南北朝時期劉宋王朝的第七任皇帝——宋明帝劉彧。

劉彧（西元四三九年~四七二年），字休炳，宋文帝劉義隆第十一子。因為生母早死，劉彧從小由三哥劉駿的母親撫養成人。元嘉二十五年（西元四四八年），劉彧被封為淮陽王，四年後改封湘東王。劉義隆死後，劉駿即位，是為宋孝武帝。劉駿和劉彧為一母所養，劉彧又非常敬重劉駿，遇事忍讓，所以二人關係甚好。劉駿性情暴戾，諸弟多被他迫害致死，唯獨劉彧能得到優待。大明八年（西元四六四年），劉駿病逝，長子劉子業即位，劉彧便開始了噩夢般的屈辱生活。

劉子業雖然年輕，但深通歷史，頗有憂患意識，擔心皇位被別人奪去。在他看來，幾個年富力強的叔叔對自己構成的政治威脅最大。為了防止叔叔作亂，劉子業將他們調入京城，外出之時令其隨從，回宮之後囚於殿內，在加強防範的同時，劉子業還對他們「毆捶凌曳，無復人理」（《宋書》）。在殘存的六位叔叔當中，以十一叔劉彧、十二叔劉休仁、十三叔劉休祐年齡較長，歷任地方刺史，具有豐富的政治經驗，且擁有較強實力的軍隊，因此被劉子業視為心腹之患；而三王當中又以劉彧年長，自然成為劉子業實施迫害的重點目標。

為了打擊和羞辱叔叔，擅長惡作劇的劉子業將「形體並肥壯」的三王「以竹籠盛而稱之，以太宗

（按：劉彧）尤肥，號為『豬王』，號休仁為『殺王』，休祐為『賊王』」，並且令其「錄以自近，不離左右」。除了限制人身自由，劉子業還「以木槽盛飯，內諸雜食，攪令和合」，從生活飲食上加以迫害。由於劉彧長得白白胖胖，劉子業乾脆「掘地為坑阱，實之以泥水」，專門為他建造了一個「豬圈」，動輒下令「裸太宗內坑中，和槽食置前，令太宗以口就槽中食」，看到劉彧像豬一樣在泥水裡蠕動、吃東西，劉子業「用之為歡笑」（《宋書》）。

劉彧脾氣溫和，處事穩重，雖然對劉子業的行徑憤怒到極點，但仍裝出一副恭順、服從的樣子來。劉彧越是這樣，劉子業就越生氣，對他就越不放心，幾次暴露殺機以絕後患，均被攔下。有一次，劉彧不小心得罪了劉子業，劉子業便下令「即日屠豬」，將劉彧脫光衣服，綁起手腳，以木棍貫穿於兩手兩腳之間，幾個人像抬豬一樣抬到食堂，準備開膛破肚。情急之中，劉休仁突然想到劉子業有個妃子即將生子，便以「待皇太子生，殺豬取其肝肺」為由，強調「豬今日未應死」（《宋書》），選個好日子再殺不遲，劉彧因此又躲過了一劫。

不在沉默中滅亡，就在沉默中爆發。整日擔驚受怕，讓劉彧意識到如果不採取措施，遲早會死於劉子業之手，於是暗中密切注視外界動靜，又派出阮佃夫、李道兒等心腹手下祕密行動，從劉子業的衛士中找到壽寂之、姜產之等不滿者十一人，等待時機發動政變。當時，民間盛傳「湘中出天子」（《宋書》），而劉彧恰恰是湘東王，劉子業聞之後，決心殺掉劉彧，然後巡視湘州和荊州，徹底壓下這一謠言，鞏固皇位。與此同時，劉彧知道形勢緊迫，也連忙指使手下密切關注劉子業的動向，以便隨時動手。一場你死我活的叔侄之戰迫在眉睫。

景和元年（西元四六五年）十一月二十九日夜，劉子業召集劉休仁、劉休祐等人前往竹林「射鬼」，唯獨劉彧一個人被困在了祕書省。種種跡象表明，劉子業很快就要拿劉彧開刀。劉彧如坐針氈，不知所措，而外面的政變卻相當順利，「佃夫、道兒因結壽寂之等殞廢帝（按：劉子業）於後堂」，由於消息不通，劉彧對劉子業被殺一事全然不知。不久，劉休仁闖進祕書省，拉起劉彧就往外跑。由於事起倉卒，劉彧來不及穿鞋，光著腳，戴著烏帽，「升西堂，登御坐，召見諸大臣」（《宋書》），改元泰始，接替劉子業，莫名其妙成為新一任皇帝。

從囚禁到自由，從豬王到皇帝，從地上到天上，劉彧哪裡會想到，自己竟然能夠從「豬圈」裡艱難爬出，一躍成為萬眾矚目的一國之主。權力和地位，結束了劉彧的噩夢，同時也將他身邊之人推進噩夢。己所不欲，勿施於人，這是最淺顯的做人之道，可劉彧硬是把自己先前受到的羞辱和迫害，轉手送給了他的后妃、他的功臣、他的同胞。即位前，他是弱勢者，是受害者，面對的是屠夫和看客；即位後，他是強勢者，是害人者，扮演的是看客和屠夫。因為受過凌辱，受過猜忌，受過驚嚇，劉彧變得相當暴淫，相當敏感，相當血腥。

劉彧即位時，只有二十七歲。這個年齡，正處於生理黃金時期。然而劉彧身體過於肥胖，加上先前多次遭受驚嚇，即位後雖然養尊處優，錦衣玉食，身體卻一天不如一天，甚至連夫妻生活都不能正常進行。即便這樣，劉彧仍荒淫無度，甚至將「姑姊妹集聚，而裸婦人形體，以此為樂」（《南史》），用各種花樣提升宮廷娛樂，尋求感官刺激。在劉彧看來，連他都曾赤身裸體在豬圈內表演過節目，現在他觀賞一部「裸戲」也不為過。讓矜持的女人在眾目睽睽之下重複自己當年被裸的不幸，劉彧此舉比劉子業有過之而無不及。

連頭帶尾，劉彧當了八年皇帝。八年中，劉彧先是與劉子勛叔侄相殘，造成國家大亂，生靈塗炭；接著，又在招降問題上嚴重失策，致使城池陷落，版圖縮減。可以說劉彧為政期間，一無建樹，二無作為。不過，劉彧在扮演屠夫的角色上，倒是一把好手，特別是當了幾年皇帝之後，劉彧的身體越來越差，自知不能長壽，而他靠「借種」得來的太子劉昱尚處沖齡，一旦他死了，年幼的劉昱很可能被人取代。而且，這種猜忌隨著病情加劇而越來越重，凡是對皇位有威脅的人，均遭劉彧的嚴厲鎮壓，宗室、功臣成批死在了他的屠刀下。

劉彧殘殺宗室，始於侄子劉子尚。劉彧掌權的次日，即賜死劉子尚。泰始二年（西元四六六年）正月，侄子劉子勛在潯陽（今九江）稱帝，與劉彧分庭抗禮。九月，劉彧平叛，將劉子勛梟首，接著又將劉子元、劉子綏、劉子頊賜死，不久又將劉子房、劉子仁、劉子真、劉子孟、劉子嗣、劉子產、劉子輿、劉子趨、劉子期、劉子悅賜死。如果算上劉子業，這群被劉彧殺死的侄子中，最大的只有十七歲，最小的不過三四歲。至此，宋孝武帝劉駿的二十八個兒子全部被殺，無一倖免。如果說劉駿生兒子就像是雨後春筍，那麼劉彧殺侄子就像是在割韭菜。

侄子輩的小王爺殺乾淨了，但兄弟輩的大王爺還在，而大王爺對皇位的威脅遠比小王爺嚴重得多。隨即，劉彧調整屠殺方向，把屠刀伸向了所剩為數不多的幾個兄弟。泰始五年（西元四六九年），劉彧聽到八哥劉煒被部下擁立的消息後，先下令免去劉煒的官爵，接著派人逼其自殺。泰始七年（西元四七一年），劉彧以打獵為名，派人將十三弟劉休祐打死，不久夢見十二弟劉休仁奪權，又將其毒死。眾兄弟中，十九弟劉休若年齡最小，但劉彧聽說劉休若有至貴之相，好言好語將其騙到京城後賜死。至此，劉彧的兄弟中，僅剩下一個平庸無能的十八弟劉休範了。

殺盡了侄子，送走了手足，劉彧的屠刀並沒有歸鞘，接著那些功臣宿將便遭了殃。壽寂之是幫助劉彧登上皇位的元勛，為人勇猛，殺人不眨眼，劉彧說什麼也不敢把他留給兒子劉昱，一直想除掉他。後來壽寂之犯了個小錯，劉彧二話不說就把他貶謫到越州，剛走了一半，就被劉彧安排的幾個保鏢送上了西天。壽寂之死後，一個曾在平定劉子勛戰鬥中立過大功的將領，時任淮陵太守、都督豫州各軍事的將軍吳喜，預感到自身的危險，立刻要求辭去軍職，改任中散大夫這樣的閒職。可即便如此，吳喜還是沒能逃過厄運，被劉彧鴆殺。

屠殺功臣，是為了防變；可劉彧殺人越多，煩惱就越多，身體就越差。為了討吉利，劉彧將年號由泰始改為泰豫，可病情非但沒減輕，反而更加嚴重了。劉彧自知時日不多，又不放心年幼的太子，因此日夜不安，噩夢不斷。一天，劉彧夢見有人向他告發：豫章太守劉愔要造反。醒來後，劉彧不分青紅皂白，命人馬上到豫章郡殺死劉愔。該殺的人都殺的差不多了，劉彧最後將目光轉向了王皇后的哥哥王景文。在劉彧看來，皇帝早殤—幼主即位—母后臨朝—外戚擅政，是歷朝歷代的遊戲規則。二月，劉彧派人將王景文毒死。

劉彧在位期間，凡是可能對皇權構成威脅，凡是可能對幼子帶來不利的宗室、大臣，均遭他毒手。到了晚年，劉彧因為疾病纏身特別迷信鬼神，說話和行文忌諱很多，「左右失旨忤意，往往有斮刳斷截者」（《宋書》），一時間人人自危。泰豫元年（西元四七二年）四月，一身血腥的劉彧病逝，享年三十四歲，廟號太宗。受劉彧影響，年僅十歲的劉昱剛即位，就變成了一個以殺人為樂的魔鬼皇帝，致使朝政黑暗，群臣離心。由於劉彧肆意屠殺功臣，剪落皇枝，造成皇室統治力量衰弱，王朝基業很快土崩瓦解。七年後，劉宋王朝被蕭道成取代。

哪位皇帝曾向臣子借過「種」？

自己生不出兒子，便派老婆去別處借種，這是宋明帝劉彧即位前做出的荒唐無奈之舉。在科技發達的現代，「借種」可以透過人工授精，可以避免男女接觸。然而，在一千五百年前的南北朝，劉彧也只能讓心愛的女人親臨戰場，與別的男人肉搏一番了。在正史記載中，曾經親自策劃「借種」生子的皇帝，唯有劉彧一人。

劉彧（西元四三九年～四七二年），字休炳，宋文帝劉義隆第十一子，元嘉二十九年（西元四五二年）封湘東王。劉宋皇帝是一代不如一代，政治上如此，生育上也是如此。別看劉義隆生了十九個兒子，可到了劉彧這裡，就開始出問題了。劉彧儘管姬妾成群，縱慾無度，但除了原配王氏生下兩個女兒外，其他姬妾毫無懷孕的跡象，更不用說生子了。劉彧「好讀書，愛文義」，深受儒家思想薰陶，始終被「不孝有三，無後為大」的觀念所折磨。到了大明六年（西元四六二年），劉彧再也沉不住氣了，為了後繼有人，劉彧便和愛妃陳妙登聯手上演了一齣「借種」的鬧劇。

但凡「借種」，既屬隱私，也有風險，必須要認真篩選，不能隨便找個男人。深思熟慮之後，劉彧看中了心腹李道兒。劉彧之所以選擇李道兒「借種」，筆者認為主要有二個原因。其一，李道兒「本為湘東王師，稍至湘東國學官令」（《宋書》），有文化，有學歷，能保證後代的高素養、高智商；其二，李道兒與劉彧既是師生，又是君臣，私下關係非常好，「借種」一事的保密工作無須擔憂。

目標雖然鎖定，但如何做到既順理成章、又能掩人耳目，這是個問題。怎麼說，劉彧也是堂堂一個王爺，位高權重，一舉一動都必須注意外界目光，更何況像「借種」這樣見不得人的事了。劉彧是如何實施「借種」計畫？《宋書》稱陳妙登「始有寵，一年許衰歇，以乞李道兒」，意思是陳妙登主動向劉或提出轉嫁給李道兒。但這樣的說法打死也不能讓人信服，司馬光顯然看出了其中的端倪，於是在《資治通鑒》中一語道破天機：「初，太宗（按：劉彧）嘗以陳太妃（按：陳妙登）賜嬖人李道兒，已復迎還，生帝（按：劉昱）。」

劉彧自認為做得機密，但仍有些蛛絲馬跡被收錄於史。如《南史》和《魏書》雖然誤記了陳妙登的來歷，稱陳妙登是李道兒的小妾，但對劉彧「納之」後生下劉昱，卻言之鑿鑿；再者，劉昱長大後，「每自稱李將軍，或自謂李統」（《宋書》），或「每自稱李將軍，或自名為李統」（《魏書》）。可見，劉昱確係劉彧當年從李道兒那裡借來的種。司馬光在《資治通鑒》中稱「帝（按：劉昱）每微行，自稱劉統，或稱李將軍」，顯然是為劉彧留了些許面子。

景和元年（西元四六五年）十二月，劉彧即位，即宋明帝。泰始二年（西元四六七年），劉彧立劉昱為皇太子，提拔李道兒為給事中。劉彧覺得一個兒子不過癮，又怕劉昱夭折，便想出了一個更為荒唐的主意：派人祕密察訪諸王的姬妾中有沒有孕婦，有的話就將孕婦帶進宮裡，等到孕婦生下的是男孩，就殺了母親留下孩子，另讓自己的寵姬當孩子的母親。對此，《魏書》記載「或晚年痿疾，不能內御，諸弟姬人有懷孕者，輒取以入宮，及生男，皆殺其母而與其宮人所愛者養之」。當了皇帝後，劉彧的「借種」工程從起初的偷偷摸摸，變得肆無忌憚。

《宋書》稱劉彧有十二個兒子，但沒有一個是他的親生骨肉。泰豫元年（西元四七二年）四月，劉彧病逝，劉昱即位。劉昱凶暴異常，外出遊玩時遇到擋路者，無論是人是畜，都命侍從格殺勿論，致使「民間擾懼，晝日不敢開門，道上行人殆絕」；最可怕的是，他還命令身邊侍衛隨時手執針、錘、鑿、鋸等刑具，臣下稍有違逆，就施以擊腦袋、錘陰囊、剖腹心等酷刑，每天受刑者常有幾十人。元徽五年（西元四七七年）七月，劉昱被殺，並被廢為蒼梧郡王。好種子未必能結出好果實，這應該是劉彧當年「借種」時所始料未及的。

歷史上最兇殘的皇帝暴斃七夕

兇殘一詞，無論理解為兇狠殘忍，還是詮釋為兇殘殘暴，或者二者兼備，安在南北朝時期劉宋王朝後廢帝劉昱的頭上，都不為過。在以兇殘著稱的諸多皇帝中，像劉昱這般暴戾冷血、陰毒變態，這般親自操刀，這般奮不顧身，這般卑鄙下流，這般嗜殺成性的，還真找不出第二個，何況劉昱當時還只是一個十幾歲的半大孩子。如果要評選中國歷史上最兇殘的皇帝，筆者會毫不猶豫投劉昱一票。然而，就是這樣一個頂尖兇殘的皇帝，卻因為對「織女」動了邪念，最後竟暴斃於當年那個讓人匪夷所思的「七夕」。

劉昱（西元四六三年~四七七年），宋明帝劉彧的長子，也是劉彧早年從李道兒那裡借來的種，生母陳妙登。泰始二年（西元四六六年），劉昱被立為皇太子。劉昱天性頑劣，「惰業好嬉戲」，五六歲時就能像猴子一樣「緣漆帳竿，去地丈餘」（《宋書》），在上面一玩就是個把小時，連師傅也管不了他。年齡稍大點，劉昱更加任性，而且品行惡劣，脾氣暴躁，左右稍不合他意，一巴掌就扇過去，動輒拳打腳踢。此外，劉昱形象齷齪，站沒站相，走沒走相，就連坐相也是光著腳丫學狗蹲。為此，母親陳妙登沒少捶訓他。泰豫元年（西元四七二年）四月，劉彧病亡，年僅十歲的劉昱即位，成為劉宋王朝第八任皇帝。

即位之初，劉昱「內畏太后，外憚諸大臣，猶未得肆志」，老實了一年多。江山可改，本性難移。元徽二年（西元四七四年）冬，劉昱加元服，行成人之禮。過了這道檻，劉昱旋即「變態轉興，內外稍無以制」，做什麼都由著性子。好在他不問朝政，只是一味玩耍嬉戲。從元徽三年（西元四七五年）秋冬「好出遊行……日暮乃歸」，到元徽四年（西元四七六年）春夏「無日不出……夕去晨反，晨出暮歸」，再發展到「從者並執鋋矛，行人男女，及犬馬牛驢，值無免者」，劉昱越玩越放縱，越玩越血腥，晝夜不分，陣勢雷人。不管是走路的，還是趕車的，劉昱覺得誰不順眼，誰就得翹辮子，見人殺人，遇狗宰狗，逢驢屠驢，以至於「民間擾懼，晝日不敢開門，道上行人殆絕」（《宋書》），昔日繁華的京城大街小巷，被他嚇得死氣沉沉。

一開始，陳妙登看他年齡尚小，每次都「乘青篾車，隨相檢攝」，生怕他出現意外。可正處於青春叛逆期的劉昱，非但不體諒母親，感恩母親，反而嫌母親無聊多事。為了甩掉母親，劉昱越發狂奔，陳妙登終究一介女流，只能望塵莫及，「不復能禁」（《宋書》）。無奈之下，陳妙登只好命儀衛追蹤諫阻，竟被劉昱任情喝斥，甚至屢加手刃，「儀衛亦懼禍不敢追尋，唯整部伍，別在一處，瞻望而已」（《資治通鑑》）。沒有了母親的約束，沒有了眾人的監督，劉昱很快就從一個品行惡劣的頑童皇帝，變成了一個兇殘嗜殺的魔鬼皇帝。

劉昱年齡雖小，殺起人來卻頭頭是道。劉昱讓手下準備了「白棓數十枚，各有名號；針椎鑿鋸之徒，不離左右」，殺什麼樣的人就用什麼樣的刑具，多用於「擊腦、槌陰、剖心之誅」（《南史》），一旦有人「有忤意，輒加以虐刑」（《宋書》）。用棍子打腦袋，用鋸子掏心臟，已然殘忍血腥；用錘子砸人生殖器，則極其陰毒變態。一天下來，至少有幾十個人遭此毒手，「日有數十」（《南史》）。劉昱以殺人為樂，看到屍橫街頭，就手舞足蹈，看到血跡四濺，就心花怒放；一天不殺人，劉昱便渾身難受，「天性好殺，以此為歡，一日無事，輒慘慘不樂」。尤其是「槌陰」這種下流酷刑，有人敢稍皺皺眉頭，劉昱便龍顏大怒，一定會給他好看，「嘗以鐵椎椎人陰破，左右人見之有斂眉者，劉昱大怒，令此人袒胛正立，以矛刺胛洞過」。在這種恐怖氣氛下，「內外百司，人不自保，殿省憂遑，夕不及旦」（《宋書》）。

劉昱的暴行，最終招致了阮佃夫等人的密謀造反。元徽五年（西元四七七年）四月，阮佃夫等人準備廢掉劉昱，另立劉準。因事情洩露，劉昱派人將阮佃夫等人全部殺死。光看手下殺人，看膩了，不過癮，劉昱便親自操刀，親手殺人。阮佃夫的腹心張羊被抓後，劉昱「自於承明門以車轢殺之」。六月，有人告發杜延載、沈勃、杜幼文、孫超四人與阮佃夫同謀，劉昱再次大開殺戒。殺杜延載、杜幼文、孫超時，劉昱「躬運矛鋋，手自臠割」；聞到孫超嘴裡有蒜味，劉昱又給他加了一項「剖腹視之」（《南史》）；杜幼文的哥哥杜叔文被抓於玄武湖，劉昱不怕路遠「馳馬執槊，自往刺之」（《宋書》）。當時，沈勃在家丁憂，劉昱在「左右未至」的情況下「揮刀獨前」，隔得很遠就朝沈勃「投鋋」刺之，隨後「帝自臠割」（《南史》）。同謀殺了，還要滿門抄斬，劉昱下令「悉誅之，刳解臠割，嬰孩不免」（《資治通鑒》）。

除了殺百姓，殺叛臣，殺無辜，劉昱還對血脈相連的劉姓宗室下手，文帝第十八子劉休範、文帝之孫劉景素，就先後死在他手裡。該殺的、不該殺的，差不多都殺完了，下一步要殺誰呢？劉昱突然想到了皇太后王氏。王氏是劉彧的皇后，為人正直，對劉昱的所作所為非常不滿，經常以長輩的名義訓誡他，「每加勖譬，始者猶見順從，後狂慝轉甚，漸不悅」（《宋書》），劉昱覺得她很煩，總想除掉這個指手畫腳的老太婆。元徽五年（西元四七七年）五月，「會端午，太后賜帝毛扇。帝嫌其不華，令太醫煮藥，欲鴆太后」（《資治通鑒》），左右勸他說，王太后一旦死了，皇帝要作為孝子哭喪守孝三年，期間不能外出遊玩。劉昱一聽，嚇得連連撇嘴，這才罷休。

王太后可以不殺，但蕭道成必須要殺。蕭道成是劉彧時期的一員悍將，劉彧臨死前，任命他為右衛將軍、領衛尉，參掌機事。後來，蕭道成在鎮壓劉休範叛亂中立下大功，被劉昱任命為中領軍，兼南兗州刺史，留衛京師，並逐漸染指朝政大權。劉昱雖然不關心朝政，但對於皇帝寶座卻看得很重。蕭道成權重功高，在朝中頗有威信，一旦造反，後果不堪設想。為此，劉昱一直在尋找機會。元徽五年（西元四七七年）六月，劉昱帶人直入領軍府，見蕭道成光著肩膀睡覺，便把他叫起來，命令他立正站好，「畫腹為的，自引滿，將射之」。蕭道成大喊無罪，左右也求情，劉昱才極不情願改用軟質骲箭「正中其臍」。

不久，劉昱一邊「磨鋌」霍霍，一邊叫嚷著「明日殺蕭道成」（《資治通鑒》），最終被生母陳妙登強行攔下。

三番兩次要殺最想殺的人，卻均未得手，劉昱從小哪受過這種氣，於是繼續找機會殺蕭道成。蕭道成自從上次逃過一劫，嚇得從此躲進領軍府，大門緊閉。蕭道成不出門，劉昱就找人雕了個蕭道成木像，「畫腹為射堋，自射之；又命左右，射中者加賞」。劉昱覺得效果不好，又帶人去放火燒領軍府，結果沒燒起來；還多次前去詐門，始終也沒詐開。蕭道成越是抱定「堅臥不動」，劉昱越是「益懷忿恚」（《南史》），必除之而後快。此後，劉昱無論看到什麼東西，一律呼之為蕭道成，連罵帶踢。因為見不到蕭道成，殺不了蕭道成，劉昱的脾氣變得異常暴躁，動不動就大發雷霆，甚至一個侍從的馬不小心掉進湖裡，他都會藉機歇斯底里發洩一番，「左右張五兒馬墜湖，帝怒，自馳騎，刺馬屠割之」（《南史》）。

劉昱不肯罷休，蕭道成也不甘坐以待斃，整日躲在府中與王敬則密謀政變，除掉劉昱。作為蕭道成的死黨，王敬則除了每天晚上穿著黑衣，趴在路邊，為蕭道成探聽觀察劉昱的往來動向；還受蕭道成委託，祕密聯絡劉昱左右的楊玉夫、楊萬年、陳奉伯等二十五人，伺機起事。楊玉夫是諸近臣中的一號人物，對劉昱一向鞍前馬後，忠心耿耿，這段時間不知道什麼緣故，劉昱突然對他很反感，「常得帝意，至是忽憎之」。此外，劉昱每次看見楊玉夫，都會惡狠狠對他說「明日當殺小子，取肝肺」（《資治通鑒》），而且咬牙切齒，面帶猙獰。楊玉夫聽得心裡直發毛，渾身直起雞皮疙瘩，內心漸漸疏遠了劉昱。

蕭道成這邊緊鑼密鼓謀劃，劉昱卻渾然不覺，依然四處遊蕩嬉戲。元徽五年（西元四七七年）七月初七，劉昱又出去忙了一天，先到宮外的山崗比賭跳高，又去青園的尼姑庵調戲小尼姑，隨後到新安寺偷了一隻狗，接著又到曇度道人那裡殺狗吃肉，很晚才回到寢宮仁壽殿。劉昱是個小色鬼，在玩女人方面是一把好手，他九歲就娶了老婆，十幾歲就和侍從的老婆私通，之後又多次淫亂尼姑庵。這天晚上喝了些酒，劉昱突然想起七月初七，織女要渡過茫茫銀河與牛郎相會的傳說，於是便想入非非。隨即，劉昱安排楊玉夫「伺織女度河」，並警告楊玉夫「見，當報我；不見，將殺汝」（《資治通鑒》）。莫說天上根本就沒有什麼織女，就是有，她也斷然不敢出來與這位好色皇帝見面。

偷來的狗肉分外香，因此酒也喝得爽，劉昱回來時已經有些醉意了。打發出去楊玉夫之後，劉昱走進仁壽殿東的一個氈幄，看到幾個宮女正在玩「穿針乞巧」的「七夕」遊戲，乞求一雙巧手和一份巧藝。七夕源於漢代，盛行於唐宋，是中國的傳統節日，也是一個極具浪漫色彩的節日。因為以乞巧為主題，以女性為主角，所以又稱乞巧節、女兒節。此刻，宮女每人拿七根針，用一根綵線穿進針孔，誰穿得越快，誰乞到的巧越多。劉昱從小就是個玩家，看她們玩得高興，忍不住也玩起了穿針引線。劉昱本就醉眼朦朧，沒玩幾把，眼前就模糊了，酒勁也上來了，「因與內人穿針訖，大醉」（《南史》），於是倒頭就睡。

自古以來，君要臣死，臣要嘛死，臣要嘛讓君死。等織女這項死了都不能完成的任務，最終把楊玉夫逼上絕路。楊玉夫不想死，唯一的活路就是殺掉劉昱，然後向蕭道成請功。劉昱最近玩得很瘋，作息時間紊亂，居無定所。眾人都知道劉昱古怪刁鑽，喜怒無常，兇殘暴戾，說一不二，是個典型的狂躁肆虐型皇帝，沒人敢得罪他。為了方便劉昱出入，宮內的房門夜晚都不敢關閉，唯恐讓劉昱吃了閉門羹。值班人員都藏在角落裡，沒人敢露面，生怕被劉昱抓住。寢宮門口的侍衛害怕無端被殺，都遠遠躲著，也擔心被皇帝當出氣筒。整個仁壽殿裡外周邊的安全保衛措施形同虛設，混亂不堪，一塌糊塗，「內外莫相禁攝」（《資治通鑒》）。最關鍵的是，劉昱今天晚上喝得不少，警覺意識和反抗能力都很差。

想到這裡，楊玉夫與楊萬年、陳奉伯等人輕鬆潛入仁壽殿，「見昱醉熟無所知，乃與萬年同入氈幄內，以昱防身刀斬之」（《宋書》）。

殺人者，人恆殺之。劉昱這位殺人不眨眼、視生命如草芥、頂尖兇殘暴戾、極度荒淫無恥的皇帝，最終喪命於當年「七夕」，年僅十五歲，首級也於當夜傳給蕭道成。沈勃被殺前，曾「手搏帝耳，唾罵之曰：汝罪逾桀、紂，屠戮無日」（《資治通鑒》），僅過了十四天，劉昱就被別人殺死，真是天理昭彰，

報應不爽。劉昱死後，王太后令曰：「昱窮凶極暴，自取灰滅……可特追封蒼梧郡王。」（《宋書》）

值得一提的是，劉昱那把防身刀名為「千牛刀」，「千牛」諧音「牽牛」。七夕之夜，劉昱想代替「牽牛」與「織女」相會，不料卻死在了自己的「千牛刀」下，令人捧腹。

將五姐妹一併納入後宮的皇帝

美女，能讓男子生理衝動；才女，能讓才子心緒萌動；美女加才女，能讓包括唐德宗在內的所有男人為之傾倒。老實講，當皇帝確實過癮，他們有權力，有地位，一言九鼎，看中了哪個女人，一句話的事；別說一個女人，就連同胞「姊妹花」，他們也可以輕而易舉到手。在中國歷史上，嗜好「姊妹花」的皇帝不在少數，劉鶩、慕容熙、李煜、皇太極均榜上有名；而一次能將才貌雙全的五姐妹納入後宮的皇帝，恐怕也只有唐德宗李適了。

《舊唐書》和《新唐書》都記載了唐德宗將五姐妹納入後宮的這一史實。《舊唐書·后妃傳》稱：「庭芬有詞藻。生五女，皆聰惠……皆能屬文。長曰若莘，次曰若昭、若倫、若憲、若荀……貞元四年，昭義節度使李抱真表薦以聞。德宗俱召入宮……不以宮妾遇之，呼為學士先生。」《新唐書·后妃傳》也稱：「廷芬，能辭章，生五女，皆警慧，善屬文。長若莘，次若昭、若倫、若憲、若荀……貞元中，昭義節度使李抱真表其才，德宗召入……悉留宮中……又高其風操，不以妾侍命之，呼學士。」兩份史籍，除「貞元四年」和「貞元中」稍有差別外，其餘可謂如出一轍。文中提到的「廷芬」，即唐朝文學家宋廷芬。

宋廷芬，生年不詳，出生在一個飽受儒學浸潤的書香世家，初唐著名詩人宋之問之裔孫，貝州清陽（今河北清河）人。宋廷芬生有一個兒子，五個女兒。不知什麼緣故，五個女兒均天資聰穎，唯獨兒子愚不可教。鑒於此，宋廷芬索性把全部精力都放在了對女兒的教育培養上。宋廷芬飽讀詩書，家教有方，五姐妹中尤以若莘、若昭高潔特出，「文尤淡麗，性復貞素閒雅，不尚紛華之飾」，她們曾對父母說「誓不從人，願以藝學揚名顯親」，意思是發誓不嫁人，而是要像男子一樣專心學問，想憑藉出色的文學造詣為家爭光。在宋廷芬的教育和薰陶下，宋氏五姐妹皆聰明好學，舉止大方，能文善詩，才華橫溢，一時名動天下。

當時的皇帝是李適，即唐德宗。李適（西元七四二年～八〇五年），唐代宗長子，唐朝第十位皇帝。生於天寶年間，經歷安史之亂，當過天下兵馬大元帥的李適，即位之初就立下了發憤圖強、中興唐室的雄心壯志。為了實現自己的政治理想，唐德宗實施革新，果敢有為。但由於措施不力，用人不當，最終導致了發生於建中四年（西元七八〇年）的「涇原兵變」。流亡了十個月的唐德宗回到長安後，變得一蹶不振，起初的銳氣已消失殆盡。此後，唐朝的政局雖趨於穩定，但大大小小的叛亂卻此起彼伏。元興元年（西元七八四年），李抱真因剿滅朱滔叛亂有功，加封檢校司空，不久又被封為昭義節度使。

昭義鎮所轄今山西東南部和河北西南部，治所為潞州（今山西長治），與清河相距只有兩百八十公里。李抱真沉斷有計謀，心繫社稷，在任期間禮賢下士，只要聽說有才能的人，往往會派人以謙辭、厚幣去尋訪，如果尋訪後發現沒有什麼特長，則以禮相送。貞元四年（西元七八八年），李抱真聞聽清河宋氏五姐妹的大名後，甚感驚奇，便向朝廷舉薦了五姐妹。於是，一份詔令終止了五姐妹「誓不從人」的初衷。唐德宗對她們大為讚賞，遂將宋家五姐妹全部留在了宮中。宋氏五姐妹身材如何，相貌如何，史書中沒有描述，想來應該非常不錯，因為唐德宗也不會讓幾個才貌平庸的女子進入後宮。再者，凡有才華的女子，身上所散發的氣質與風度，也會增添她們的魅力。

有人認為，唐德宗納宋氏五姐妹入宮，是出於花心，出於好色。筆者認為，這固然是唐德宗此舉的一個重要因素，但最重要的是唐德宗愛才，且「能詩」頗有文采，這一點，從他那份挽救大唐帝國命運的《罪己詔》中，我們就可以領略一番。在政治上，唐德宗無法與唐太宗、唐玄宗同日而語；而在文學上，唐德宗卻可以與兩位大名鼎鼎的祖宗並駕齊驅。在唐朝的二十一位皇帝中，有接近一半皇帝留下傳世的詩歌，《全唐詩》中所收錄的唐德宗作品數量共計十五首，在十位留下作品的皇帝中排行第三，僅次於唐太宗、唐玄宗二人。可以說，在文學上的共同追求，是唐德宗將宋氏五姐妹納入後宮的主要原因。

事實上，唐德宗與宋氏五姐妹更多的是在文學上的探討和交流。例如，唐德宗「試以詩賦，兼問經史中大義，深加賞嘆。德宗能詩，與侍臣唱和相屬，亦令若莘姊妹應制。每進御，無不稱善。嘉其節概不群」（《舊唐書．后妃傳》）；又如，唐德宗「試文章，並問經史大誼，帝咨美，悉留宮中。帝能詩，每與侍臣賡和，五人者皆預，凡進御，未嘗不蒙賞」（《新唐書．后妃傳》）。為了區別於後宮其他女子，唐德宗「不以宮妾遇之，呼為學士先生」，意思是不將宋氏五姐妹看做單純伺候皇帝睡覺的「宮妾」，封號也別出心裁地稱為「學士」。學士，是一種官名，一般為男子所擔任，唐德宗將宋氏五姐妹稱為學士，不難看出他對才女另眼相待。

唐德宗把宋氏五姐妹納入後宮，筆者認為還有一個深層原因，即唐德宗想實行文治。唐德宗不僅自己作詩，對初唐的宮廷文風更是刻意仿效，《唐詩紀事》中就記載了他親自考第百僚重陽會宴的應制詩，甚至批評崔叔靖的詩為惡詩的故事。為了倡導文治，唐德宗經常和臣下詩酒唱和，其目的，一方面讓文章繼續發揮粉飾功能，另一方面推廣傳統的禮樂教化，力圖恢復大唐盛世。除了宋氏五姐妹，唐德宗還將其他有才華的女子納入後宮，如與五宋齊名的鮑君徽（西元七八〇年～八〇四年）因善詩，唐德宗亦嘗召入宮，參與皇帝與侍臣們的文學交流。一時間，唐德宗後宮才女如雲，文學氣氛也相當濃厚。唐德宗每與侍臣們作詩唱和的時候，宋氏五姐妹都隨從，五朵金花，楚楚臨風，成為當時唐朝宮廷之內的一道豔麗風景。

但大唐帝國畢竟積重難返，唐德宗企圖透過推動文學來提升政治，並沒有取得成功。但是，貞元年間（西元七八五年～八〇五年）所營造出來的文學環境，卻孕育了元和（西元八〇六年～八二〇年）詩壇的優秀詩壇人群。唐代著名詩人白居易（西元七七二年～八四六年）能夠在詩歌方面取得如此高的成就，除了個人天賦外，也與當時活躍的文學創作環境有著莫大關係。所以方南堂《輟鍛錄》云：「唐詩至元和間，天地精華，盡為發洩，或平或奇，或高深或雄直，旗鼓相當，各成壁壘。」

在唐朝歷史上，唐德宗算不上是一個好皇帝，但他在位近二十五年時期的文學發展，卻是值得肯定的。貞元二十一年（西元八〇五年），唐德宗病逝，謚號「神武孝文皇帝」，其中的「文」字，還是名副其實的。

中國歷史上第一個「侄皇帝」

五代十國時期，道德滑坡，倫理喪失，鉤心鬥角，爾虞我詐，忠義廉恥幾乎完全被踐踏，形形色色的皇帝紛紛登場，活躍在這個黑暗政治舞台上。中國歷史上第一個「兒皇帝」石敬瑭出於此，第一個「侄皇帝」劉崇也出於此。如果說石敬瑭認比自己年輕十一歲的耶律德光作父，在輩分上尚且有章可循的話（按：耶律阿保機和李克用曾約為兄弟，石敬瑭是李克用養子李嗣源的女婿，比耶律阿保機之子耶律德光小一輩），那麼，劉崇認與自己毫無瓜葛、且比自己年輕幾十歲的耶律阮和耶律璟為叔，則顯得相當荒唐和無奈。

劉崇（西元八九五年～九五四年），後漢高祖劉知遠的弟弟，隱帝劉承祐的叔叔，北漢開國皇帝。劉崇生有奇異之相，史載他「美鬚髯，目重瞳子」，大有關羽、項羽之風；可他偏偏不爭氣，從小就「無賴，嗜酒好博」，曾因犯罪被「黥為卒」，後跟隨劉知遠四處征戰。後晉時，劉知遠為河東節度使，升劉崇為兵馬都指揮使。劉知遠建立後漢政權後，又任命他為太原尹、北京留守、同中書門下平章事。隱帝劉承祐時，授河東節度使兼中書令。劉崇與權臣郭威「素有隙」，看到郭威把持軍國大權，「漢政將亂」，便「罷上供徵賦，收豪傑」，謀圖自立。

乾祐三年（西元九五〇年）十一月，隱帝劉承祐被殺，劉崇旋即起兵討伐郭威。郭威雖然控制了朝政，但不敢貿然稱帝，於是放出了準備立劉崇之子劉贇為帝的口風。消息傳來，一心想當太上皇的劉崇高興的對部下說：「我兒子當皇帝，我還有什麼可顧慮的？」當即罷兵，並派人到開封探詢虛實。郭威見到劉崇使者，詳細闡述了立劉贇為帝的意思，並派出專人「迎贇於徐州」。當時，人們都明白郭威這樣做「非實意」，是權宜緩衝之舉，而劉崇卻信以為真，馬上派人把兒子送往開封。不久，郭威派人刺殺劉贇於宋州（今河南商丘），次年正月稱帝。

兒子被殺後，劉崇惱羞成怒，在郭威稱帝的同時，也在晉陽（今山西太原）自立為帝。為了表明他是後漢皇位的真正繼承者，劉崇建立的政權國號仍稱漢，仍使用乾祐年號，史稱北漢。此後，北漢與後周在軍事上長期對峙。劉崇雖然稱帝，但疆域只限於并、汾、忻、代、嵐、憲、隆、蔚、沁、遼、麟、石十二個小州，地狹民少，地瘠民貧，國力微弱，不能與占據中原地區的後周政權抗衡；再者，由於財政緊張，官員們的俸祿遠不如後漢時期，文武百官大都出工不出力。在這種情況下，劉崇決定效仿石敬瑭當年的做法，借助契丹力量對抗後周。

當時，遼（契丹）正處於上升期，國力雄厚，且對中原虎視眈眈。有奶便是娘，劉崇稱帝後，立即派人向遼主獻媚，表示願按照後晉與契丹的先例兩國交好。遼主也想利用北漢與後周的矛盾從中漁利。於是，遼世宗耶律阮提出與劉崇「約為父子之國」，並要求北漢「歲輸錢十萬緡」以上。錢的問題好辦，劉崇一口就答應下來，只是鑒於石敬瑭做「兒皇帝」早已聲名狼藉，所以怎樣也不肯與遼「約為父子之國」。為了區別於「兒皇帝」，劉崇提出約為叔侄，對遼主「以叔父事之」，稱「侄皇帝」，覆函也稱「侄皇帝致書於叔天授皇帝」。

乾祐四年（西元九五一年）七月，遼世宗正式冊立劉崇為「大漢神武皇帝」，中國歷史上第一個「侄皇帝」由此誕生，北漢與遼的依附關係也正式建立。爭取到了遼這座靠山，劉崇馬上聯合遼主對後周用兵。九月，遼世宗不聽眾將勸告，以郭威不向遼稱臣為由，親自帶兵攻打後周，以救援劉崇。然而，在行軍途中，遼世宗遭遇政變被殺害，遼世宗二十一歲的堂弟耶律璟平叛後稱帝，即遼穆宗。劉崇聞訊，立即派人前去祝賀，對遼穆宗「復以叔父事之」，又當了遼穆宗的「侄皇帝」。這一年，遼世宗三十四歲，遼穆宗二十一歲，劉崇五十七歲。

不當「兒皇帝」而當「侄皇帝」，劉崇無非是想用這種方式稍稍掩飾一下他對遼主的屈膝關係。此後，劉崇對遼主搖首乞憐，刻意孝敬。除了正常的貢奉，劉崇還想方設法討好遼主，如乾祐四年十二月，劉崇「遣使獻弓矢、鞍馬」；乾祐五年十月，劉崇「遣使進葡萄酒」；乾祐六年三月，劉崇「遣使進球衣及馬」，五月「遣使言石晉樹先帝《聖德神功碑》為周人所毀，請再刻」，九月又「遣使貢藥」；乾祐七年二月，劉崇「遣使進茶藥」。劉崇對遼穆宗厚顏媚態，無以復加，與當年「兒皇帝」石敬瑭孝敬耶律德光可謂異曲同工，不分伯仲。

當然，劉崇也不是白白對遼主進行感情投資，一旦劉崇有所請求，遼主也會適當地予以回報，如乾祐四年九月，劉崇「自領兵由陰地關寇晉州，乞師於契丹，契丹以五千騎助之」；遼穆宗即位之初，劉崇又「求兵以攻周」，耶律璟「遣蕭禹厥率兵五萬」助之。遼兵雖然凶悍善戰，劉崇雖然野心勃勃，但後周軍隊在郭威的帶領下連克勁敵，所向披靡，遼漢聯軍沒占得多少便宜。乾祐七年（西元九五四年）正月，郭威病逝，劉崇認為機會來了，便「遣使乞兵於契丹」，遼穆宗派出「鐵馬萬騎及奚諸部兵五六萬人」，結果在高平被柴榮打得落花流水。

高平兵敗後，劉崇化裝打扮，戴上斗笠，騎上契丹人賜的黃騮馬，一個人從雕窠嶺小路倉皇北逃。到了晚上，劉崇迷了路，便抓了一個村民為嚮導。不知道這個村民是認出了劉崇的鬍子，還是認出了契丹馬，竟然帶他去了晉州（今山西臨汾）方向。認契丹人作叔的「侄皇帝」不得人心，由此略見一斑。劉崇「行百餘里，乃覺之」，於是殺掉嚮導，晝夜兼程，直奔晉陽。劉崇畢竟六十歲了，年齡大了，加上「所至，得食未舉箸，或傳周兵至，輒蒼黃而去」，一路上風餐露宿，擔驚受怕，苦不堪言。經過一番周折，劉崇好不容易回到了晉陽。

入晉陽不久，劉崇就遭到了柴榮大軍的圍困。期間，劉崇整日憂心忡忡，不能自安。半個月後，圍城的後周軍隊因糧草不繼而退去，劉崇這才鬆了一口氣。然而，劉崇「自敗於高平，已而被圍，以憂得疾」。柴榮退兵不久，劉崇便一病不起，索性把國事交給次子劉承鈞處置。乾祐七年（西元九五四年）

十一月，劉崇病死，時年六十歲，廟號世祖。劉崇死後，劉承鈞即位，對遼國更加依附，「遣人奉表契丹，自稱男」。遼穆宗索性「呼承鈞為兒」，謂之「兒皇帝」。劉崇給兩代遼主當「侄皇帝」，不想他的兒子卻給人當了「兒皇帝」。

史上唯一一位生母是妓女的皇帝

關於朱友珪的出生，各種史籍的記載是一致的。《新五代史》稱「友珪者，太祖初鎮宣武，略地宋、亳間，與逆旅婦人野合而生也」；《舊五代史》稱「友珪，小字遙喜，母失其姓，本亳州營妓也」；《資治通鑒》稱「郢王友珪，其母亳州營倡也」。不論是「營妓」、「營倡」，還是「逆旅婦人」，都是古代「軍妓」（相當於近代的慰安婦）的別稱。在正史記載中，朱友珪是中國歷史上唯一一位生母是妓女的皇帝。

朱友珪（西元八八七年～九一三年），朱溫第三子，五代後梁第二任皇帝。朱友珪出生前的那幾年，朱溫還在唐朝皇帝手下討生活。光啟二年（西元八八六年）春，「唐室微弱，諸道州兵不為王室所用……圜幅數千里，殆絕人煙，唯宋、亳、滑、潁僅能閉壘而已」。朱溫奉命「累出兵與之交戰」，行經亳州時，便「召（軍妓）而侍寢」；孰知，一個月後，就在朱溫準備「捨之而去」的時候，軍妓告訴朱溫說她懷孕了。朱溫是個很怕老婆的人，史稱他對原配張氏「素憚之」，絕對不敢把野花帶回家，「因留亳州，以別宅貯之」，只能偷偷養起了二奶。

十月懷胎，一朝分娩。「及期，妓以生男來告」，朱溫聽說添了兒子，鑒於遠離這對母子，又不敢去探視，便為嬰兒起名「遙喜」。後來，朱溫實力變強，腰桿挺了、在家裡說話有分量了，才說服張氏將這對母子迎回汴州，並將朱遙喜更名為朱友珪。成長於「單親」家庭，加上生母曾做過「軍妓」，這樣的遭遇讓朱友珪覺得自己很卑賤，很鬱悶，在眾人面前始終抬不起頭。而朱友珪偏偏又是個辯黠多智、自尊心極強的人，因此與朱溫以及眾兄弟的關係很糟，尤其是因為爭位而與朱溫的養子朱友文，更是水火不容。

朱溫稱帝後，朱友珪雖被封為郢王，卻始終與太子的位子無緣。這是因為，其一，朱友珪是軍妓所生，出身微賤，口碑差，朱溫多少有些看不起他；其二，朱溫晚年越發好色，甚至經常召諸兒媳入宮侍寢，朱友文妻王氏與朱友珪妻張氏「常專房侍疾」。因為王氏長得漂亮，最受朱溫寵愛，朱溫便有意要立養子朱友文為太子。對此，朱友珪憤憤不平。在朱友珪看來，大哥朱友裕死後，自己成為朱溫的嫡系長子，太子的位子非他莫屬，而不是朱友文這個毫無血緣關係的外人。這種不可調和的傳位衝突，最終導致父子反目。

雖然繼位無望，但朱友珪卻不甘就此消沉，何況他骨子裡就帶著幾分狠毒和蠻橫。乾化二年（西元九一二年）五月，朱溫在情色的消磨下病倒在床上。不久，朱溫命兒媳王氏「召友文來，與之決」，意思是要正式傳位朱友文。當時，朱友珪之妻張氏也在場，便立即告訴了朱友珪。朱友珪聞訊，急忙與左右隨從策劃奪權。然而，沒過幾天，狡黠的朱溫又在病榻上下令，將朱友珪貶為萊州刺史，目的是讓朱友文順利接班。按照當時的慣例，被貶之人多半會在途中被賜死。朱友珪察覺到情況緊急，便選擇了另一種極端方式，即弒父奪位。

六月戊寅，也就是接到貶書的次日深夜，朱友珪率領五百人闖入皇宮，衝到朱溫榻前，將朱溫殺死。關於這段朱友珪弒父的恐怖場景，《新五代史》記載得相當血腥：「夜三鼓，斬關入萬春門，至寢中，侍疾者皆走。太祖惶駭起呼曰：『我疑此賊久矣，恨不早殺之，逆賊忍殺父乎！』友珪親吏馮廷諤以劍犯太祖，太祖旋柱而走，劍擊柱者三，太祖憊，僕於床，廷諤以劍中之，洞其腹，腸胃皆流。友珪以裀褥裹之寢中，祕喪四日。」手段如此殘忍，只能說明一個問題，即朱友珪把朱溫當成了侮辱其生母的嫖客。

朱溫至死也沒有想到，二十六年前他與亳州軍妓的那段野外孽情，竟然為自己帶來了殺身之禍。殺死朱溫後，朱友珪旋即又矯詔殺死政敵朱友文，如願以償做了皇帝。龍生龍，鳳生鳳，老鼠生來會打洞。朱友珪即位後，整日沉湎聲色，不理朝政，活脫脫又是一個晚年的朱溫。為了騰出時間享樂，朱友珪把四弟均王朱友貞提拔為開封尹、東都留守，自己則在後宮荒淫無道。朱友珪的惡劣行徑，使後梁的功臣宿將心懷不滿，朱友貞也在暗中積蓄實力。鳳歷元年（西元九一三年）二月，朱友貞在京城兵變，朱友珪驚慌失措，試圖奪路而逃。

由於城門已被朱友貞控制，朱友珪與妻張氏「趨北垣樓下，將逾城以走，不果」。想逃，沒門路；想活，沒可能；想死，沒勇氣。朱友珪當年弒父奪位的雄風，如今已是蕩然無存。他明白自己落到朱友貞手裡會是怎樣的後果，萬般無奈下，朱友珪命「馮廷諤進刃其妻及己」，享年三十七歲。朱友貞即位後，廢朱友珪為庶人。雖然當了八個月皇帝，在歷史上卻沒留下帝號，單從這一點上看，朱友珪稱得上是一位悲劇人物。朱友珪雖然改寫了歷史，卻因為自己的敗亡而喪失了改寫生母身分的權力，這無疑是他一生中最大的悲劇。

一次糟蹋四千少女的酒色帝王

成吉思汗有四子，長子朮赤、次子察合台、三子窩闊台、四子拖雷。四子中，除朮赤（蒙古意思為「客」）外，其餘三子均為成吉思汗親生。四個兒子各有所長，皆為英俊，因而被稱做「四曲律」。曲律，形容馬則為駿馬、快馬，形容人則為豪傑、勇士。成吉思汗征戰一生，打下偌大家業，按照蒙古族「幼子守灶」的傳統民俗，當由托雷繼承汗位；但按照封建社會「嫡長子繼承制」，察合台也當仁不讓。最終，成吉思汗卻出人意料選擇了窩闊台。從某種程度上說，窩闊台的脫穎而出，是蒙古舊傳統與中原漢文化相互碰撞的結果。

窩闊台（西元一一八六年～一二四一年），蒙古帝國第二任大汗。《元史》稱窩闊台「量時度力，舉無過事」，為人公正、謹慎、善斷，在四兄弟中具有較高的主政能力。在蒙古帝國初具規模的背景下，成吉思汗擢升窩闊台為繼承人，反映了一代天驕心繫國家前途的遠見卓識。事實證明，成吉思汗沒有選錯人。窩闊台執政期間，制定法令，完善驛站，滅掉金國，西征東歐，經略中原，一時間震撼歐亞。時至今日，美國高中還有「窩闊台如果沒有死，歐洲會發生什麼變化？試從經濟、政治、社會三方面分析」的歷史考試題，可見窩闊台對世界影響之深遠。

然而，在豐功偉績的背後，窩闊台卻有著讓人難以捉摸的複雜性格。窩闊台天性慷慨大方，為人仁愛好施，喜歡廣播恩惠。各國進貢的東西，他往往不經過相關部門造冊登記，就散發一空。前來奏事的部下，幾乎都能得到他的賞賜；前來乞賞的臣民，很難從他嘴裡聽到「不」字；前來求他的窮人，大都不虛此行。每當聽到有人說起古代君主聚斂錢財的事情，窩闊台就會說：「這些人太不聰明了，財物不能保我輩不死，而我輩死後又不能復生，聚財何益？不如散財寄於民心！」（《世界征服者史》）在窩闊台看來，金銀財寶皆為「浮雲」。

有一次，有個商販獻給窩闊台三顆西瓜。由於身邊扈從沒帶銀子，窩闊台便將皇后耳墜上的兩顆珍珠摘下來賞賜商販。皇后很不情願說：「這人不識貨，拿到珍珠之後也會賤賣，還是讓他明天到宮裡領些錢物吧。」窩闊台卻說：「他是個窮人，生活艱難，等不到明天。」最終將珍珠送出。還有一次，窩闊台出宮逛街，看見一個賣棗的平民，就命手下拿一巴里失（巴里失是貨幣名）去買棗，手下人拿回來很多，窩闊台看完問道：「這棗怎麼這麼便宜？」手下人信口說：「棗不值錢，一巴里失買這些算是很公道了。」窩闊台立即反駁說：「此人一生能見到幾個我們這樣的買家，難道還能跟他公平交易嗎？去把錢全都給他。」一句話，就讓那個賣棗人發了一大筆橫財。

窩闊台很守信，他說過的話、吩咐下去的事，往往會檢驗手下是否落實，有時還會發脾氣。有個平民送給他一頂普通帽子，窩闊台命人賞兩百巴里失（約合四百兩銀子），手下人以為是他在說醉話，因此拒絕支付。第二天，窩闊台又看見這個人，了解到他沒有得到賞銀，便答應給他三百巴里失，可手下人仍然不給。第三天，窩闊台又將賞銀漲到了四百，手下人仍舊拒絕，直到賞銀漲到了六百，此人才拿到了賞銀。為此，窩闊台還對手下人破口大罵道：「汝曹害我言不守信，誠為我之真敵，若不懲罰一二人，實不足使汝曹改過。」

除了出手大方、言出必行，窩闊台還「有寬弘之量，忠恕之心」（《元史》），有其仁慈的一面。有一次，有三個罪犯被他下令處死。當他離開大殿時，遇到一個婦女嚎啕痛哭，窩闊台便走過去詢問。這名婦女回答道：「您下令處死的這三個人，一個是我的丈夫，一個是我的兒子，另一個是我的兄弟。」窩闊台對那婦女說：「既然如此，妳在其中任選一人，我看在妳的面上饒他不死。」那名婦女說道：「丈夫死了可以再找，兒子死了可以再生，但兄弟只有一個，請您赦免他吧！」窩闊台聽完很感動，就把那三名罪犯全部赦免了。

但是，窩闊台也有殘忍、苛暴、非人性的一面。窩闊台一生殺人無數，特別是在隨成吉思汗西征期間，動輒屠城，死在他手裡的人大約有兩千萬之眾。比如，窩闊台率軍攻下花剌子模城後，下令先搶、後殺、再燒，全城人被他殺的乾乾淨淨。隨後，窩闊台又下令掘開阿姆河，引水淹城，將花剌子模城夷為平地。由於當地居民被滅絕性屠殺，歷經幾個世紀修建的灌溉設施被摧毀，農業專家和技術被消滅，脆弱的生態被破壞，花剌子模城及河中地區從此再未恢復元氣。當時中亞赫赫有名的花剌子模城，最終毀於窩闊台之手。

對待敵人如此，對手足兄弟也如此，四弟托雷便是被窩闊台處心積慮設計害死的。托雷掌握著蒙古軍隊百分之八十的指揮權，軍事實力堅實雄厚。後來，托雷遵從成吉思汗遺旨，將窩闊台扶上台，窩闊台卻一直將托雷視為威脅汗位的最大隱患。在攻金的戰役中，由於托雷表現出卓越的軍事才能，這更加引起了窩闊台的猜忌。班師途中，窩闊台假裝奄奄一息，指使巫師將疾病滌除在一盞木杯中，並暗暗下了毒藥。托雷不知有詐，拿起杯子誠心誠意為兄長祈禱，最後喝光。不久，托雷暴斃。借助迷信、裝神弄鬼，窩闊台除掉了托雷。

執政晚年，窩闊台開始沉湎酒色，縱情享樂，變得荒淫。窩闊台認為，「這人世一半是為了享樂，一半是為了英名。當你放鬆時，你自己的束縛就放鬆，而當你約束時，你自己就受到束縛」。建立偉業，特別是滅金之後，窩闊台便不願再受親征之苦，而是指派手下大將率師征伐，「當其軍隊東侵高麗，南破宋境，西躪斡羅思、波蘭、匈牙利等地，播其恐怖於歐洲西方之時，窩闊台則專事娛樂，沉湎於遊獵飲酒」（《多桑蒙古史》）。

窩闊台從小就「愛好娛樂和飲酒」（《史集》），晚年尤甚，每飲必徹夜不休。嗜酒如命，對窩闊台的健康造成了極大傷害。二哥察合台曾專門指派一名使者跟在窩闊台身邊，限制他飲酒的杯數，窩闊台就改成大杯喝酒，這樣既不辜負兄長的好意，又能保證自己不受委屈，每天仍然喝得醉醺醺的。耶律楚材多次勸說無效，便拿著鐵製酒槽對窩闊台說：「鐵槽為酒所浸蝕，所以裂有口子；人的五臟遠不如鐵堅硬，哪有不損傷的道理呢？」窩闊台聞言立即醒悟，但他秉性難改，沒過幾天就故態復萌，誰也管不住他，依舊射獵飲樂，荒怠朝政。

酒和色是一對孿生體，向來不分家。窩闊台在大碗喝酒的同時，也四處廣徵民女，供自己淫樂。窩闊台一生僅皇后就立了六位，其他妃嬪數量可想而知。即便這樣，窩闊台仍不滿足。南宋嘉熙元年（西元一二三七年）六月，窩闊台準備「簡（檢）天下室女」，再次擴大後宮規模。耶律楚材上奏說「向選女二十有八人，足備使令。今復選拔，臣恐擾民」，意思是說，前幾天剛選了二十八位美女，差不多夠用了吧，再次選拔，必定會擾民。聽了耶律楚材的勸諫，窩闊台考慮良久，表示「可罷之」（《續資治通鑑》）。然而，窩闊台準備徵選美女的消息卻傳了出去，蒙古斡亦剌部落中人不辨真偽，擔心姐妹、女兒掉進火坑，急忙把尚未出嫁的女子許配給族人，有的甚至不需彩禮、不辦酒席，就把女子直接送到男方家裡，從而出現了數千女子集體出嫁的「驚婚」場面。

臣民「驚婚」，無疑是對窩闊台荒淫好色的反對。聞訊後，窩闊台氣得暴跳如雷，凶相畢露。在窩闊台看來，他本人已經明確表示不「簡（檢）天下室女」了，已經夠仁慈的了，而左翼諸部「驚婚」簡直就是公開違逆和不忠，明顯是衝著他來，這是讓窩闊台所無法容忍的。於是窩闊台下令，將所有已經出嫁、來不及出嫁的七歲以上的女子一律召回，通通賞賜給部下將士。對此，《續資治通鑑》稱「六月，……左翼諸部訛言括民女，蒙古主怒，因括以賜麾下」；《元史》稱「六月，左翼諸部訛言括民女，帝怒，因括以賜麾下」；《新元史》也稱「六月，皇叔斡赤斤所部訛言括民女，帝怒，因括之以賜將士，自七歲以上未嫁之女得四千餘人」。

如果單純是犒賞部下，還說的過去。然而，在作出這一決定的同時，窩闊台還命令將士們當眾集體強姦那四千名少女，以此來報復百姓。所以，那些急於出嫁的女子便遭殃。權威史料《世界征服者史》

對窩闊台下令強姦四千名少女有詳實的記載，窩闊台「傳令將該部落中所有七歲以上的女子全部集中起來，已經嫁人的要從婆家追回，命士兵隨意踐踏她們，其中有兩名女子被活活踩死，剩下的全部降為奴隸，或送往妓院或賞賜給人，讓人當場領走，還要這些女子的父親、丈夫在一旁觀看，而且不許哭泣，也不許露出任何不滿情緒」。四千名柔弱女子，數萬計虎狼將士，當年那場慘絕人寰、人神共憤、野蠻粗暴、卑鄙罪惡的強姦場景，讓人觸目驚心。

帝王普遍是個複雜體，窩闊台則是其中的典型。好的時候，英明偉大，是明主；壞的時候，罄竹難書，是暴君。寬弘。忠恕之人一旦發火，其結果往往是讓人難以預料的。因為一時之怒，窩闊台在處理「驚婚」事件中所做的非人性獸行，與他平素寬厚、仁慈的形象形成了極大反差，既招致了不少怨言，也損壞了他的聲譽。《元史》稱窩闊台「有寬弘之量，忠恕之心，量時度力，舉無過事，華夏富庶，羊馬成群，旅不齎糧，時稱治平」，雖然不乏溢美之處，卻難以掩蓋他的暴行。這一點，僅從窩闊台下令糟蹋四千少女事件中便可見一二。此後，窩闊台索性用放縱來釋放心中的怒氣，把遊獵、淫樂和酗酒當成了伴侶，致使身體每況愈下。

南宋淳祐元年（西元一二四一年）二月，窩闊台遊獵歸來，多喝了幾杯，病情突然加劇。經太醫診治，報稱「脈已絕」，意思是說已經不行了。過了幾天，窩闊台「少蘇」，但「已不能言」。耶律楚材奏請他保重身體，不宜田獵，窩闊台點頭答應。休整了幾十天後，窩闊台病情大為好轉。到了十一月，窩闊台再次「出獵」，一去就是四五天，在烏特古呼蘭山宿營時，窩闊台興致很高，不聽勸告，親近歌姬，暢飲美酒，「歡飲極夜」（《續資治通鑑》）。次日，人們發現窩闊台已經死了，享年五十六歲，在位十三年，廟號太宗。好了傷疤忘了疼，一代非常有潛力的帝王，最終喪命於酒色。窩闊台如果沒有死，歐洲會發生什麼變化？可惜，歷史沒有假設。

朱元璋是如何殘害女人的？

在歷史上，朱元璋的殘忍和狠毒非常有名，不少學者稱其為屠夫皇帝，一點也不為過。朱元璋掌權和統治時期，一個個功臣、一個個文人，莫名其妙在他的屠刀下喪命；就連一些遠離政治的女人，也遭到了他的欺辱和殘害。這些苦命的女人中，有村野女巫、有民間才女、有青樓娼妓、有屬下婆姨、有功臣老婆，也有朱元璋自己的女人。翻閱史料，關於朱元璋殘害女人的記載，讓人觸目驚心。

——「寧越有女子魯氏，自言能通天文，誑說災異，惑眾。上以為亂民，命戮於市。」（《明太祖實錄》）

——「太祖親征婺州，有侄男子進女子一人，約二十歲，能作詩。太祖曰：我取天下，豈以女色為心，誅之於市，以絕進獻。」（《國初事蹟》）

——「文忠守嚴州，取娼婦韓氏在家留宿。太祖知之，差人將韓氏誅之。」（《國初事蹟》）

——「賜友德宴，命葉國珍陪飲，撥與歌妓十餘人。太祖令內官覘視，後國珍令歌妓脫去皂冠、皂褙子，穿華麗衣服混坐。太祖怒，令壯士拘執國珍，與妓婦連鎖於馬坊，妓婦劓去鼻尖。」（《國初事蹟》）

——「太祖嘗使人察聽在京將官家有女僧誘引，華高、胡大海妻敬奉兩僧，行金天教法。太祖怒，將二家婦及僧投於河。」（《國初事蹟》）

——「聖祖憫常開平遇春無嗣，賜二宮女，妻悍，不敢御……聖祖問之，不敢對……命力士肢解其妻，分賜功臣，上寫曰：悍婦之肉。」（《龍興慈記》）

——「中山武寧王達夫人謝氏（一說張氏），膂力過人，常持鐵器重百斤者，軍中隨行。後太祖登大寶，中山就封，每朝見太后，謝夫人時致不平。嘗有『我家不如爾家』之言……一日召宴內庭，中山

與焉，命勇士殺謝夫人於其第。」（《北窗瑣語》）

……

一名女巫因為懂些天文異術而被「戮於市」；一名才女因為被送上門而被「誅之於市」；一名娼婦因為陪將士過夜而被「誅之」；一名歌姬因為身著華麗服飾而被「劓去鼻尖」；華高、胡大海的婆姨因為尊僧信佛而被「投於河」；常遇春的老婆因為獨霸老公而被「肢解」；徐達的老婆因為口無遮攔而被「（殺）於其第」，朱元璋殘害女人的行徑令人髮指。除了殘害與自己毫無關係的女人，朱元璋對待自己的女人也極其殘忍卑劣。

朱元璋稱帝後，同歷代皇帝一樣廣蓄美女，大批花季少女進入後宮。為了抑制宮女的正常生理需求，防止宮女們給他戴綠帽子，朱元璋竟然下令像「閹割」男人那樣「幽閉」宮女，「於牝（按：陰戶）去其筋，如制馬、豕之類，使慾火消滅」，以至於「女往往多死」（《耳談》）。這種像處置畜生一樣處置宮女的方式，可謂變態至極。此外，朱元璋對那些在浣衣院做粗活的罪婦也痛下殺手，出自朱元璋身邊「御衛大駕」俞本之手的《紀事錄》記載「上疑其通外，將婦女五千餘人，俱剝皮貯草以示眾」，這不能不讓人想起「慘絕人寰」四個字。

宮女遭受如此摧殘，妃嬪也是命懸一線，說不定什麼事就會讓朱元璋拿起屠刀。碽妃因為早產，提前一個月生下了朱棣，就讓朱元璋覺得像吃了蒼蠅，被賜以「鐵裙」之刑，活活將其燙死；郭寧妃、李賢妃、葛麗妃在朱元璋的一次暴怒中同時獲罪被殺，三具屍體裝在一個大籮筐中，埋於太平門外。後來朱元璋冷靜下來，怒氣稍解，便想將三人分開重新安葬，但三具屍體已腐爛在一起，只好在旁邊立兩個墳丘作三妃墓。

洪武十四年（西元一三八一年），宮中發生了一件醜聞：有人在御河中打撈出一名未足月的嬰兒，顯然是後宮妃嬪墮胎後丟掉的。對於這一宮禁穢亂，朱元璋聞訊後火冒三丈，無端懷疑是寡婦出身的胡充妃所為，於是親手將她殺死，棄屍城外。後來，朱元璋想到胡充妃年近五十，不大可能做出這種荒唐事，於是詔封其為昭敬皇妃。事情雖然過去了，但御河棄嬰一案之謎團卻一直埋在朱元璋心中。洪武十七年（西元一三八四年），有人密報胡美和他女婿曾祕密來往於宮廷，這便引起了朱元璋對胡順妃的懷疑。於是，胡順妃就成為墮胎案的又一個犧牲品。

朱元璋的妃嬪中，有很多人被朱元璋處死，有些妃嬪甚至像死狗死貓一樣被拋屍荒野。有些妃嬪雖然僥倖陪伴朱元璋走完了有生之年，但自己也同時走到了生命盡頭。李賢妃聰明俊秀，知書識禮，體恤寬厚，頗有心計，做事當斷則斷，乾淨俐落，很有政治家風度，被朱元璋稱讚為漢朝班婕妤。朱棣為燕王時，曾派人祕密接觸李賢妃，希望她能說服朱元璋立他為太子，被李賢妃嚴詞拒絕。洪武三十一年（西元一三九八年），朱元璋病重，擔心李賢妃這位才女將來會步呂后、武則天後塵，篡奪朱氏江山，便令其自盡，以絕後患。

朱元璋活著的時候殘害女人，死的時候也狠心拉上了一批女人。據《明史》記載：「太祖崩，宮人多從死者。」朱元璋病重期間，翁妃、李淑妃在一旁侍奉湯藥，朱元璋捨不得這兩位年輕貌美的妃嬪，便拉著她們的手，一人賜給一條白練，命其自殺殉葬。朱元璋臨終前還宣布：「凡殉葬宮人，父兄皆得升官，輩輩世襲。」一些熬不出頭的宮人自知苦海無邊，寧願用一死來為家人賺下一份產業，被迫主動為朱元璋殉葬。據明人鄭曉《今言》和清初毛奇齡《彤史拾遺記》記載，朱元璋死後，在明孝陵陪葬的妃子有四十六人之多。

六百多年過去了，朱元璋留給後人的形像是禮賢下士，待時而動；驅除韃虜，恢復中華；雄才大略，一統天下；勵精圖治，勤政廉潔；嚴刑峻法，剛猛治國；心狠手辣，誅滅功臣。然而，透過這些零散的材料，也讓人看到朱元璋對女人近乎瘋狂嗜殺行徑的另一副面孔，加深了對朱元璋性格和作風的一些感性認識。

痴迷技藝玩物喪志的兩位昏君

明熹宗朱由校與法國國王路易十六都是典型的昏君，同時又都是當世最出色的工匠，都十分醉心於「技術攻關」，一個玩木工，一個玩鎖，都不務正業玩物喪志，都無心朝政無為而治。這一東一西的兩位仁兄相似點甚多，結局也差不多，前者導致大明江山風雨飄搖，埋下了滅亡的種子，後者乾脆直接亡國，真堪稱「難兄難弟」。

明熹宗朱由校在歷代帝王中是個異類，他是一名出色的木匠，堪稱「皇帝中的魯班」。他心靈手巧，對製造木器有極濃厚的興趣，凡刀鋸斧鑿、丹青揉漆之類的木匠工作，他都要親自操作。他手造的漆器、床、梳匣等，均裝飾五彩，精巧絕倫。史書上記載：明代天啟年間，匠人所造的床，極其笨重，十幾個人才能移動，材料多，樣式也極普通。熹宗便自己思索，設計圖樣，親自鋸木釘板，一年多便造出一張床，床板可以摺疊，攜帶移動都很方便，床架上還雕鏤有各種花紋，美觀大方，為當時的工匠所嘆服。

可是，他所造的木器卻經常成為宮中老鼠的磨牙工具，眼見自己的得意之作隔夜就多了幾道牙印，明熹宗怎能不生氣。為此，他組建了一支貓咪衛隊，這樣老鼠就不敢來啃食木器了。他還按這些貓功勞的不同，賜予牠們封號。他將一般的公貓稱為小廝、母貓稱為丫頭，自己特別喜歡的或保護木器有功的稱為某老爺、某夫人，還參照賞賜大臣的規矩賞賜貓咪。對於他的這種生活，《天啟宮詞》注中有詩描述之：「紅罽無塵白晝長，丫頭日日侍君王，御廚餘瀝分沾慣，不羨人間魚肉香。」其中的「丫頭」就是貓咪衛隊中的「女兵」。

明熹宗還善用木材做小玩具，他做的小木人，男女老少，俱有神態，五官四肢，無不備具，動作亦唯妙唯肖。熹宗還派內監拿到市面上出售，市人都以重價購買，熹宗更加高興，往往忙到半夜也不休息，常令身邊太監做他的助手。

熹宗好蓋房屋，喜弄機巧，常常是房屋造成後，高興得手舞足蹈，反覆欣賞；高興過後，又立即毀掉，重新照新樣製作，從不感到厭倦。興致高時，往往脫掉外衣，把治國平天下的事拋到腦後，無暇過問。奸臣魏忠賢當然不會錯過這個良機，他常趁熹宗引繩削墨、興趣最濃時，拿上公文請熹宗批示，熹宗覺得影響了自己的興致，便隨口說道：「我已經知道了，你盡心照章辦理就是了。」明朝舊例，凡廷臣奏本，必由皇帝御筆親批；若是例行文書，由司禮監代擬批問，也必須寫上遵閣票字樣，或奉旨更改，用硃筆批，號為批紅。熹宗潛心於製作木器房屋，便把上述公務一律交給了魏忠賢，魏忠賢藉機排斥異己，專權誤國，而熹宗卻耳無所聞，目無所見，可嘆他是一名出色的工匠，卻使大明王朝在他的這雙手上搖搖欲墜。

無獨有偶，法國國王路易十六也是這樣一個專心技術攻關的昏君。這位優柔寡斷、有些木訥的男人不貪戀錢財，也不沉迷於女色，卻經常整天將自己關在鐵匠房中，做自己最喜歡的工作——製鎖。

西元一七七四年五月，路易十六被推上了法蘭西的王座，面對的是已千瘡百孔、搖搖欲墜的帝國。此時的法國債台高築，每年僅償還利息就要消耗國庫收入的一半以上。然而，面對國內日趨緊張的形勢，路易十六卻無心朝政，經常來到自己的五金作坊裡，與各式各樣的鎖為伍。路易十六製鎖的水準的確很高，他的鎖極富創意、形狀各異，幾乎每一把都是一件藝術品。他曾將鎖製成活潑可愛的鯉魚、松鼠或鴨子形狀，扭動「松鼠」的鑰匙，「松鼠」會頻頻點頭，搖尾乞憐。有一把「蠑螈」鎖，把鑰匙插進後轉動三圈，「蠑螈」的嘴中就會噴出水。為迎合國王嗜「鎖」如命的愛好，人們紛紛用各種各樣的鎖來巴結國王。在一次為慶祝王子出生的遊行中，有人甚至抬出了一把特製的「大鎖」，當人們打開「大鎖」的門時，竟從裡面走出一位可愛的「小王子」，這讓路易十六龍顏大悅，他特意命令手下將自己製作的鎖賞賜給遊行者。

然而，高超的製鎖技巧無法挽救他的王國，隨著法國社會矛盾不斷激化，轟轟烈烈的法國大革命終於在一七八九年七月十四日拉開序幕。路易十六出逃未遂，被扣押在巴黎的杜樂麗宮。即便是在被看押期間，他依然沒有忘記自己的愛好，偷偷在牆板後面藏了一口保險箱，裝上了一把自認為世界上最難打開的鎖，將執政期間企圖勾結國內外復辟勢力、陰謀絞殺法國大革命的許多密函鎖在裡面。當人們打開鎖看到這些罪證後，一致要求國會「宣布路易十六為法國的賣國賊、人類的罪人，立即以革命的名義判處死刑」。結果，一七九三年一月二十一日，路易十六被推上了斷頭台。具有戲劇意味的是，路易十六當年曾親自參與了斷頭台的設計，為加速斷頭台的殺人效率，他命人將鍘刀改成三角形，沒想到自己最終卻命斷這部殺人利器之下。

現在，仍有十幾把由路易十六親手製作的精美鎖，保存在法國的博物館中，彰顯著這位亡國之君的高超技藝。

第三部分：也無風雨也無晴

秦始皇也能聞過即改

我們都知道，唐太宗從諫如流、聞過即改的心胸與特質，成就了「貞觀之治」之盛世，歷來為史家所讚不絕口；殊不知，以殘暴名世的秦始皇，也是聞過即改的典範。

茅焦勸諫 嬴政接母

戰國早期，秦國在諸強中並不是最強大的國家，秦始皇的父親子楚（本名異人）作為王子被迫在趙國做人質，由於秦國多次攻打趙國，趙國自然對子楚也不以禮相待，致使他政治上不得意，生活上也陷於窘境。

衛國商人呂不韋是陽翟（今河南省禹州市）人，故里在城南大呂街，他往來各地，以低價買進，高價賣出，所以積累起千金的家產。呂不韋認為子楚「奇貨可居」，決定進行一次政治賭博，設法結識了他，成為密友。呂不韋遂予重金資助，並西入咸陽，用金錢開道，遊說秦太子安國君寵姬華陽夫人，利用秦國內部的矛盾，縱橫捭闔，使得連歸國希望都十分渺茫的子楚，竟然被立為王位繼承人。皇天不負有心人，幾經周折，呂不韋做成了一筆一本萬利的政治大買賣。

為了進一步籠絡子楚，呂不韋將自己已經懷孕的愛妾也贈送給他，這便是秦始皇的母親趙姬。

後來，子楚與呂不韋逃歸秦國。子楚的父親安國君繼立為孝文王，子楚遂為太子。西元前二五〇年，秦孝文王繼位三天後突然中毒而死，子楚繼位，即秦莊襄王。當上秦國國王的子楚不忘舊恩，任命呂不韋為丞相，封為文信侯，食洛陽十多萬戶，門下有食客三千人，家僮萬人。

誰知天不假年，短命的子楚僅做了三年皇帝就去世了。西元前二四六年，十三歲的嬴政即位，尊呂不韋為相邦（戰國時百官中最高者），號稱「仲父」，專斷朝政。子貴母榮，年輕的趙姬成為王太后。

趙姬年輕貌美，與呂不韋經常私通。精明的呂不韋看到嬴政一天天長大，心存顧忌，便把嫪毐裝扮成宦官推薦給太后，自己則全身而退。

嫪毐，按照《史記．呂不韋列傳》的記載，是一名陽具相當巨大的人，可以用其陽具轉動桐木車輪；呂不韋便將嫪毐引見給秦王嬴政的母親趙姬，使其與趙姬私通。嫪毐與太后終日廝混，結果接連為嬴政生了兩名幼弟，並打算等到嬴政死後，擁這兩個小孩為秦王。

在趙太后的不斷關照下，嫪毐一路晉升，被封為長信侯，家裡的奴僕有數千人，食客千餘人，又以河西、太原郡作為嫪毐的封國，至於其他的獎賞更是不計其數。可惜機關算盡太聰明，反誤了卿卿性命。西元前二三八年，嬴政親政，立即有人向他檢舉太后和嫪毐的不法之事。在嬴政著手調查時，嫪毐先發制人，他竊取玉璽，調動地方軍隊以及他的家人欲攻占嬴政居住的宮殿。嬴政果斷平叛，當場殺死數百人，後將嫪毐車裂並誅滅其家族，將自己的同母異父的兩個弟弟也殺死，而對於自己的母親，嬴政不能處分，只好將她貶入咸陽宮軟禁。

可是，幽禁母親，畢竟是件大逆不道的事情，許多大臣為此紛紛發表意見，都遭到了嬴政的嚴厲處罰。嬴政下令說：「日後有敢再來說太后的事情的，先用蒺藜責打，然後殺掉。」為此，先後有二十七位進諫者遭到殘酷的殺戮。

看到秦始皇殺掉那麼多的人，一時間沒有人再敢進諫。這時，在秦國為客卿的茅焦挺身而出，感慨說道：「兒子囚禁母親，天地翻覆。哪裡有這種道理？」

他自報家門說：「我是齊國人茅焦，是因為太后的事情來勸說大王的。」這一次，茅焦很幸運，接到求見的報告，秦始皇沒有立即處決他，而是派使者提醒說：「你難道沒有見到那些因為來說太后的事，被殺掉的人的屍體嗎？」茅焦回答：「我正是為此事而來。我聽說天上有二十八星宿，如今已經有二十七個了，我來就是要湊成二十八之數。我不怕死！」那些和茅焦一起居住的人，聽說茅焦去諫止秦王，都認為他必死無疑，大家合夥將他的行李私自瓜分，各自逃亡了。聽到使者的回報，秦王嬴政火冒三丈，大怒道：「這小子是故意來違背我命令，趕快準備一口大鍋，我要煮了他。」說完，按劍端坐，氣勢洶洶，召見茅焦。

茅焦故意緩慢進殿，以減弱秦王的怒氣。使者催促他快點，茅焦說：「我到了那裡就要被處死了，您就不能讓我慢點嗎？」連使者都感到非常悲哀。茅焦來到秦始皇面前，不慌不忙行過禮，對秦王說：「我聽說，長壽的人不忌諱談論死亡，國君不忌諱研究國家滅亡。人的壽命不會因為忌諱死亡而長久，國家不會因為忌諱亡國而存活。人的生死，國家的存亡，都是開明的君主最希望研究的事情，不知道大王是否願意聽？」聽到這裡，秦王的怒氣稍稍緩解，問：「此話怎講？」茅焦說：「忠臣不講阿諛奉承的話，明君不做違背世俗的事。現在，大王有極其荒唐的作為，我如果不對大王說明白，就是辜負了大王。」秦王停頓了一會，說：「你要講什麼？說來聽聽。」茅焦說：「天下之所以尊敬秦國，也不僅僅因為秦國的力量強大，還因為大王是英明的君主，深得人心。現在，大王車裂你的假父，是為不仁；殺死你的兩個弟弟，是為不友；將母親軟禁在外，是為不孝；殺害進獻忠言的大臣，是夏桀、商紂的作為。如此的品德，如何讓天下人信服呢？天下人聽說之後，就不會再心向秦國了。我實在是為秦國擔憂，為大王擔心啊。」說完之後，茅焦解開衣服，走出大殿，伏在殿下等待受刑。秦王嬴政聽了茅焦這番話之後，深為震動，知道自己的行為對收買人心、統一天下大業不利。於是，他親自走下大殿，扶起茅焦，說：「赦你無罪！先生請起，穿上衣服，我願意聽從先生的教誨。」茅焦進一步勸諫說：「以前來勸諫大王的，都是些忠臣，希望大王厚葬他們，別寒了天下忠臣的心。秦國正圖一統天下，大王更不能有遷徙母后的惡名。」秦王說：「以前的人都是來指責我，沒有一個講明事關天下統一的道理。先生的話使我茅塞頓開，哪裡有不聽的道理？」於是，秦王採納了茅焦的建議，厚葬被殺死的人，又親自率領車隊，前往雍地把太后接回咸陽，母子關係得以恢復。

返回都城咸陽的太后極為高興，設酒宴款待茅焦，席間對茅焦讚賞有加，她迭聲稱讚說：「先生是天下最正直的大臣。在危急時刻，先生轉敗為勝，安定秦國的江山社稷，使我們母子重新相會，這都是茅君的功勞啊！」

嬴政聞過即改的此舉，無疑為他帶來了很大的積極效應，在秦國可以發揮穩定人心、安定政局的作用，為他後來統一天下奠定了政治基礎。茅焦也因敢於直諫而受到嬴政的尊敬，被立為太傅，尊為上卿。

安頓好母親後，恨死了呂不韋的嬴政，將呂不韋遣出京城，令其前往河南的封地。又過了一年多，各諸侯國的賓客使者絡繹不絕，前來問候呂不韋。秦王恐怕他發動叛亂，就寫信給呂不韋：「你對秦國有何功勞？秦國封你在河南，食邑十萬戶。你對秦王有什麼血緣關係？而號稱仲父。你與家屬都一律遷到蜀地去居住！」呂不韋一想到自己已經無路可退，害怕日後被殺，就喝下鴆酒自殺。

秦王政十九年（西元前二二九年），太后去世，諡號為帝太后。與莊襄王合葬在芷陽。

取消逐客 人才雲集

西元前二三七年，在嫪毐叛亂勢力被鎮壓下去，呂不韋集團的勢力尚未被觸動之際，秦國又發現了奸細：韓國派來的水工鄭國。

在戰國七雄中，韓國實力最為弱小，又緊鄰秦國，所以處境相當危險，是秦國進行統一戰爭的首選目標。面對強敵，韓國不得不去考慮如何救亡圖存。

西元前二四六年，韓惠王在走投無路的情況下，採取了一條非常拙劣的所謂「疲秦」策略。他以著名的水工鄭國為間諜，派其入秦，遊說秦國在涇水和洛水（北洛水，渭水支流）間，穿鑿一條大型灌溉渠道。表面上說可以發展秦國農業，真實目的是要耗竭秦國實力。在當時，各國沒有常備軍隊，全民皆兵，而修鄭國渠這樣的大型灌溉工程，秦國要動用所有青壯年勞力，耗費大量財力和精力，必然影響秦國的統一戰爭。韓國企圖以此消耗秦的國力，轉移秦國的注意力，改變韓國行將滅亡的可悲命運。

本來就想發展水利的秦國，很快採納這一誘人的建議。只是韓惠王低估了秦國的綜合實力。儘管秦國投入了大量的人力、物力興修這條水渠，但是絲毫也沒有影響秦軍的東攻計畫。而且，當時在秦國興修的大規模土木工程還並不止此一項。

最後，韓惠王的陰謀終於讓嬴政發現了，不善制怒的嬴政暴跳如雷，立即命人將鄭國抓來，要問刑處死。嬴政氣得發昏，朝中一幫長期不受重用的宗室大臣，察覺出這是一個難得的重秉朝政的好機會。因為長期以來，秦國一直堅持「客卿」政策，重用東方各國的有才之士，或委以重任高位，或任為客卿，宗室貴族在政治上都沒有很高的地位，本國官吏若無大才，也只能充任一般職務，掌不了大權。這項制度是秦國自商鞅變法以後能保持勃勃生機的重要原因，也是秦國最終統一六國的政治保證之一。

看到秦王怒氣沖天，宗室大臣們乘機進言，稱：「各諸侯國來秦國謀事的人，大概都是為了他們各自的君主而遊說秦國、當間諜，請您務必將他們全部驅逐出境。」年輕氣盛的嬴政犯了急躁的毛病，沒有冷靜思考，便接受了這個建議，立即下達「逐客令」。

李斯的名字也被列在驅逐的名單之中。李斯是楚國上蔡人，曾追隨當時著名的思想家荀子學習「帝王之術」，與韓非同窗，學成以後四入秦國欲施展一番抱負。他因建議對東方六國施用反間計，拉攏了不少各國的名士，受到秦王嬴政的賞識，被拜為客卿。

鬱悶的李斯沒有認命，而是寫了一封信給秦王，力勸秦王不要逐客，這就是有名的〈諫逐客書〉：

「我聽說群臣議論逐客，這是錯誤的。從前秦穆公求賢人，從西方的戎人那裡請來由余，從東方的楚國請來百里奚，從宋國迎來蹇叔，任用從晉國來的丕豹、公孫支。秦穆公任用了這五個人，兼併了二十國，稱霸西戎；秦孝公重用商鞅，實行新法，移風易俗，國家富強，打敗楚、魏，擴地千里，秦國變得強大；秦惠王用張儀的計謀，拆散了六國的合縱抗秦，迫使各國服從秦國；秦昭王得到范雎，削弱貴戚力量，加強了王權，蠶食諸侯，秦成帝業。這四代王都是由於任用客卿，對秦國貢獻良多。客卿有什麼對不起秦國的呢？如果這四位君王也下令逐客，只會使國家沒有富利之實，秦國也沒有強大之名。」

李斯還說，秦王的珍珠、寶玉都不產於秦國，美女、好馬、財寶也都是來自東方各國。如果只要秦國的東西，那麼許多好東西也就沒有了。李斯還在信中反問：為什麼這些東西可用，而客就要逐，看起來大王只是看重一些東西，對人才卻不能重用，其結果是增強了各國的力量，卻不利於秦國的統一大業。李斯的這封上書，不僅情詞懇切，而且確實反映了秦國歷史和現狀的實際情況，代表了當時有識之士的見解，這篇〈諫逐客書〉也由此成為歷史名篇。

秦王明辨是非，果斷採納了李斯的建議，立即取消了逐客令，李斯仍然受到重用，被封為廷尉。

此後，秦國仍舊堅持招攬和重用外來客卿的傳統，這些外來的客卿在秦國統一中國的過程中發揮了重要作用。在取消逐客令不久，魏國大梁人尉繚也來到了秦國。他向秦王建議：當前，以秦國的力量消滅東方各國毫無問題。但如果各個諸侯國聯合起來，合縱抗秦，結果就很難說了。因此不要吝惜財物，向各國掌權的「豪臣」行賄，破壞他們的聯合，只用三十萬金，就可以達到兼併各個諸侯國的目的。秦王採納了尉繚的計謀，在與各國鬥爭的過程中，不少次是用此策而取得勝利。

嬴政堅持接納、使用客卿的政策，使各國人才紛紛慕名而來雲集秦國，秦國的經濟、政治、軍事、文化都迅速發展，最終得以問鼎天下。

鄭國的命運呢，也是有驚無險。當韓國「疲秦」的陰謀敗露，嬴政欲怒殺鄭國時，鄭國淡定地說：「始臣為間，然渠成亦秦之利也。臣為韓延數歲之命，而為秦建萬世之功。」（見《漢書．溝洫志》）

秦王政是位很有遠見卓識的政治家，認為鄭國說得很有道理；同時，秦國的水工技術還比較落後，在技術上也需要鄭國，所以一如既往，仍然加以重用。經過十多年的努力，全渠完工，人稱鄭國渠。鄭國渠自秦國開鑿以來，歷經各個王朝的建設，先後有白渠、鄭白渠、豐利渠、王御使渠、廣惠渠、涇惠渠，至今造福當地。

起用王翦 滅掉勁敵

嬴政一生中最能體現他知人善用、聞過即改特點的，是換用老將王翦滅亡楚國、消滅最後一名勁敵這件事。

王翦，頻陽東鄉（今陝西富平東北）人，戰國末期秦國著名戰將，與其子王賁一併成為秦始皇兼滅六國的最大功臣，曾先後領兵平定趙、燕、薊等地。傑出的軍事指揮才能，使其與白起、李牧、廉頗並列為戰國四大名將。

西元前二二六年，秦滅六國的大業如火如荼之際，嬴政決定攻取楚國。發兵前夕，嬴政與眾將商議派多少軍隊入楚作戰。青年將領李信年輕氣盛，揚言不過二十萬人，即可踏平楚國。而老將王翦身經百戰，知道滅楚確非易事，堅持非六十萬人不可。

李信也不簡單，也有著光輝的履歷。此人曾輕騎追擊燕軍，迫使燕王喜殺死派荊軻入秦行刺的太子丹，以解秦王心頭之恨，頗得秦王賞識。聽了二人的話，秦王嬴政認為王翦年老膽怯，李信年少壯勇，便決定派李信與蒙恬率領二十萬人攻楚。

未獲君信，王翦自然心中不快，遂藉口有病，告老歸鄉。

第二年，李信、蒙武攻入楚地，先勝後敗，「亡七都尉」（《史記．王翦列傳》），損失慘重。楚軍隨後追擊，直逼秦境，威脅秦國。嬴政聞訊大怒，但也無計可施，此時，有人建議他起用並非膽怯的老將王翦。

痛定思痛，嬴政這才意識到當初王翦的話符合實際。但王翦已不在朝中，於是秦王政親往王翦的老家頻陽，請求已告老還鄉的王翦重新「出山」，並再三向其誠懇道歉。

王翦見此，礙不過面子，便不再推辭，說：「大王一定用臣，非六十萬人不可。」秦王政見王翦答應出征，非常高興：「一切聽憑將軍的安排。」

西元前二二四年，秦王嬴政盡起全國精兵，共六十萬，交由王翦率領，對楚國進行最後一戰。他把希望全部寄託在王翦身上，親自將王翦送至霸上，這是統一戰爭中，任何一位將領都未曾得到的榮譽。嬴政與眾不同的性格再次顯露，他知錯就改的品性，使他再次贏得了部下的信任，肯為之賣命。

王翦不負重託，經過一年的苦戰，終於滅亡了楚國。

從對王翦在滅楚問題上前後態度的變比，顯示了秦王嬴政所具備的能夠完成統一大業的素養和才能。這種素養和才能不是每一個人都具備，也不是每一位君主或最高領導人所具備，它們是秦王政得以實現統一中國目標的基本保證。所以秦始皇能夠滅六國、統一中國而成為「千古一帝」並非偶然。

漢武帝「海選」淘到的一代奇才

漢武帝即位初年，即建元元年（前一四〇年），徵召天下賢良方正和有文學才能的人。各地士人、儒生紛紛上書應徵。東方朔也上書給漢武帝，《史記》這樣記載：「朔初入長安，至公車上書，凡用三千奏牘。公車令兩人共持舉其書，僅然能勝之。人主從上方讀之，止，輒乙其處，讀之二月乃盡。」也就是說，東方朔給漢武帝的上書，竟然用了三千片竹簡，兩個人才扛得起，漢武帝讀了兩個月才讀完。

在這份篇幅之長可謂空前絕後的自我推薦書中，東方朔大言不慚地說：「我東方朔少年時就失去了父母，依靠兄嫂的撫養長大成人。我十三歲才讀書，勤學刻苦，三個冬天讀的文史書籍已夠用了。十五歲學擊劍，十六歲學《詩》、《書》，讀了二十二萬字。十九歲學孫吳兵法和戰陣的擺布，懂得各種兵器的用法，以及作戰時士兵進退的鉦鼓。這方面的書也讀了二十二萬字，總共四十四萬字。我欽佩子路的豪言。如今我已二十二歲，身高九尺三寸。雙目炯炯有神，像明亮的珠子，牙齒潔白整齊得像編排的貝殼，勇敢像孟賁，敏捷如慶忌，廉儉似鮑叔，信義類尾生。我就是這樣文武兼備，才貌雙全的人，能夠當天子的大臣吧！」

東方朔這番個人簡介，《史記》評之為「文辭不遜，高自稱譽」。但漢武帝還是被東方朔深深吸引，視為奇才。這次人才「海選」活動，漢武帝大浪淘沙淘到兩大寶貝：一個是董仲舒，另一個是東方朔。不過，漢武帝對東方朔的任用還是很有分寸，畢竟這只是「高自稱譽」的芝麻小事，沒有提出像樣的治國之道。比起董仲舒，東方朔當然不在同一個水準上。漢武帝對董仲舒是連發三策，而對東方朔只給了一個待詔「公車」署（就是在「公車署」這個衙門裡等待皇上的詔令，實際上就是一個下級顧問）的待遇。比起同年級的董仲舒，東方朔地位低，待遇差，平常也難得一見漢武帝。

東方朔剛剛待詔「公車」時非常興奮；可是時間一長，東方朔覺得自己無權無利，跟天庭裡的弼馬溫一樣，不過是個擺設，東方朔下定決心，自己提拔自己！

這時，正好有一班宮中樂人侏儒從他身邊經過，東方朔便聲色俱厲對他們說：皇上說你們一點用處也沒有，準備把你們這些白吃白喝的人通通殺掉！

侏儒們嚇得嚎啕大哭，求他出手相救。東方朔想了一想，說：假如皇上路過這裡，你們就跪下來求饒，或許會有點作用。

過了一會兒，漢武帝從這里路過，侏儒們黑壓壓跪了一大片，哭哭啼啼，高呼「皇上饒命」。漢武帝莫名其妙。侏儒說：東方朔說皇上要將我們全殺了！漢武帝一聽，知道是東方朔作怪，便質問他：你把侏儒們嚇得半死，到底為什麼？

東方朔理直氣壯地說：那些侏儒不過三尺，俸祿卻是一袋米和二百四十錢；我身高九尺三，俸祿也是一袋米和二百四十錢。他們吃得肚皮都要撐破，我卻餓得前胸貼後背。如果陛下覺得我的口才還有用，就先讓我吃飽飯；要覺得我沒用，就讓我滾蛋，別糟蹋京城的糧食了。漢武帝一聽，樂不可支，立即讓東方朔從「公車」待詔轉到金馬門待詔。如此，東方朔待遇提高了，和漢武帝接觸的機會也明顯多了。這就是著名的東方朔「長安索米」的故事，很能代表東方朔滑稽的風格。

東方朔（西元前一五四年~前九十三年），字曼倩，平原厭次（今山東陵縣神頭鎮）人，西漢辭賦家。東方朔在《史記》和《漢書》中都有記載，他在武帝朝中只做過侍郎、太中大夫一類的小官。性格詼諧，言辭敏捷，滑稽多智，常在武帝前談笑取樂，「然時觀察顏色，直言切諫」（《漢書．東方朔傳》）。武帝好奢侈，起上林苑，東方朔直言進諫，認為這是「取民膏腴之地，上乏國家之用，下奪農桑之業，棄成功，就敗事」（《漢書．東方朔傳》）；他曾言政治得失，陳農戰強國之計，但武帝始終把他當俳優看待，不得重用。《史記．滑稽列傳》、《漢書．東方朔傳》記載了他滑稽幽默、正言直諫、詼諧勸諭的獨特風格。由於坊間長久以來仰慕東方朔的人格，崇拜他淵博的學識，就把他譽為智聖，捧為歲星、桃仙子、滑稽大師、知識之星，後人推崇他為笑話、相聲、謎語、占卜、俗文學的祖師爺。

東方朔是當時有名的無敵辯才，據說其時君山上有美酒數斗，如能喝到，可以不死為神仙。武帝得知後，就齋居七天，派了欒巴帶童男童女數十人到山上求之，果然得到了仙酒，就帶回來給武帝喝。武帝未喝之前，東方朔就偷偷喝光了。於是武帝大怒，下令推東方朔出去斬首。東方朔就說：「假如酒有靈驗，你殺我，我也不死；要是沒有靈驗，這酒有什麼用呢？」武帝想了一下，明白了其中的道理，才笑著把他放了。

東方朔敢於向皇上秉義直言，曾多次巧妙進諫。東方朔在當太中大夫時，昭平君娶了武帝的女兒夷安公主為妻。這昭平君是武帝妹妹隆慮公主的兒子，平日飛揚跋扈，經常犯罪，所以隆慮公主很不放心。在病重臨終前，拿出金千斤、錢千萬，為兒子預贖死罪，武帝答應了。

果然，昭平君自母親死後，更加驕橫，竟然醉殺了夷安公主的傅母（古時負責輔導、保育貴族子女的老年婦人）。按漢代法律，應是殺人償命，但朝中大臣都不敢問斬，因為隆慮公主曾預贖過死罪，而且皇上又同意了。於是將此事奏請武帝，由他親自裁奪。武帝說：「我妹妹已故，只有這麼個兒子，死前又囑託過我。」講到這裡，他淚流滿面，嘆息良久。又說：「但法令是先帝制定的，我不能因妹妹而違反先帝的法令，否則，我有什麼臉面進高廟見祖先？何況還要辜負天下萬民。」於是下令廷尉斬了昭平君。斬了昭平君，武帝十分悲痛，左右大臣也為之傷心。

此時，只有東方朔沒有哀傷的表情，反而拿了一杯酒，為武帝祝壽。他說：「我聽說聖明的君王治理國政，賞賜不避仇人，殺戮不擇骨肉。這就是古書上所說的『不偏不黨，王道蕩蕩』。這兩件事是五帝所推崇，也是三皇所難以辦到的。現在陛下卻做到了，這樣天下的老百姓都能各得其所，這是值得慶幸的事。我手捧酒杯，冒死再拜，祝皇上萬歲。」武帝沒說什麼，就起身進入宮內。

到了傍晚，武帝召見東方朔說：「《傳》曰：看準時機後再說話，別人不討厭。今天先生為我祝壽，認為是看準時機了嗎？」東方朔馬上脫下帽子，磕頭請罪道：「我聽說快樂過度就陽溢，哀傷過度就陰損。陰陽變化就心氣動盪，心氣動盪就精神分散。精神一散，就邪氣侵入，消除愁悶最好的是酒。我所以用酒向皇上祝壽，是表明陛下剛正不阿，用它來替皇上止哀的。我不知忌諱，罪該死。」武帝聽了，覺得很有道理。以前，東方朔曾醉酒闖入宮殿，而且在宮殿中小便，宮中值巡發現了，彈劾他大不敬。武帝就下詔，免去了他的官職；現在透過這件事，又恢復了他的中郎官職，並且還賞給他一百匹帛。

東方朔是講故事的高手，而且能寓教於樂。在朝廷裡，總有些既貪利又貪色的官吏，於是東方朔就講了故事嘲諷他們。他說：「世上萬事萬物極其微小的，莫過於螻蟻蚊蟲這一類東西了，然而聽牠們互相辯論，所說也很有道理。有一天，螞蟻炫耀說：『我們雖微小，但我們出入有群臣之儀，發現死了可食的蟲子，又能一起分享，有忠孝的美德。』蒼蠅不服氣，爭辯說：『你們不如我們享福，不管公家、私家，只要開筵擺席，我們都能登堂入室，光臨他們的飯桌，品嚐他們的美味，飲用他們的酒水，這是我們的長處。』蚊子聽了它們的話，十分不以為然，說：『你們都不如我活得瀟灑快活。那些美人居住的香閨蘭房，到了深夜燭滅的時候，我們就飛到她的紗帳之內，停在美人的玉體上，聚集在美人的酥胸上，選擇香軟美嫩的地方叮咬。如此美事，你們可曾享受？』螞蟻和蒼蠅聽後都自愧不及，雙雙不服氣說：『看你嘴巴細細尖尖，卻如此好色。』」

東方朔頗有文學才華，代表作是賦體散文〈答客難〉。這是一篇自嘲之作，作者虛設了一位「客」的詰難：你好學樂道，博聞辯智，可為官幾十年，「官不過侍郎，位不過執戟」，是否道德行為方面有什麼不足呢？東方朔回答客人的詰難，用歷史上賢能之士懷才不遇的事實，說明位卑職位，並不是因為沒有才能或者道德有缺陷，而事實是德才兼備的人不被重用，因此自己位置卑微，恰恰是道德完備的表現。〈答客難〉直抒胸臆，說理透徹，富有文采，是散文賦佳作。它還開了賦體文學的新領域，揚雄有〈解嘲〉，班固有〈答客戲〉，都是由〈答客難〉的形式發展來的。

東方朔一生著述甚豐，寫有〈答客難〉、〈非有先生論〉、〈封泰山〉、〈責和氏璧〉、〈試子詩〉等，後人匯為《東方太中集》，收入《漢魏六朝百三家集》中，司馬遷在《史記》中稱他為「滑稽之雄」。晉人夏侯湛寫有〈東方朔畫贊〉，對東方朔的高風亮節以及他的睿智詼諧，備加稱頌，而唐代大書法家顏真卿將此文書寫刻碑，此碑至今仍保存在山東德州近郊的陵縣。

歷史上結局最好的亡國皇帝是誰？

破巢之下幾完卵？亡國之君多悲慘。歷史上亡國皇帝被毒害、刺殺、砍頭的例子不勝枚舉；而那些有幸能夠委曲求全、苟活性命的，其結局自然又是另一番境地。相比之下，漢獻帝劉協不僅享受天倫，壽終正寢，死後以天子規格和禮儀下葬，而且他在有生之年還廣施仁政，懸壺濟世，造福一方，為民傳頌，堪稱中國歷史上結局最好的亡國皇帝。

劉協（西元一八一年～二三四年），漢靈帝之子，東漢最後一位皇帝。因為皇權軟弱，朝臣跋扈，劉協從即位之初就注定要充當傀儡，先後見識了董卓的淫威，目睹了李傕、郭汜的無禮，領教了曹操父子的霸道，事事仰人鼻息，處處受制於人，可謂命運多舛。建安二十五年（西元二二〇年）正月，曹操病死，曹丕於同年十月逼迫劉協遜位，以魏代漢，劉協成為亡國皇帝。

曹丕稱帝後，將劉協降為山陽公，「邑一萬戶，位在諸侯王上，奏事不稱臣，受詔不拜，以天子車服郊祀天地，宗廟、祖、臘皆如漢制，都山陽之濁鹿城」（《後漢書》），並言稱「天下之珍，吾與山陽共之」（《三國志》），對劉協還算優待。接到逐客令後，劉協搬出了那座充斥著血腥、瀰漫著權詐、沒為他帶來多少榮耀、卻為他帶來無盡屈辱的皇宮。

曹丕為何沒有殺掉劉協？筆者認為原因主要有二，一是劉協長期充當傀儡，近臣被誅殆盡，威望勢力不足以對曹魏政權構成威脅，曹丕沒把他放在眼裡；二是曹操將三個女兒嫁給劉協，二女兒曹節是劉協的皇后，為人性格剛烈，忠心護夫，曹丕敬畏曹節，對劉協也不敢造次。為此，曹丕採取折中的辦法，把劉協貶到離曹魏首都洛陽不遠的山陽，便於監視。

山陽城（今河南焦作）是山陽公衙門所在，但劉協大部分時間居住在濁鹿城（今河南修武）。劉協做山陽公的事蹟，正史不載，但修武一帶卻至今流傳著他廣施仁政、親民愛民之事。劉協來到濁鹿後，四處巡察民情，看到民不聊生，便派人四處張貼榜文，宣布所有賦稅一律減半，墾荒種植者免交三年賦稅。消息傳出，飽受苦難的山陽百姓奔走相告，無不稱頌。

除了輕徭薄賦，劉協還利用自己的精湛醫術救死扶傷。東漢末年，由於連年征戰，致使百姓多患癰瘡，疫病流行，張仲景、華佗等一代名醫也應時而生。劉協當皇帝時，曾有幸拜華佗為師，向他學習內科、外科、婦科、兒科、針灸、正骨等醫術。劉協本身聰明睿智，也很有學問，再加上宮中所保存的醫療圖籍甚多，所以掌握了比一般人更多的醫藥知識。

遜位之後，劉協不以政治為意，而是融入民間，關切民生，體會百姓之苦；以醫為業，懸壺濟世，為病人解除痛苦。劉協當皇帝時雖然窩囊，但退位後卻是個稱職的鄉村醫生，深受百姓愛戴，民眾敬之如父母。劉協為山陽老百姓免費治病，走到哪裡就在哪裡行醫。經劉協所救治，存活者甚眾，百姓皆感激涕零，山陽不少地方都為他立碑，以示愛戴。

劉協在山陽期間，曾多次到雲台山附近採藥，在今天百家岩上嵇山亭內的石刻畫像中，就有「山陽公行醫圖」。對於從雲台山上挖下來的中草藥，劉協從不收費，扎針、艾灸、拔罐、刮痧都不用錢，只有對購來的藥物，才酌收成本。劉協的這種行醫方式，流傳至今。在農村，「中藥不還價，針灸不要錢」等民俗，據說就是從劉協那時留下來的千年老規矩。

劉協被貶到山陽後，皇后曹節拚死相爭，也得以來到劉協身邊。劉協和曹節二人攜手到雲台山採藥，施醫救民，雖無法與宮中生活相比，卻也成就了一段佳話。百姓出於對他們的感激之情，尊稱他們為「龍鳳醫家」。另外，劉協的子孫中有不少也居山陽。有嬌妻子孫陪伴身邊，得享天倫，處於親情、人情、民情的溫馨圍繞中，這也是劉協不幸中之大幸。

興辦義學，是劉協在山陽的又一大貢獻。黃初五年（西元二二四年），劉協、曹節夫婦看到山陽舊的校舍殘垣斷壁，處處是危房，便傾其所有，捐錢修校舍，並聘請有名望、有學問的知識分子前來任教，宣布不論貧富人家的子弟，都可以接受教育，貧窮人家的孩子也有了讀書的機會。可以說，劉協任山陽公時期，是山陽繼魏文侯建立山陽邑校以來的又一個繁榮時期。

當皇帝，劉協無法施展個人才華；當山陽公，劉協卻可以一展身手。經過十多年的休養生息，山陽人民安居樂業，百業興旺。空閒時，劉協喜歡到濁鹿城北的小山上登高遠眺。盛夏季節，他常到國北的百家岩遊玩，一邊納涼，一邊觀賞吼聲如雷、噴珠濺玉的天門瀑布，在那裡留下了「避暑台」的遺蹟，現在該處尚有宋人石刻「漢獻帝避暑台」六個大字。

曹魏青龍二年（西元二三四年）三月，劉協病逝，享年五十四歲。魏明帝曹睿聞訊後，「素服發哀，遣使持節典護喪事……追謚山陽公曰孝獻皇帝，冊贈璽紱……車旗服章喪葬禮儀，一如漢氏故事」，緊接著又宣布大赦天下。八月，劉協被安葬於山陽國，陵曰禪陵，置園邑。下葬那天，魏明帝「制錫衰弁絰，哭之慟」（《三國志》），與姑父劉協生死永別。

劉協下葬之日，山陽百姓紛紛含淚前去送葬，用衣帽包上黃土，在墓地上堆成了一座古漢山，成為見證劉協造福山陽的一座不朽的豐碑。山陽百姓還在古漢山村東修建了山陽公廟便於祭祀，清明節前來憑弔的人更多。二十六年後，也就是甘露五年（西元二六〇年），曹節去世，與漢獻帝合葬禪陵。因百姓護陵有方，禪陵成為豫北地區唯一一座保存完好的帝王陵寢。

九歲登基，四十歲下台，三十二年間，劉協在一批批權臣的挾持下，過得軟弱，活得委屈。遜位後，劉協沒有像某些得以活命的亡國皇帝那樣萬念俱灰，自甘墮落，碌碌無為，消極度日，而是及時調整心態，在山陽公的位子上發揮價值，活出精彩，並且永遠活在了山陽百姓心中。有所建樹，有所作為，與其他亡國皇帝相比，劉協的結局是最好的。

劉協死後，後人劉康、劉瑾、劉秋先後嗣襲山陽公。據日本史書《日本書紀》、《古語拾遺》、《續日本紀》記載，劉秋為山羊公時期，劉協的後人劉阿知率領族眾兩千餘人移居日本，成為日本社會中地位尊高的新貴族，並在日本繁衍生息。日本的坂上、大藏、原田三姓家族，據說都源於修武，是劉協的後裔。近年來，不少坂上、大藏、原田三姓後人到中國祭祖，其中不少人專程到修武尋根謁祖，祭拜漢獻帝劉協，這是後話。

歷史上唯一一位當過奴隸的皇帝

在歷代皇帝中，擺過地攤的有之，做過賭徒的有之，當過乞丐的有之，蹲過大牢的有之。因為頭上有一頂耀眼的皇冠，所以他們的悲苦遭際同樣可圈可點、可歌可泣，正所謂英雄不問出身。與他們相比，石勒從一個隻字不識的奴隸，能夠脫穎而出，能夠入主中原，能夠建國立業，能夠當上皇帝，能夠名垂青史，他所建立的後趙政權，能夠在刀光劍影中維繫三十年之久，這份傳奇，不僅在中國歷史上，即使在世界歷史上也是絕無僅有。

石勒（西元二七四年～三三三年），匈奴別部羯族人。石勒沒讀過書，不認識字，起初連個姓氏也沒有，單名一個「訇」字。十四歲時，石勒隨族人「行販洛陽」，做點小買賣，閒暇時「倚嘯上東門」，很有一些英雄氣概。西晉皇親王衍看見石勒後，認為「其聲視有奇志，恐將為天下之患」，於是派人去抓。石勒很機警，一聽到風吹草動就跑了，「馳遣收之，會勒已去」（《晉書．石勒載記》）。不久，「八王之亂」爆發，西晉宗室爭權奪利，烽煙四起。太安（西元三〇二年～三〇三年）年間，北方一帶「人多饑乏，更相鬻賣，奔迸流移，不可勝數」（《晉書．食貨志》）。因為天災人禍，石勒不得不「與諸小胡亡散，乃自雁門還依寧驅」（《晉書．石勒載記》）。

石勒自幼在外闖蕩，練就了一副好體格，一身好武藝，「長而壯健有膽力，雄武好騎射」。西晉北澤都尉劉監想把石勒綁了賣錢，多虧寧驅暗中保護，才得以倖免。後來，石勒在流亡途中遇到了郭敬，「泣拜言饑寒。敬對之流涕，以帶貨鬻食之，並給以衣服」。當時，并州刺史司馬騰「執諸胡於山東賣充軍實，騰使將軍郭陽、張隆虜群胡將詣冀州」，二十出頭的石勒一起被抓。郭張怕出現意外，於是將被抓的胡人通通縛以枷鎖，而且是「兩胡一枷」，又「數為隆所驅辱」，不少胡人連打帶餓死於途中，石勒遭受的苦楚不得而知。郭敬見石勒可憐，便找到族兄郭陽再三說情，這才使得石勒能吃飽飯，沒有餓死在通往冀州的路上。

到了冀州，疲憊不堪的石勒倒頭便睡。第二天早上醒來時，石勒從別人口中得知自己已經「賣與茌平人師歡為奴」。淪落為奴隸後，石勒失去自由，每天的工作就是「耕作於野」，師歡雖然是地主，但還算仁慈。後來，聽說石勒的身世悲苦，又發現石勒儀表堂堂，便大發善心將其赦免，「歡亦奇其狀貌而免之」。從奴隸到平民，石勒重新獲得了自由，但沒有工作、沒有飯吃，讓他再次瀕臨絕境。師歡家附近有一個馬場，石勒無依無靠，便謊稱自己會相馬，繼而投奔馬場主人汲桑。新工作並沒有給石勒帶來好運氣，不久，石勒在武安做工時「為遊軍所囚」，這時恰好有一群鹿經過，「軍人競逐之，勒乃獲免」（《晉書．石勒載記》）。

一次次死裡逃生，讓石勒明白了一個道理：想活命，自身必須強大，必須建立一支團隊。為了掌握命運主動權，石勒四處招兵買馬，組建了一支十八人的騎兵隊，號稱「十八騎」。永興二年（西元三〇五年），公師藩聚眾數萬起兵造反，汲桑和石勒便率領數手下加入公師藩的軍隊，豎起了反晉大旗。石勒入夥後，不久被任命為前隊督，當了一個小頭目，由此開始了他倥傯的軍戎生涯。征戰過程中，石勒以「十八騎」為骨幹，又招集一批山野亡命之徒，組建起了一支剽悍的軍隊。當時，石勒還沒有「石勒」這個名字，汲桑便以上級的身分做主，「命勒以石為姓，勒為名焉」（《晉書．石勒載記》），石勒這才有了姓，有了正式的名字。

永嘉元年（西元三〇七年），石勒投奔劉淵，被任命為督山東征討諸軍事，兵眾也逐漸強盛。接下來的一年，是石勒打仗最多、戰果最豐的一年，一年時間內先後攻陷魏郡、汲郡、頓丘、鄴城、趙郡、中丘，威名遠播，部眾逾十萬。在石勒看來，想在漢人的地盤上有所作為，必須依靠漢人的文化援助和智力支持。不久，石勒將手下的漢族衣冠人物集中起來，建立了「君子營」，對他們實行優待政策。後來，石勒又納張賓為參謀，對他尊重有加，言聽計從。在隨後的數年間，石勒用計用謀，先後擒殺王浚，趕走劉琨，徹底消滅了西晉在北方的殘餘勢力。太興二年（西元三一九年），石勒自稱趙王，建立後趙政權，定都襄國（今河北邢台）。

石勒建國後，在張賓等人輔佐下，逐漸建立起了一整套政治制度。一是籍戶口，定租賦，課農桑，以恢復戰亂破壞的經濟；二是興庠序，立太學，倡導教化；三是簡選歷代律令制定《辛亥制度》，以安定社會秩序；四是整頓吏治，獎廉懲貪，廢除魏晉以來的九品官人法，採用舉薦加考試的方式選拔任用各級官員。同時，對東晉採取睦鄰政策，下令修葺了東晉邊帥祖逖在河北的祖墓，並將東晉叛降將領殺死，獻首於祖逖，使兩國邊境得以綏靖，人民得到了暫時的安寧。後趙太和元年（西元三二八年），石勒擒殺前趙皇帝劉曜，完全統一了燕趙地區。太和三年（西元三三〇年），石勒稱帝。這位當年做過奴隸的羯族青年，最終登上了權力的巔峰。

人生得意，石勒並沒有忘乎所以，而是始終保持一份謙虛謹慎。後趙建立之初，石勒衣錦還鄉，「親與鄉老齒坐歡飲，語及平生」，按年齡大小與鄉人坐在一起喝酒聊家常，絲毫沒有架子。石勒曾和鄰居李陽爭麻池，而「迭相驅擊」，石勒回鄉，李陽故意躲著他，石勒一句「孤往日厭卿老拳，卿亦飽孤毒手」盡釋前嫌，並拜李陽為參軍都尉。為了檢驗守城將士是否恪盡職守，是否貪贓枉法，石勒曾夜間微服私行，「齎繒帛金銀以賂門者求出」，不料被守門將士王假拿下，「欲收捕之」（《晉書．石勒載記》），直到石勒的侍從趕來才收場。這種做法類似於現在的暗訪，雖然有引誘的成分，但從這件事上可以看到石勒謹慎的一面。

石勒雖為胡人，但對漢人較寬仁。建國後，他嚴禁胡人「侮易衣冠華族」。有一次，漢臣樊垣入宮時「衣冠弊壞」，石勒問其故，樊垣稱剛剛「遭羯賊無道，資財蕩盡」所致。石勒「諱胡」，更諱「羯賊」，樊垣一時氣憤，竟忘了石勒就是「羯賊」之首，嚇得連連叩頭。石勒非但沒生氣，反而賠笑道歉說「羯賊乃爾暴掠邪！今當相償耳」，並「賜車馬衣服裝錢三百萬」。胡人喜歡喝酒，耗費了大量糧食，石勒以「百姓始復業，資儲未豐」為由，下令「制禁釀，郊祀宗廟皆以醴酒」，結果「數年無復釀者」。中原地區經過數十年的戰火，人口稀少，誰家生了多胞胎男孩，石勒則予以獎勵，並派專人去伺候，「堂陽人陳豬妻一產三男，賜其衣帛廩食，乳婢一口，復三歲勿事」（《晉書．石勒載記》），這在歷史上也比較罕見。

石勒對後世影響最大的施政，莫過於創立「考試」制度，規定「郡國立學官，每郡置博士祭酒二人，弟子百五十人，三考修成，顯升台府」，學員要經過三次考試才能畢業，以此來培養儲備幹部。這種「三考修成」的辦法，成為鄉試、會試、廷試的前身。可以說，中國的科舉制度的萌芽階段，正是石勒埋的種、澆的水。除了大力發展教育，石勒本人也很注重學習。石勒不識字，不能看書，所以他選擇了一種捷徑——聽人唸書，「勒雖不學，好使諸生讀書而聽之」。有一次，石勒聽人讀《漢書》，聽到酈食其勸劉邦立六國後人時大驚，說這樣何以能統一天下！聽到張良勸阻後，才說道「賴有此耳」，幸虧有張良在。石勒雖然沒文化，但談論古今得失時卻很有見解，以至於「聞者莫不悅服」（《資治通鑒》）。

石勒是一個非常有自知之明的人。但凡政治家，晚年總喜歡對自己的功過作一番評論，或與前代皇帝作比較。後趙建平三年（西元三三二年），石勒設宴招待高句麗、宇文屋孤的使臣。喝到高興時，石勒問近臣徐光：「你看，我能和前代哪個皇帝相提並論？」徐光回答說：「陛下您比劉邦強，僅次於黃帝。」石勒說：「人應該有自知之明，你說的太過了。我若見到劉邦，定會向他俯首稱臣；若與劉秀同代，當與他並驅於中原，未知鹿死誰手。我的本事，在劉邦之下，劉秀之上。」一句話，讓群臣敬佩得「皆頓首稱萬歲」。石勒執政期間，嚴於律己，知錯就改，並多次鼓勵臣屬直言勇諫。因此，終石勒一朝，政治清明，民心歸附，遂成「朝臣謁見，忠言競進」（《晉書．石勒載記》）之風，出現了魏晉以來少見的新氣象。

後趙建平四年（西元三三三年）六月，石勒一病不起。為了不打擾百姓，石勒遺令：「三日而葬，內外百僚既葬除服，無禁婚娶、祭祀、飲酒、食肉，征鎮牧守不得輒離所司以奔喪，斂以時服，載以常車，無藏金寶，無內器玩」（《晉書·石勒載記》），如此恤民之君在歷史上是少有的。七月，石勒病逝，在位十五年，享年六十歲，廟號高祖。

三百年後，房玄齡在編著《晉史》時高度評價石勒當國：「鄰敵懼威而獻款，絕域承風而納貢」，即使古代最善於治國的國君，也未必能超過石勒！作為開國皇帝，石勒難免會有「兇殘」的一面，但總體來說不愧為「一時傑也」。往事逾千年，這些評價在今天看來仍是比較客觀公允的。

北京歷史上第一個皇帝是誰？

北京是如今中國首都，也是一個有著悠久歷史底蘊和深厚文化積澱的皇都。從金元到明清，從中都到京師，在歲月的變遷中，北京這片土地上迎來了一位位皇帝，送走了一代代王朝。北京成為皇都，普遍認為始於金廢帝完顏亮在貞元元年（西元一一五三年）的那次遷都，「三月，上至燕京……以遷都詔中外……改燕京為中都」（《金史》）。其實，在完顏亮之前，歷史上還有一位皇帝也曾在北京建都，他就是東晉十六國時期前燕景昭帝慕容儁（古同俊）。筆者考證，北京千年皇都史的輝煌序幕，正是由這位出身鮮卑慕容部的傳奇人物揭開。

鮮卑慕容部是東胡後裔，發源於塞外鮮卑山，又稱慕容鮮卑，是繼匈奴之後又一支崛起於北方的彪悍游牧民族。東晉時，慕容鮮卑自遼西遷至遼東，並以棘城（今遼寧義縣）為根據地，打著「尊晉勤王」的旗號開疆拓邊。晉咸康三年（西元三三七年）十月，首領慕容皝正式建國，自稱燕王，史稱前燕。慕容鮮卑驍勇善戰，對廣袤繁榮的中原地區更是虎視眈眈。為了便於向中原擴張勢力，晉咸康八年（西元三四二年），慕容皝將國都西遷至龍城（今遼寧朝陽）。此後，前燕襲扶餘、掠後趙、滅宇文部、攻高句麗，「開境三千，戶增十萬」（《晉書》），統一了大小淩河和遼河流域，成為雄踞遼東遼西的一個強國，並且已經具備了進軍中原的條件。

以龍城為跳板，伺機殺入關內，進而席捲中原、一統天下，慕容儁就是肩負著這樣一個家族使命登上歷史舞台上。慕容儁（西元三一九年～三六〇年），字宣英，慕容皝的次子，史書上稱他自幼骨相不凡，深得祖父喜愛，「及長，身長八尺二寸，姿貌魁偉，博觀圖書，有文武幹略」（《晉書》），從而被慕容皝確定為接班人。晉永和四年（西元三四八年）九月，慕容皝病逝，三十歲的慕容儁即位，成為藩屬於東晉的前燕新一任燕王。慕容儁「雅好文籍」，因為仰慕華夏之風，故而傾心漢化。即位後，雄心勃勃的慕容儁一面「講論不倦，覽政之暇，唯與侍臣錯綜義理」（《晉書》），一面厲兵秣馬，等待時機，謀劃向中原進軍、擴張和融合的宏偉藍圖。

在中原諸國中，後趙與前燕南北毗鄰，無疑是前燕殺進關內的第一個目標。慕容儁即位時，正逢後趙各種矛盾激化，起義暴動頻發，統治根基動搖。不久，國君石虎病死，諸子爭位，石虎的養孫冉閔乘亂建立了冉魏政權，趙、魏兩個政權水火不容，攻伐不斷。鷸蚌相爭，漁翁得利，一直「礪甲嚴兵」（《魏書》）的慕容儁嗅到了絕佳戰機，「趙、魏大亂，俊（儁）將圖兼併之計」（《晉書》）。晉永和六年（西元三五〇年）三月，慕容儁率軍一舉占領後趙北方重鎮幽州，攻克薊城，並隨即將國都從龍城南遷至此，「三月，燕兵……拔薊……俊（儁）入，都於薊」（《資治通鑒》）。《通典·州郡典》也稱「薊，……漢為薊縣……慕容俊（儁）都於此也。」薊，是北京的第一個名稱，薊城故址位於今北京西南的宣武一帶。

慕容儁之所以急於遷都薊城，筆者認為有四個原因：其一，慕容鮮卑志在中原，把國都從關外遷至關內，便於進一步向中原腹地擴張勢力；其二，薊城地區文明程度高於關外，置國都於先進的漢文化氛圍中，便於傾心漢化的前燕加快封建化；其三，薊城是關內距離龍城最近的重鎮，進可南下中原，退可返回老家，進退自如；其四，也是最重要的一點，即薊城作為進掠冀州的軍事前沿陣地，便於慕容儁就近指揮對冉魏軍隊的攻守防禦。在此後的兩年中，慕容儁多次往返於龍城和薊城，頻繁調動軍隊，最終於晉永和八年（西元三五二年）八月滅掉冉魏政權，占據了華北大片土地。這段時間，薊城雖為國都，但因慕容儁是燕王，所以只能稱為王都，還算不上皇都。薊城真正成為皇都，是慕容儁於當年十一月稱帝之後。

關於慕容儁建都稱帝一事，《晉書》稱「永和八年……雋（儁）僭帝號於中山，稱燕」，說慕容儁稱帝不是在薊城，而是在中山（今河北定州），這顯然有誤。因為這一年，慕容儁確實去過中山，「如中山，為二軍聲勢」，但又返回了薊城。要不然，薊城正陽殿出現的燕巢和燕子，慕容儁不可能親眼看到，更不會「覽之大悅」（《晉書》）。關於慕容儁在薊城建都稱帝，《資治通鑒》有明確記載，「七月，燕王俊（儁）如中山……十月，燕王俊（儁）還薊……十一月……即皇帝位，大赦。自謂獲傳國璽，改元元璽……建留台於龍都」。龍都，即龍城；留台，特指王朝遷都後留置於舊都的官署，即留都。由此可見，從晉永和八年（西元三五二年）十一月起，薊城正式成為皇都，這比後來完顏亮在中都當皇帝早了八百多年。

慕容儁稱帝，標誌著前燕徹底放棄了先前「尊晉勤王」的策略，開始與東晉分庭抗禮。當時，恰好有東晉使者出使前燕，慕容儁便趁機對晉使說：「汝還，白汝天子，我承人之乏，為中國所推，已為帝矣」（《晉書》），意思是說，你回去稟報你們的天子，我趁著天下人才匱乏的時機，已經被中原地區推舉成為皇帝了。筆者認為，慕容儁這句話包含了兩層面的意思：其一，前燕從此不再是東晉的藩國，慕容儁和東晉皇帝從此以後至少應該平起平坐；其二，慕容儁是「中國所推」的皇帝，前燕成了中原正朔，而晉穆帝則是偏安之主，東晉倒成了割據之邦。此時的前燕占據著半個中原，兵強馬壯，慕容儁如此高調，也非虛張聲勢。難怪在《晉史演義》中，蔡東藩會用「怏怏自歸」四字描寫了晉使當時的尷尬表情。

稱帝後，慕容儁效仿中原皇帝大赦天下，追諡祖先，並大肆封賞定鼎薊城有功的官員和將士，「從行文武、諸藩使人及登號之日者，悉增位三級。泒河之師，守鄴之軍，下及戰士，賜各有差。臨陣戰亡者，將士加贈二等，士卒復其子孫」，就連那些趙魏俘虜也跟著沾光，「殿中舊人皆隨才擢敘」（《晉書》）。除了廣泛收買人心，慕容儁還透過風靡中原的「五行論」和「五行學說」，極力向世人宣揚前燕的正統地位，「大燕受命，上承光紀黑精之君，運歷傳屬，代金行之後，宜行夏之時，服周之冕，旗幟尚黑，牲牡尚玄」（《晉書》）。一時間，前燕國人都將慕容儁當做是天命所歸的真人，「燕人咸以為俊（儁）之應也」（《晉書》）。此後，慕容儁以皇都薊城為根本，肅清殘魏，攻克廣固，大敗丁零，入寇河南，聲勢大振。

後來，隨著疆域向東向南的不斷延展，前燕再次遷都，由薊城南遷至鄴城（今河北臨漳西南）。關於前燕遷都鄴城的時間，《魏書》稱「建國十六年……俊（儁）自薊遷都於鄴，號年為光壽」，魏建國十六年為西元三五三年，燕光壽元年為西元三五七年，《魏書》記載明顯有誤。據《晉書》記載「昇平元年……俊（儁）自薊城遷於鄴，赦其境內，繕修宮殿，復銅雀台」；《資治通鑒》也稱「昇平元年二月，癸醜，燕主……改元光壽。十二月，乙巳，燕主俊（儁）入鄴宮，大赦」；此外，《十六國春秋》也有「昇平元年……十一月，自薊遷鄴」的記載。由此可知，前燕由薊城遷都鄴城的時間為晉昇平元年，也就是西元三五七年。從晉永和六年（西元三五〇年），到晉昇平元年（西元三五七年），薊城作了兩年王都，五年皇都，共計七年。

七年，彈指一揮間，但薊城作為前燕的政治中心，對於慕容儁立足中原，發揮了不可替代的樞紐作用。遷都鄴城，標誌著繼龍城之後，薊城作為慕容鮮卑席捲中原的又一塊跳板，已經完成了歷史使命。遷都鄴城後，慕容儁在數年間，取并州，拔上黨，克晉陽，收許昌，與前秦平分了黃河流域，疆域「南至汝潁，東盡青齊，西抵崤澠，北守雲中」（《讀史方輿紀要》）。在慕容儁的統治下，前燕的綜合國力達到了鼎盛時期。接著，慕容儁開始南征東晉、西圖前秦，「於是復圖入寇，兼欲經略關西」（《晉書》）。為此，慕容儁下令「戶留一丁，餘悉發為兵」（《資治通鑒》），在全國徵滿一百五十萬士兵，準備大舉進攻東晉。然而，兵未發，慕容儁就倒在了病床上。晉昇平四年（西元三六〇年）正月，慕容儁帶病檢閱大軍後，於第二天去世，享年四十二歲，謚曰景昭皇帝，廟號烈祖，葬於龍陵，即龍城。

慕容儁死後，前燕上層貴族發生內訌，國勢逐漸衰敗，最終於晉太和五年（西元三七〇年）十一月被前秦攻滅，包括薊城在內的大片土地劃入了前秦版圖。

薊城作為前燕國都雖然只有短短七年，卻對北京的政治、經濟、文化、外交產生了深遠影響。例如，晉永和十一年（西元三五五年）十二月，「高句麗王釗遣使詣燕納質修貢」（《資治通鑒》），這是北京作為皇都首次接納朝鮮使者。又如，慕容儁曾鑄銅馬「置之薊城東掖門」（《晉書》），東掖門因此又名「銅馬門」，唐、遼、金時期的「銅馬坊」即由此沿襲而來。此外，慕容儁還於晉永和十二年（西元三五六年）十一月「徙鮮卑、胡、羯三千餘戶於薊」（《晉書》），在促進鮮卑族與各民族融合的同時，也為北京留下了寶貴的人文精神。此後，薊城，也就是現在的北京，歷經遼（南京）、金（中都）、元（大都）、明（京師）、清（北京）等上層皇家文化的交織薈萃，最終成為世界文化遺產中耀眼的一顆明珠。

歷史上最胖的皇帝讓人刮目相看

北齊皇帝高延宗，擁有一副誇張的怪異體型。《北齊書》稱「延宗容貌充壯，坐則仰，偃則伏，人笑之」；《資治通鑒》稱「延宗素肥，前如偃，後如伏，人常笑之」。意思是說，高延宗身體肥胖，坐著的時候像是躺著，躺著的時候像是趴著；或者說，從前面看像是仰面朝天，從後面看像是俯伏在地。因為比例失調，肚子太大，高延宗整個人就像是一個超級大肉梨，因此常常為人們取笑；猜想「腹大垂膝」（《新唐書》）的安祿山和「嚴寒不栗」（《清史稿》）的皇太極，也只能自嘆不如。歷代皇帝中，高延宗是最胖的一個。

高延宗雖然胖得離譜，但行動起來卻不笨拙，加上他「氣力絕異」，所以關鍵時候能夠「馳騁行陣，勁捷若飛」。平陽一戰中，高延宗兩入敵營，先是「擒周開府宗挺」，繼而「再入周軍，莫不披靡」，其他軍隊均潰敗，而「延宗獨全軍」。晉陽一戰中，高延宗「親當周齊王於城北，奮大槊，往來督戰，所向無前」（《北齊書》）。作為一個胖得不能再胖的大胖子，高延宗的靈活指數和敏捷程度，讓人瞠目結舌。其實，這只是高延宗生命中的一個片段，他稱帝前後超乎尋常的人性反差，更讓人刮目相看，拍案喝彩。

高延宗（？～西元五七七年），東魏權臣高澄的第五子，北齊開國皇帝高洋的侄子。高澄死得早，高延宗從小被高洋收養。高洋是一個「縱酒肆欲，事極猖狂，昏邪殘暴，近世未有」的獸性皇帝，高延宗跟著他好東西沒學到，頑皮倒是學了不少，十二歲時還在高洋的肚臍裡撒尿。對此，高洋非但不生氣，反而抱著他說：可惜我只長了一個肚臍，如果多長幾個，隨你胡鬧，可見高洋對高延宗的過度溺愛。高洋想封高延宗為王，便問丞相楊愔，楊愔擔心高延宗日後不安分，便說「願使安於德」（《北齊書》），提議封高延宗為安德王。

當了安德王，高延宗非但不「安於德」，反而越來越卑劣，甚至讓人吃屎。擔任定州刺史時，高延宗在樓上大便，卻讓人在樓下張開嘴接著，他用蒸熟的豬食配上人屎給左右侍從吃，誰要是怕髒怕臭，面有難色，便對其施以鞭刑。高延宗的這些劣跡並非筆者杜撰，而是正史中明確記載的，「安德王延宗……為定州刺史，於樓上大便，使人在下張口承之。以蒸豬糝和人糞以飼左右，有難色者鞭之」（《北齊書》）。六叔孝昭帝高演聽說有這等事，便派使者專程前去打了高延宗一百杖，高延宗一邊挨打，一邊抱怨，因此多挨了三十杖。

這一百三十杖並沒有達到教育的效果，高延宗我行我素，從惡作劇發展到殺人。「又以囚試刀，驗其利鈍」，拿獄中的囚犯試刀，以此來檢驗一下刀的鋒利程度。一時間，很多不該殺的囚犯死在了高延宗的刀下。高延宗「驕縱多不法」的行徑，影響極壞，就連擅長殘害宗室、沉湎美色、寵信小人、不思國事的九叔武成帝高湛都看不下去，派人「撻之，殺其昵近九人」。從此以後，高延宗「深自改悔」（《北齊書》），完全變了個人。後主高緯即位後，大肆屠殺宗室，高延宗不得不韜光養晦，慢慢養出了一身肥膘。

體型臃腫，招來了人們的譏笑，卻也躲過了高緯的猜忌。高緯「美容儀」（《北齊書》），與高延宗有天壤之別。在高緯看來，高延宗雖有幾分蠻力，有幾分智謀，但形象太齷齪，不可能成大事，更不可能威脅皇權。胖是件壞事，不料反倒成了高延宗的護身符。此後，高延宗安享歲月，歷任司徒、太尉等職，越發心寬體胖。如果不是國家遭難，高延宗在平淡中養尊處優、壽終正寢，應該不是什麼問題。但是，當北周鐵騎殺過來的時候，高延宗的人生軌跡也隨之在風雨飄搖中跌宕起伏，在平庸中譜寫出了可歌可泣的篇章。

北齊武平七年（西元五七六年）十月，周武帝宇文邕親率大軍進攻北齊，先下晉州（今山西臨汾），兵鋒直指平陽（今山西臨汾西南）。面對強敵，高緯抱頭鼠竄至晉陽（今山西太原），準備再次北逃。大臣們聯名勸高緯留下來，壓住陣腳，鼓舞士氣，挽回敗局。高緯一心逃命，便任命高延宗為相國、并州刺史，總攝山西將士，託付高延宗「并州阿兄自取，兒今去也」，意思是說，我要走了，山西就交給堂兄你了。高延宗力勸高緯「為社稷莫動」（《北齊書》），以免影響軍心，可高緯哪裡顧得上這些，連夜逃亡鄴城（今河南安陽北）。

國家危難時刻，高緯置江山社稷於不顧，丟下了將士和百姓。這種典型的逃跑主義嚴重背離了人心，將士們紛紛懇求高延宗，「王若不作天子，諸人實不能出死力」，意思是說安德王如果不當皇帝，大家實在不能賣命。這些年來，高延宗戰戰兢兢，沒想過，也不敢想當皇帝，高緯雖然出逃，但畢竟還是皇帝，高延宗不願冒天下之大不韙。然而，國難當頭，將士們又對他實施軟威脅，眾望所歸的高延宗不得不挺身而出，於戊午（十二月十四日）即皇帝位，改元德昌。這樣一來，北齊末年一度高緯、高延宗兩位皇帝並存，而高延宗才是人們心目中的皇帝。

既然成為皇帝，就應當與將士並肩作戰，一致抗敵。為此，高延宗除「傾覆府藏及後宮美女，以賜將士，籍沒內參千餘家」，犒賞三軍；「見士卒，皆親執手，陳辭自稱名，流涕嗚咽」（《北齊書》），感化將士；還「自帥眾拒齊王憲於城北」（《資治通鑒》），身先士卒。這「三把火」燒起來，迅速刺激了軍民保家衛國的原動力，「眾皆爭為死，童兒女子亦乘屋攘袂，投磚石以禦周軍」，百姓聽說新皇帝務實低調，紛紛前來助戰，「不召而至者，前後相屬」，就連「肥大多力」的尚書令史沮山，此刻也「捉長刀步從，殺傷甚多」（《北齊書》）。

負責守衛晉陽北門的高延宗和史沮山這兩個大胖子，一個持「奮大槊」，另一個「捉長刀」，二人徒步沙場，密切協作，上演了一場空前絕後的皇帝與大臣「合肥」殺敵場景。此時奮勇殺敵的高延宗，與當年那個讓人吃屎、草菅人命的安德王判若兩人。這種巨大的反差，讓筆者不禁想到了「刮目相看」

這個成語。相比於三國呂蒙在孫權的教誨下，讀了幾天書，學了幾個字，高延宗在國家、民族生死存亡之際，不須人勸，不須人教，骨子裡的愛國激情和報國熱忱本能的凝聚昇華，這種變化簡直就是脫胎換骨。

北齊將士一看皇帝親自迎戰，士氣高昂，軍心大振，在東門一度被攻陷的情況下，竟反敗為勝，打出了一個讓宇文邕險些喪命的高潮。據《資治通鑒》記載，「庚申（十六日）……周主攻東門，際昏，遂入之，進焚佛寺。延宗、敬顯自門入，夾擊之。周師大亂，爭門，相填壓，塞路不得進。齊人從後斫刺，死者二千餘人。周主左右略盡，自拔無路。承御上士張壽牽馬首，賀拔伏恩以鞭拂其後，崎嶇得出。齊人奮擊，幾中之」。從高延宗誤認為「周主為亂兵所殺」的文字記載，可見當時戰鬥之激烈。直到四更天，周軍才勉強逃出去。

見周軍潰敗而逃，晉陽軍民既疲勞又興奮，未加防範，便紛紛歡慶勝利，「入坊飲酒，盡醉臥」。宇文邕雖然兵敗，但經過「鳴角收兵，俄頃復振」，很快就恢復了戰力；而此刻，晉陽守軍仍在醉臥，高延宗一時間根本無法重整隊伍抗敵。天剛放亮，宇文邕抓住「城內空虛」的絕佳時機，一舉攻陷晉陽，「辛酉（十七日），旦，還攻東門，克之」（《資治通鑒》）。高延宗率領幾個沒有醉倒的士卒奮力頑抗，終因寡不敵眾，戰至力竭，被周軍擒獲。從戊午，到辛酉，高延宗在位不過四天時間，去頭去尾只有兩天。

疾風知勁草，烈火見真金。高延宗受命於危難，奮起於將傾，雖無力回天，但完成了北齊最後一名戰士的使命。高延宗的壯舉一向為史家所同情和讚頌，同時代的顏之推稱讚高延宗「壯安德之一戰，邀文武之餘福，屍狼藉其如莽，血玄黃以成谷，天命縱不可再來，猶賢死廟而慟哭」（〈觀我生賦〉），說高延宗雖無力回天，但雖敗猶榮，比劉備那個殺子滅妻、哭死在祖廟裡的兒子劉諶強多了。《北齊書》的作者李百藥評價高延宗「以時艱主暗，匿跡韜光，及平陽之陣，奮其忠勇，蓋以臨難見危，義深家國」，對高延宗忠勇為國的精神大為讚賞。

高延宗被俘後，宇文邕「自投下馬，執其手」，並「復衣帽，禮之」，以此表示敬佩這位胖皇帝。北齊承光元年（西元五七七年）正月，高緯、高恆被周軍活捉。四月，宇文邕設宴招待北齊君臣，讓高緯跳舞助興。眾人皆麻木，獨高延宗見故主受此侮辱，「悲不自持，屢欲仰藥自裁」，後被婢女勸止。十月，宇文邕誣陷高緯、高延宗等北齊宗室謀反，眾人皆申辯，磕頭請求饒命，唯獨高延宗「泣而不言」，後「以椒塞口而死」（《北齊書》），北齊君臣全部遇難。寧可站著赴死，絕不跪著求生，高延宗非常有骨氣的就義，再次讓人刮目相看。

哪位皇帝的小名最具傳奇色彩？

小名，即乳名，也稱小字，得之於襁褓，受之於父母。古人包括皇帝，其小名大都比較粗鄙，難登大雅之堂。所以幾千年下來，皇帝的小名能留傳下來的不勝枚舉，但能被文人寫進詩詞的卻微乎其微。在這個方面，劉宋開國皇帝劉裕是個例外。翻閱古詩詞，寄奴——也就是劉裕的小名，應接不暇，觸目驚心。

斜陽草樹，尋常巷陌，人道寄奴曾住。（辛棄疾〈永遇樂．京口北固亭懷古〉）

寄奴談笑取秦燕，愚智皆知晉鼎遷。（陸游〈書陶靖節桃源寺後〉）

英雄恨，贏得名存北府。寄奴今寄何所。（孫吳會〈摸魚兒〉）

今古恨，登臨淚，幾斜陽。不是寄奴住處、也淒涼。（鄭熏初〈烏夜啼〉）

赤紙藤書宋鼎歸，寄奴柴燎告功時。（曾極〈宋受禪壇〉）

平南上策歸諸葛，伐北奇功屬寄奴。（李壁〈再和雁湖十首〉）

寄奴真偉人，落拓龍潛地。（劉子翬〈建康六感．宋〉）

寄奴千載心爭雄，登高把酒臨秋風。（吳師道〈戲馬台〉）

何處寄奴遺壘是，廢興千載總成墟。（安賓〈過穆陵關〉）

獅子寄奴生長處，一片雄山莽水。（陳維崧〈遊京口竹林寺〉）

……

從宋到清，從詩到詞，從辛棄疾到陳維崧，從愛國詞人到翰林作家，「寄奴」一直是歷代文人筆下一個相當活躍的字符。僅在手頭現有的古詩詞集中，筆者就輕鬆地找到了「寄奴」近四十處，其出現頻率之高、使用數量之大，在中國歷代皇帝中獨占鰲頭。

按正史記載，劉裕有名、有字、有小名，「高祖武皇帝諱裕，字德輿，小名寄奴」（《宋書．武帝紀》），「宋高祖武皇帝諱裕，字德輿，小字寄奴」（《南史．宋本紀》），「劉裕，字德輿」（《魏書．劉裕傳》）。那麼，歷代文人為何偏偏對劉裕的小名如此神往，如此情有獨鍾呢？這個奇怪的文化現象，讓筆者忍不住要對「寄奴」這個頗具傳奇色彩的皇帝小名探究一番。

眾所周知，「奴」是六朝時期古人小名中常用的一個字，一般用來煞尾，是親人之間（父子、夫妻、長幼）出於愛憐的一種暱稱，多指長輩稱呼晚輩，本身沒有實際意義。如王薈小名小奴，桓嗣小名豹奴，石崇小名齊奴，孫騰小名僧奴，冉閔小名棘奴，陳叔寶小名黃奴，等等。一般情況下，父母為孩子取小名時雖然比較隨意，但整體來說還是有些講究。如排行最末的，就取名小奴；希望強壯的，就取名豹奴；出生齊地的，就取名齊奴；崇道信佛的，就取名僧奴；個性強勢的，就取名棘奴；推崇華夏的，就取名黃奴，等等。與他們相比，劉裕小名「寄奴」的由來，則少了一些講究，多了一份孤苦。

劉裕（西元三六三年~四二二年），原籍彭城（今江蘇徐州），曾祖於「永嘉之亂」時舉家南遷至京口（今江蘇鎮江）。劉裕出生的那天晚上，「有神光照室；其夕，甘露降於墓樹」，祥瑞不斷。父親劉翹非常驚訝，便為劉裕取小名「奇奴」（《宋書．符瑞》）。然而沒過多久，母親便去世了。因為「家貧」，劉翹「將棄之」，想把劉裕丟掉。劉裕的姨母聞訊，立即抱著不滿週歲的兒子劉懷敬「走往救之，斷懷敬乳而乳之」（《資治通鑑》），把奶讓給劉裕吃。看到這種場面，劉翹索性將劉裕託付給了小姨子。此後，還在襁褓之中的劉裕便長期寄養在姨母家中，小名「奇奴」也由此改為「寄奴」，「皇妣既殂，養於舅氏，改為寄奴焉」（《宋書．符瑞》）。後來，劉翹續弦，劉裕雖然重返老家，但「寄奴」這個小名卻保留了下來。

誰曾想，這個飽含辛酸磨難的小名，日後竟傳奇般被命名為一味中草藥、一座古城池，並逐漸成為劉裕的一個響亮招牌，最終讓劉裕傳奇般成就一代帝業。

據《南史·宋本紀》記載，劉裕年少時，因家貧，曾到新洲（今鎮江丹徒）砍伐荻竹，「見大蛇長數丈，射之，傷。明日復至洲，里聞有杵臼聲，往覘之。見童子數人皆青衣，於榛中搗藥。問其故，答曰：『我王為劉寄奴所射，合散傅之。』帝曰：『王神何不殺之？』答曰：『劉寄奴王者不死，不可殺。』帝叱之，皆散，仍收藥而反（返）。」後來，劉裕領兵打仗，隨軍必備這種草藥，將士們「每遇金創，傅之並驗」，療效絕佳。將士不知道藥名，聽劉裕講了這個故事，便將這種草藥稱為「劉寄奴」。

現在看來，劉裕「射蛇得藥」純屬虛構，而且是在效仿劉邦。劉裕「勇健有大志」（《資治通鑒》），且是「漢高帝弟楚元王交之後」（《宋書．武帝紀》），為了成就霸業，劉裕依照劉邦「斬蛇起義」，炮製了「射蛇得藥」，顯然是重走了劉邦當年發跡之路。為了提高聲望，為了增加威信，設計一些玄幻的噱頭來神化自己，是歷代開國皇帝發跡前慣用的政治手段。但不管怎麼說，「劉寄奴草」這味藥名卻因此流傳開來，並沿襲下去，以至於醫學大師李時珍對這種說法都深信不疑，「宋高祖劉裕，小字寄奴。微時伐荻新洲，遇一大蛇，射之……裕叱之，童子皆散，乃收藥而反。每遇金瘡敷之即愈。人因稱此草為劉寄奴草」（《本草綱目．草部》）。筆者考證，「劉寄奴草」是中醫學上唯一一味以皇帝小名命名的中草藥。

有了「劉寄奴草」，劉裕部隊的戰鬥力大大提升，為他日後南征北戰、縱橫沙場提供了堅實的醫療保障。此外，因為有「劉寄奴草」，劉裕還成功地迷惑了桓玄。元興二年（西元四〇三年）十二月，桓玄篡位，劉裕非常不滿，招來諸多猜忌。不久，桓玄詔令劉裕進京，劉裕以「金創疾動，不堪步從」為由沒有入朝。其實，劉裕身邊常備「劉寄奴草」，還怕這一點傷？因此騙過了桓玄，為他「徐於京口圖之」（《宋書．武帝紀》）並最終擊敗桓玄，贏得了充足的謀劃時間。久而久之，「劉寄奴草」竟成了兵家

哪位皇帝的小名最具傳奇色彩？

的常備良藥，「劉寄奴」這個名字越來越響，劉裕的聲望也越來越高。後來，「劉寄奴草」又有了一些別的叫法，如金寄奴、烏藤菜、六月雪、九里光等等，而「劉寄奴草」這個叫法卻歷經千年不倒，直到現在還廣泛應用。

除了用於中醫，劉裕的小名還被命名為一座古城池——寄奴城。隆安三年（西元三九九年）十一月，孫恩在會稽（今浙江紹興）聚眾造反，「前將軍劉牢之東討，牢之請高祖（按：劉裕）參府軍事」（《宋書．武帝紀》）。劉裕作戰勇猛，膽識過人，短短幾年便成為一名能夠獨當一面的高級將領。隆安五年（西元四〇一年）三月，孫恩從海中北上進攻濱海的海鹽縣城，海鹽百姓人心惶惶。危急時刻，劉裕晝夜兼程，第一時間趕到海鹽，奮力抗敵。由於孫恩兵勢浩大，海鹽易攻難守，劉裕便在漢代故邑城的基礎上重建城池，「築城於海鹽故治」（《資治通鑒》），並命名為「寄奴城」。依托這個陣地，劉裕多次擊退孫恩的瘋狂進攻，最終「乘其懈怠，奮擊，大破之」（《宋書．武帝紀》），既維護了社會穩定，也使海鹽百姓免遭戰火塗炭。

關於「寄奴城」，《海鹽縣志》中有明確記載，「海鹽……漢代稱鼓邑城，南北朝宋劉裕時在這裡築城，稱寄奴城」。自古至今，以皇帝的小名命名的城鎮，除了「寄奴城」，恐怕找不出第二個。昔日的「寄奴城」，由於地勢較低，在歷經千年的滄桑巨變之後，如今沉淪於茫茫大海久矣，但「寄奴城」三個字卻在江浙一帶影響甚廣，流傳甚久，並永久扎根於文人的詩詞中。如，元代嘉興孝子過宗一有詩云：「寄奴王者亦英雄，更愛風流顧侍中。今日孤城滄海畔，一天紅日晚來風。」清代嘉興詩人朱彝尊的「鷹窠絕頂海風晴，烏免秋殘夜並生。鐵鎖石塘三百里，驚濤嚙盡寄奴城」（〈鴛鴦湖棹歌〉），以及清代陽湖（今江蘇常州）女詞人劉琬懷的「江南好，草綠寄奴城。沽酒客來雙屐滑，打魚人去一舟輕。浮玉望中明」（《補欄詞》），就是後人懷念「寄奴城」、紀念救命恩人劉裕的多重文學見證。

劉裕從戎時，已是而立之年，照理說應該早有了正式的名和字（劉裕，字德輿），而劉裕卻一直在軍隊中使用小名「寄奴」。這一點，從「劉寄奴草」和「寄奴城」的命名上就可以得到答案。在劉裕看來，頻頻搬出自己的小名，能讓部下覺得他親近，進而籠絡人心。久而久之，劉裕也習慣了自稱小名，在外面如此，在家也如此。據《宋書．宗室》記載，「太后謂上曰：『道憐汝布衣兄弟，故宜為揚州。』上曰：『寄奴於道憐豈有所惜。揚州根本所寄，事務至多，非道憐所了。』」太后，即劉裕的繼母蕭氏；寄奴，即劉裕。當時，劉裕已經封宋王，位高權重，與繼母說話時自稱「寄奴」，這一方面說明了他尊敬繼母，一方面佐證了他習慣自稱小名，一方面也反映了劉宋史官們下筆時，根本無須避諱皇帝的小名。試想，連劉裕本人都不忌諱自己的小名，後朝的文人墨客讚頌這位低調可親的英雄人物，還不信馬由韁？

永初元年（西元四二〇年）六月，劉裕稱帝，以宋代晉，定都建康（今江蘇南京），建立劉宋政權。劉裕，這個當年曾一度被父親拋棄的苦命孩子，憑藉自己的膽識、智慧、勇猛和「寄奴」這個響亮的傳奇招牌，最終扭轉了酸楚命運，登上了政壇巔峰，並奠定了維繫了百年相對穩定的南北對峙格局。難怪後人想到他寄人籬下的辛酸遭遇，想到他定南燕、平後秦的英雄氣概，想到他倡導北伐、收復失地的歷史功績，想到劉裕的小名在軍事、醫學方面的影響力，就忍不住會對「寄奴」二字追憶、感慨一番。此外，據《劉氏宗譜》記載，劉裕原名劉道成，「九十五世祖，劉翹，生子劉裕（道成）、劉道憐、劉道規，餘不詳……九十六世祖，劉裕，原名劉道成，字德輿，小字寄奴」，令人驚奇的是，「道成」竟與後來推翻劉宋政權的蕭道成同名，這大概也是歷代文人在詩詞作品中普遍選用「寄奴」的一個原因。

有褒就有貶，有鮮花就有口水，受人追捧的同時，「寄奴」也偶爾招來些諷刺和挖苦，如劉克莊的「寧書處士卒，不踐寄奴朝」（〈雜詠一百首．陶淵明〉），方回的「文叔本僥倖，寄奴非英雄」（〈擬古五首〉）；至於辛棄疾的「人道寄奴曾住」，在《四庫全書》中被改做「人道宋主曾住」，這應該不是對「胡、虜、戎、夷」過敏的愛新覺羅氏所為，也不知是哪個覺得「奴」字刺眼的「奴才」下的黑手。嘲諷和篡改，擋不住後人對「寄奴」的追思。從陳維崧的「西風流落丹徒，想劉家寄奴」（〈醉太平．

江口醉後作〉），到章炳麟的「雪中原之塗炭，光先人之令聞，寄奴元璋之績，知其不遠」（〈革命道德說〉），可見「寄奴」風采不減當年，沒有蜷縮在史籍角落，而是經久不息唱響於歷史長河，並成為中國文化的一面獨特旗幟。與歷代皇帝相比，寄奴——劉裕的小名無疑最具傳奇色彩。

第一個設「貴妃」的皇帝是誰？

貴妃，是古代皇帝妃嬪的稱號，也是後宮中級別較高的女子。提起貴妃，那位「三千寵愛在一身」的楊貴妃可謂家喻戶曉，與之相比，中國歷史上第一個貴妃卻鮮為人知。

筆者考證，貴妃一詞最早出現於《宋書》。據《宋書·后妃傳》記載，「世祖孝建三年，省夫人、修華、修容，置貴妃，位比相國；進貴嬪，位比丞相；貴人，位比三司，以為三夫人」。史籍中的「世祖」，即南北朝時期劉宋王朝的孝武皇帝劉駿。也就是說，從劉駿開始，才有了「貴妃」這一等級和稱號的妃嬪。在《宋書·孝武十四王傳》中，筆者發現了唯一一位被史官稱作「貴妃」的殷姓女子。這位「殷貴妃」，就是中國歷史上有明確記載的第一個貴妃。

說來也巧，中國歷史上最有名的貴妃、和中國歷史上第一個貴妃，竟然都與「亂倫」有關係。楊貴妃是唐玄宗的兒媳婦，後被公公搶得；殷貴妃是劉駿的堂妹，後被堂兄霸占。在歷史上，劉宋的皇帝大多荒淫無道，劉駿無疑是其中最誇張的一個。劉駿既然能與自己的生母路太后鬧出男女緋聞，「留止太后房內，故人間咸有醜聲。宮掖事祕，亦莫能辨也」（《南史》），那麼，他把叔叔劉義宣的幾個女兒，也就是自己的堂妹抱上床，便也不足為奇了。

殷貴妃，本姓劉，劉宋宗室劉義宣之女。劉義宣是宋武帝劉裕的第六子，宋文帝劉義隆的弟弟，後封南郡王。劉義隆被太子劉劭殺死後，劉義宣出兵協助劉駿誅滅劉劭，扶持劉駿即位，是為孝武帝。劉義宣生有四個女兒，個個貌美如花，天香國色。劉駿發現後，便強行將四個堂妹一併召入宮闈，日夜淫亂。劉義宣聞訊不禁大怒，隨即起兵造反，「世祖閨庭無禮，與義宣諸女淫亂，義宣因此發怒，密治舟甲」（《宋書·劉義宣傳》）。劉義宣兵敗被殺後，劉駿更是肆無忌憚，索性將四個堂妹從暗處搬到櫃檯，公開封她們為妃嬪。四姐妹中，以老二也就是殷氏最為出類拔萃，因「麗色巧笑」得以「寵冠後宮」，被劉駿封為淑儀。

為了掩人耳目，防人口舌，劉駿還煞費心機讓殷氏認陳郡的殷琰為父，「假姓殷氏」。由於不少知情者因洩露真相被殺害，因此眾人都不知道她究竟是哪一家的女兒，「左右宣洩者多死，故當時莫知所出」（《南史》）。刻意的矯飾並不能掩蓋歷史真相，其中有兩大疑點值得注意。其一，殷琰在劉駿執政期間官運很一般，不符合「愛屋及烏」的常理；其二，劉駿死後，前廢帝劉子業上台，對殷氏一派的人員進行全面清算，株連甚廣，而唯獨殷琰得以倖免。從這些蛛絲馬跡中，筆者分析殷氏絕不是殷琰的女兒，而是劉義宣之女。

由於家破人亡，纖弱無助，殷氏對於這段兄妹亂倫的畸形戀情無力抗爭，也不敢抗爭。好在劉駿對她非常寵愛，這一點，從殷氏入宮後的八年時間裡為劉駿生下劉子鸞、劉子仁、劉子羽、劉子雲、劉子文、劉子師以及第十二皇女這一傲人戰績上就可以略窺一二。此外，她的長子劉子鸞也得到了劉駿的青睞，數年間不斷被加封，其人氣甚至蓋過了太子劉子業，難怪劉子業日後會對他報復。然而紅顏薄命，大明六年（西元四六二年）四月，殷氏病逝。殷氏死後，劉駿悲痛萬分，乃至「常思見之」。為此，劉駿特意把殷氏的棺材做得像抽屜一般，每當想見她的時候，便將棺材拉開一睹遺容，「遂為通替棺，欲見輒引替睹屍」（《南史》）。

劉駿雖然早在孝建三年（西元四五六年）就擬定了貴妃這一等級，但遲遲沒有冊封誰為貴妃。直到六年後，也就是殷氏去世後，劉駿才下決心將這一殊榮送給殷氏，「追贈貴妃，謚曰宣」（《南史》）。在中國歷史上，明確記載被冠以貴妃頭銜的女子，殷貴妃是第一個。此外，其謚號中的「宣」字，也能讓人隱約感到殷貴妃與劉義宣的某種關聯。大明六年（西元四六二年）十月，劉駿將殷貴妃厚葬，儀隊相當隆重，「及葬，給輼輬車、虎賁、班劍、鑾輅九旒、黃屋左纛、前後部羽葆、鼓吹」，劉駿本人「悲不自勝」（《南史》），對此，《資治通鑒》也稱「葬宣貴妃於龍山。鑿岡通道數十里，民不堪役，死亡甚眾；自江南葬埋之盛，未之有也」。

與殷氏永別之後，劉駿精神渙散，不理政事。每晚臨睡前，都要在殷氏的靈前倒酒對飲，接著痛哭流涕到難以自拔，「精神惘惘，頗廢政事。每寢，先於靈床酌奠酒飲之，既而慟哭不能自反」（《南史》）。為了表達對愛妃的懷念，劉駿又詔令有司為殷貴妃修建一座廟，廟成後以殷貴妃長子劉子鸞的封號，稱為新安寺。後來，有人提到漢武帝曾用方術與寵妃李夫人的魂魄相見之事，劉駿便也上演了一齣「人鬼情未了」；但當劉駿想與之握手時，鬼魂卻消失了。對此，劉駿「尤哽恨」，於是效仿漢武帝為李夫人寫悼賦，親自寫了一篇悼念殷貴妃的文章〈傷宣貴妃擬漢武帝李夫人賦〉，賦中「遣雙靈兮達孝思，附孤魂兮展慈心。伊鞠報之必至，諒顯晦之同深」的句子確實哀豔悲愴、傷感纏綿，讓人欷歔不已。

除了自己寫悼賦，劉駿還命江左第一才子謝莊寫了〈宣貴妃誄〉這樣一篇哀文。劉駿看後非常滿意，忍不住感嘆道：「天底下還有這樣的奇才！」劉駿不僅將謝莊的辭賦刻在殷貴妃的墓碑上，還下令廣泛傳抄，一時間「紙墨為之貴」（《南史》）。

葬禮結束後，劉駿每每想起殷貴妃，便帶領群臣到墓地憑弔，他甚至還對一名叫劉德願的大臣說：「卿哭貴妃若悲，當加厚賞。」劉德願是個官迷，為了榮華富貴，「應聲便號慟，撫膺擗踴，涕泗交流」。劉駿見劉德願哭的如此投入，如此煽情，高興異常，當場就升了劉德願的官，讓他做豫州刺史。接著，劉駿又讓羊志哭殷貴妃，羊志隨即「亦嗚咽極悲」。後來，有人問羊志「卿哪得此副急淚」，羊志說他的愛妾剛剛去世，那天是「自哭亡妾耳」（《資治通鑒》）。這兩件事雖然滑稽可笑，但也反映了劉駿對殷貴妃的一往情深。

大明八年（西元四六四年）五月，也就是殷貴妃去世兩年後，因愛成思、因思成愁、因愁成病的劉駿崩於玉燭殿，時年三十五歲。劉駿死後，太子劉子業即位。想到殷貴妃曾試圖讓劉子鸞取代自己，劉子業將積攢多年的仇恨全部發洩出來，「新安王子鸞有寵於世祖，帝疾之」。不久，劉子業便「賜子鸞死，又殺其母弟南海王子師及其母妹」。殷貴妃沒有想到，她死之後，會為劉駿留下無盡的悲傷哀痛，會讓無辜的姐妹、子女慘遭橫死。然而，讓她更想不到的是，劉子業竟然下令毀掉新安寺，繼而「發殷貴妃墓」（《資治通鑑》）。中國歷史上第一個貴妃最終以屍體被暴露、被侮辱，為其無奈淒美的一生畫上了一個悲涼的句號。

中國歷史上大婚最早的皇帝

在古代，大婚是不能隨便講的，只有那些高高在上的天子和諸侯，尤其是當朝皇帝結婚才能叫大婚；如今帝制取消了，封建作古了，思想開放了，人權平等了，這個曾經的特殊詞語，誰都可以自由運用。

與現代相比，古代皇帝，尤其是那些登基較早的娃娃皇帝或少年天子，大婚時的年齡相對要小，一般在十六七歲；然而，歷史上也出現了不少不足十六歲就大婚的皇帝，如清朝康熙皇帝十四歲大婚，西漢昭帝劉弗陵十二歲大婚，當然這都是政治需要。更有甚者，北周靜帝宇文闡、元朝寧宗懿璘質班，大婚時年僅七歲，堪為中國歷代皇帝大婚史上的兩道奇觀。

宇文闡和懿璘質班，雖然朝代不同，民族不同，但他們的婚姻步調卻相當一致。其一，他們都是七歲登基；其二，他們都是七歲大婚。雖然同是七歲，但還是有些差別。據《元史》記載，懿璘質班生於泰定三年（西元一三二六年）三月，至順三年（西元一三三二年）十月即位，同月冊立答里也忒迷失為皇后。而據《北史》記載，宇文闡生於建德二年（西元五七三年）六月，大象元年（西元五七九年）二月即位，七月立司馬令姬為皇后。二者比較，懿璘質班六週歲零七個月做了新郎，宇文闡六週歲零一個月成為丈夫，宇文闡無疑是中國歷史上大婚時年齡最小的皇帝。

宇文闡（西元五七三年～五八一年），原名宇文衍，北周宣帝宇文贇長子。大象元年（西元五七九年）正月，宇文闡被立為皇太子。二月，宇文贇禪位於宇文闡，當起了太上皇。當年七月，宇文贇將司馬令姬冊立為宇文闡的皇后。北周皇室屬鮮卑族，儘管鮮卑族有早婚的傳統，但宇文贇之所以急於為兒子操辦大婚，筆者認為還有三個原因。其一，宇文贇荒淫無度，身體垮塌，自知不久於世，臨死前想了結這樁心願；其二，宇文贇同時擁有五位皇后，他急著為兒子立皇后，應該說是這種「皇后情結」在作祟；

其三，也是最重要的一點，即以此削弱楊堅的勢力。

楊堅的長女楊氏，原是宇文贇的太子妃，宇文贇即位後，楊氏被立為皇后，楊堅也隨之成為國丈。由於身分特殊，戰功卓著，楊堅在朝中的勢力越來越大。為了防止楊堅代周自立，宇文贇便透過為兒子冊立皇后，大力提拔另一位國丈，即司馬令姬的父親司馬消難，使兩位國丈彼此抗衡，便於兒子從中得利，進而鞏固北周的江山社稷。宇文贇的想法是好的，但宇文闡畢竟是個孩童，根本不是楊堅的對手。大象二年（西元五八〇年）五月，宇文贇病逝，楊堅製造偽詔強行輔政，以至於「上柱國、揚州總管、隋公楊堅為假黃鉞左大丞相……百官總己以聽於左大丞相」，不久「隋公楊堅都督內外諸軍事」，宇文闡無疑成了擺設。

在權力面前，但凡有野心的人都想從中分得一杯羹。作為當朝國丈，司馬消難一則出於對權力的爭逐，二則出於對女婿的保護，因此對前朝國丈楊堅極其不滿。七月，司馬消難舉兵討伐楊堅，楊堅「命襄州總管王誼為元帥，發荊襄兵以討之」。無論從實力上，還是從威望上，司馬消難都難與楊堅一拼。所以當司馬消難聞王誼大軍將至時，不得不「夜率其麾下，歸於陳」，一代國丈竟然流落到異國他鄉。大象元年（西元五八〇年）九月，楊堅以司馬消難「奔陳」為由，首先將皇后司馬令姬廢為庶人。此後，楊堅便加快了代周自立的步伐。

三個月後，傀儡皇帝宇文闡迫於楊堅的淫威，詔令「楊堅進爵為王，以郡為隋國」。大定元年（西元五八一年）二月，宇文闡被迫遜位於楊堅，「居於別宮」，存活了二十四年的北周政權宣告滅亡。楊堅即位後，改國號為大隋，封宇文闡為介國公，「邑萬戶，車服禮樂，一如周制」，並准許他「上書不稱表，答表不稱詔」。但這些優待措施不過是楊堅給宇文闡的空頭承諾，因為自始至終「有其文，事竟不行」。然而，這樣的日子也沒過上多久。三個月後，也就是隋開皇元年（西元五八一年）五月，宇文闡被楊堅「潛害」，時年九歲，諡號靜帝。

破巢之下，焉有完卵！中國歷史上大婚最早的皇帝，就這樣悄悄離開了人世。皮之不存，毛將焉附！那位被廢為庶人的司馬令姬，在國破家亡之後，為了謀生，不得不改嫁他人，「後嫁為隋司州刺史李丹妻」。這對中國歷史上最年輕的帝后，他們的人生遭遇和命運波折讓人扼腕嘆息；而那位為了延續皇后情結、為了抑制外戚勢力、一手操辦幼子大婚的宇文贇，最終用亡國的代價為他的荒唐行徑買單。《北史》稱北周滅亡「斯蓋先帝之餘殃，非孺子之罪戾也」，還是客觀公正的。大婚可以影響政治，但不能決定政治。

武則天人為創造歷史上最長一年

中國古代的曆法，不論是夏曆、殷歷、周曆，還是漢朝的太初曆，均規定一年十二個月，又規定「故順置閏」，即每三年加一個閏月，每五年閏二個月，每十九年閏七個月，依此類推。所以古代一年要嘛十二個月，要嘛十三個月。然而，唐朝的久視元年（西元七〇〇年），卻空前絕後出現了十五個月。

自漢武帝規定一月為正月之後，大部分王朝和皇帝都實行了「拿來主義」，但也出現了王莽、曹睿、武則天和李亨這四位別具一格的皇帝。如，王莽「以十二月朔癸酉，為建國元年正月之朔」（《漢書·王莽傳》）；曹睿「以建丑之月（按：十二月）為正」，把景初元年三月改為四月（《三國志·魏書》）；李亨於上元二年九月宣布「以十一月為歲首……去上元號，稱元年」，七個月後又恢復「巳月（按：四月）為四月」（《新唐書·肅宗本紀》）。

或出於託古改制，或因為占得地統，或不甘拾人牙慧，王莽、曹睿、李亨的標新立異，使當時的曆法較為混亂。相比之下，武則天的「變法」更讓人眼花撩亂。天授元年（西元六九〇年）九月，武則天稱帝，改國號為大周，並把周武王姬發作為祖先祭祀，廢除唐朝以正月為歲首的慣例，宣布「以十一月為歲首」，因為史書上有「周正以十一月」（《史記·曆書》）。筆者認為，這是武則天代唐自立後，為了掩飾篡位事實、尋求統治淵源的政治手腳。

這樣一來，原先一月、二月、三月……十一月、十二月的順序，就變成了十一月、十二月、一月……九月、十月。不想，十年之後，情況又有了變化。據《舊唐書·則天皇后》記載，聖曆元年（西元七〇〇年）五月，武則天改元「久視」；到了「冬十月甲寅，復舊正朔，改一月為正月，仍以為歲首，正月依舊為十一月」。對此，《新唐書·則天皇后》稱，十月「甲寅，復唐正月」。《資治通鑑·唐紀》也稱，十月「甲寅，制復以正月為十一月，一月為正月」。

三段文獻的意思是說，聖曆元年（西元七〇〇年）五月，武則天改年號「聖曆」為「久視」；十月，又宣布廢除大周曆法，恢復唐朝「正朔」，即把十一月、十二月、一月……九月、十月的大周曆法，改回到唐朝前期的一月、二月、三月……十一月、十二月。曆法雖然恢復，但「正月依舊為十一月」既定事實卻不能動。這樣一來，久視元年（西元七〇〇年）就表現為：十一月、十二月、一月……九月、十月、十一月、十二月，加上一個閏七月，共十五個月。

按照陰曆每月約二十九天半計算，久視元年竟然長達四百四十二天之久，堪稱中國歷史上最長的一年。中國曆法史上的這一奇怪現象，可以說是武則天隨意更換年號、突然更換曆法的結果，完全是由人為因素造成。改變曆法是一件事關社稷穩定的大事，武則天是一位傑出政治家，不可能不知曉其中的利害關係。那麼一代女皇為何要放棄大周曆法？為何要主動扯下復古周禮的外衣呢？筆者認為，武則天此舉正是出於政治上的深思熟慮，被迫為之。

經過「武周革命」，六十七歲的武則天雖然實現了她的女皇夢，但李唐舊臣的忿忿不平和太子心腹蠢蠢欲動，一直讓她感到恐懼和不安。對此，武則天一方面豢養酷吏，實行群臣高壓政治；一方面頻繁更換年號，藉改元大赦天下，以贏取人心。此外，她還提拔和重用了以狄仁傑為代表的能臣，為大周效力。即便如此，仍有不少大臣跟她陽奉陰違，伺機恢復李唐。十年後，武則天年老多病，體力和精力大不如從前，大周政權正在一步步陷入困境。

久視元年五月，武則天服用「長生藥」，非但沒能奏效，反而病了一場。病癒後，武則天宣布「大赦天下」，去掉「天冊金輪大聖之號」（《資治通鑑》）。金輪，是佛家語，是統治天下的第一聖王，天冊金輪，體現了此岸世界和彼岸世界兩種權威的合璧。武則天主動去掉這一尊號，是她在政治上的某種覺悟和解脫。九月，「唐室砥柱」狄仁傑病逝，武則天淚流滿面，一句「朝堂空矣！」（《資治通鑑》），反映出了一代女皇痛失臂膀後的哀傷和無助。

狄仁傑死後不久，武則天即宣布「復唐正月」，這無疑是她面臨孤軍奮戰，考慮如何自保，如何贏取民心而耍的又一個政治花招。不同的是，當年實行大周曆，是其開國執政的高端起點；而恢復大唐曆，則是其女皇生涯的低調轉折。五年後，武則天被迫退位，臨終遺囑：「去掉帝號，改稱皇后，歸葬乾陵。」這一歸宿，其實早在久視元年就已經注定了。久視元年（西元七〇〇年），既是中國歷史上最長的一年，也是武則天政治生命開始滑坡的一年。

哪位皇帝的反腐詔令最具影響力？

從北宋初年到清朝中期，長達七百餘年的時間，中國各地大小衙門正廳前的甬道上，都立有一塊石碑，上面刻有《戒石銘》，「爾俸爾祿，民膏民脂。下民易虐，上天難欺」，以此來告誡各級地方官員要克己奉公，廉潔自律，不擾民，不虐民，做一名對得起天地良心的公正父母官。《戒石銘》的十六字為宋太宗趙光義所定，但論及它的出處，不能不提到另一個人——五代十國時期的後蜀皇帝孟昶。

孟昶（西元九一九年~九六五年），字保元，邢州龍崗（今河北邢台）人，孟知祥第三子。明德元年（西元九三四年），孟昶即位，成為後蜀第二代皇帝。孟知祥在位時，對大臣寬厚優縱，大臣們也大都驕縱蠻橫，廣收賄賂，厚斂不止，魚肉百姓。孟昶執政後，嚴肅法紀，處死了幾個民怨頗大的舊臣，才使朝廷內外的貪斂之風有所收斂。為了治理好國家，廣政四年（西元九四一年）五月，孟昶正告官員嚴謹理政，並親筆書寫了一份《令箴》，頒布國內，全文如下：

朕念赤子，旰食宵衣。託之令長，撫養安綏。政在三異，道在七絲。驅雞為理，留犢為規。寬猛得所，風俗可移。無令侵削，毋使瘡痍。下民易虐，上天難欺。賦輿是切，軍國是資。朕之爵賞，固不逾時。爾俸爾祿，民膏民脂。為人父母，罔不仁慈。特為爾戒，體朕深思。

《令箴》共二十四句，九十六字，字字珠璣，句句泣血，裡面提到了四個典故，即三異、七絲、驅雞、留犢，筆者稍加解釋。三異，是指因行德政而出現的三種奇蹟，即「蟲不犯境，此一異也；化及鳥獸，此二異也；豎子有仁心，此三異也」（《後漢書》）；七絲，是指古琴的七根弦，借喻「考治亂於律均兮」（《文選》）；驅雞，即趕雞，「急則驚，緩則滯……迫則飛，疏則放」（《申鑒》），借喻作官御民寬嚴得當；留犢，出自典故「（羊篇）歷官清慎，有私牛於官舍產犢，及遷而留之」（《晉書》），借喻居官清廉，纖介不取。

一紙言辭華美、情意深長的《令箴》，既反映了孟昶才華橫溢的博學功底，也表現了他孜孜求治的強烈願望。時至今日，我們從中仍可以看到孟昶當年洞悉民意、體恤民情、情繫民心，關愛民生的和善面孔，和告誡公卿百官要清正廉潔、克己奉公，以仁慈之心來對待百姓的懇切心情。可以說，孟昶的這份《令箴》，不僅是傳統文化中的一則精華，也是古代吏治史上的一例典範。作為一名封建皇帝，孟昶能夠如此明了官員和百姓之間的利害關係，這在歷史上是很難得的。在昏君暴主層出不窮的五代十國時期，孟昶此舉更是難能可貴。

《令箴》既是孟昶規誡臣下的詔令，也是孟昶親民愛民的宣言。為了了解真相，孟昶設置檢舉箱，「於朝堂置匭，以通下情」（《新五代史》），在君民之間架起了一座溝通的橋梁。凡百姓有冤情苦楚的，均可直接向孟昶投狀訴告，孟昶根據檢舉，查實處理。孟昶執政期間，勵精圖治，勤政愛民，官場廉潔清明，百姓富庶安居，「昶……自襲位，頗勤於政，邊境不聳，國內阜安」（《蜀檮杌》），境內一派繁榮景象。官清民附，民富國強，在後晉、南漢、南唐、契丹、後周及北宋等強敵的覬覦和進犯下，後蜀能夠獨守一方，能夠偏霸川蜀，能夠頑強存活三十餘年，這絕非偶然，孟昶也是五代十國中在位時間最長的皇帝。

孟昶也曾想染指中原，「志欲窺關中甚銳」（《新五代史》），但由於種種原因壯志難酬。同北宋相比，後蜀永遠是弱國，是小國，必然要順應潮流，順從華夏一統的歷史發展趨勢。北宋乾德三年（西元九六五年），宋軍在劍門關一帶大敗蜀軍主力，趁勢挺進成都，孟昶為了保全百姓，不得不選擇出降，後蜀滅亡。歷史往往由勝利者來書寫，作為亡國之君，孟昶在宋元時期的官方文獻中被醜化成一個沉湎酒色、不思國政，「務為奢侈以自娛」（《新五代史》），「專務奢靡，為七寶溺器」（《宋史》）的驕奢之君，荒淫之君，在所難免。然而，在北宋時期的民間記述中，孟昶卻是另一種截然不同的賢君明主形象。

據《五國故事》記載，孟昶「寢處唯紫羅帳、紫碧綾帷褥而已，無加錦繡之飾。至於盥漱之具，亦但用銀，兼以黑漆木器耳。每決死刑，多所矜減」，是一名節儉仁慈之主。孟昶離開成都赴開封時，「萬民擁道，哭聲動地，昶以袂掩面而哭。自二江至眉州，沿路百姓慟絕者數百人」（《蜀檮杌．後蜀後主》）；「昶治蜀有恩，國人哭送之」（《邵氏聞見錄》）；「昶治蜀有恩，國人哭送至此，因名」（《明一統志．眉州山川．哭王灘》）。如果孟昶果真是個無道昏君，那些送行的百姓又豈會悲痛欲絕？再者，其他投降北宋的昏君暴君皆能壽終正寢，唯獨深得人心的孟昶竟「七日而卒」（《新五代史》），這不能不讓人懷疑是趙匡胤下的毒手。

趙匡胤死後，趙光義即位，是為宋太宗。趙光義是五代以來第一位非武人坐天下的皇帝，他自幼「工文業，多藝能」（《宋史》），所以對孟昶的《令箴》非常感興趣。細細研讀後，趙光義刪繁就簡，摘取《令箴》中「爾俸爾祿，民膏民脂。下民易虐，上天難欺」四句十六字，御筆親書，頒示天下官吏，並「令天下郡縣皆刻石，置公署之前，覆以小亭，眾吏望則正對之」（《戒石銘》題識）。《蜀檮杌》也稱「昶著《令箴》頒於郡國……宋太宗節其中『爾俸爾祿，民膏民脂。下民易虐，上天難欺』四句書賜官吏，名之曰《戒石銘》」。宋太宗此舉，可謂聖意深遠，旨在告誡各級官員要講良心，要善待百姓，善待自己的衣食父母，否則必遭天譴。

南宋建立後，宋高宗飽嘗流離，痛定思痛，於紹興二年（西元一一三二年）六月「癸巳，頒黃庭堅所書太宗御製《戒石銘》於郡縣，命長吏刻之庭石，置之座右，以為晨夕之戒」（《建炎以來繫年要錄》），並在諭文中強調：宋太宗御製《戒石碑》順民意，得民心，是「民於今不厭宋德」的重要因素，也是宋朝國祚得以延續的根本原因，當下，有不少郡縣「其戒石多置於欄檻，植以草花，為令者鮮有知戒石之所謂也」，如此下去，民心離散，國將傾危，各級官員要認清形勢，不能把《戒石碑》「置之座右，為晨夕念」當做「小補」，而是要牢記於心，更要扎扎實實踐行。從此以後，黃庭堅字樣的《戒石銘》遍布全國各州縣大衙，流傳日廣，成為官場上的警句名言。可以說，趙匡胤雖然害死了孟昶，但孟昶《令箴》的精髓卻深深影響了宋朝皇帝。

宋朝之後，《戒石銘》為歷朝歷代所相繼沿襲，只是在形式上有所變化。宋人將《戒石銘》置於「公署之前」，置於「座右」，而明朝朱元璋下令把這個《戒石銘》立於甬道，陽面加刻「公生明」（《荀子》）三個字，並建亭保護，故有「戒石亭」之稱。一直到清朝中期，這種陳列規格不變。官員每當升堂入座，正前方不遠處石碑上「爾俸爾祿，民膏民脂。下民易虐，上天難欺」十六字赫然入目，這種時時自我反省、自我檢討的作用不能小覷。此外，堂前甬道是往來訴訟的百姓的必經之地，將石碑立於此，可以造成一定的外界監督作用。清朝中期，清人因出入不便，便將石碑移刻於衙門外的坊額上，稱為「戒石坊」，以進出熟規，銘記不忘。

《戒石銘》雖然位置顯眼，舉目而望，但它畢竟只是一種提醒，一份警示，一則聖訓，自身不具有法律效力。如果統治者帶頭欺虐、荒淫無道，下面的官員誰還會把聖訓放在心上？誰還會把《戒石銘》放在眼裡？《甕牖閒評》記有北宋末年的一則黑色幽默：有人將《戒石銘》四句話後面各加上一句，湊成八句，用來形容那一干為非作歹、營私舞弊的鳥官：「爾俸爾祿，只是不足。民膏民脂，轉吃轉肥。下民易虐，來的便著。上天難欺，他又怎知？」《戒石銘》一旦形同虛設，官民關係一旦水火不容，這個政權也就快完蛋了。北宋靖康之恥，南宋亡國之恨，元朝順帝北遁，明朝崇禎自殺，清朝溥儀退位，就與官場腐敗關聯甚大。

「你們所領的俸祿，都是百姓的血汗。底層百姓好欺負，但你們逃不過老天爺的制裁」。正所謂，上天難欺，蒼天有眼！《戒石銘》出自《令箴》，是《令箴》的核心內容，文字雖少，但寓意深刻，影響深遠。

《令箴》不僅影響了宋太宗，影響了中國，也影響了周邊國家。乾隆年間，《戒石銘》漂洋過海，傳入日本。桃園天皇寬延二年（西元一七四九年），日本福島縣二本松藩王丹羽高寬，將十六字碑文刻於該市霞城公園內一塊巨石上，將其作為藩政官員的行政準則，後又譜成歌曲，命政府公務人員每日上班前吟唱，延續至今不輟。

孟昶的《官箴》，是古代戒飭官吏的令箴，是中國廉政文化的重要內容，其穿越時空，播揚中外，綿延古今，在大力反腐倡廉的今天，仍具有非常重要的現實教育意義。孟昶活了四十七歲，雖然英年早逝，但他的廉政主張和反腐箴言卻不朽。

五代十國帝王們的雷人綽號

歷代帝王中，名字之外還有外號、諱名、綽號的不乏其人，如一心向佛、四度出家的梁武帝蕭衍，被人稱做「皇帝菩薩」（《魏書．蕭衍傳》）；不辨是非、毫無原則的唐中宗李顯，被人稱做「和事天子」（《資治通鑑》）；再如晚上縱酒、白天大睡的遼穆宗耶律璟，被人稱做「睡王」（《資治通鑑》）；至於人們所講的「赤腳大仙」宋仁宗、「促織天子」明宣宗、「蝦蟆天子」弘光帝等等，筆者在正史中沒有查到出處，只能一笑而過。透過對比各個朝代，筆者發現，帝王綽號出現最活躍、最頻繁的時期，莫過於五代十國。

在歷史上，五代十國時期烽煙四起，政權更迭，皇帝更換如同走馬燈一般。軍閥安重榮的那句「天子寧有種邪？兵強馬壯者為之爾！」（《新五代史》），就是對這種弱肉強食現象的有力說明。正因如此，五代十國的皇帝們特別注重征伐攻掠，沙場揚威，因為作戰勇猛而被人冠以綽號的皇帝，後唐就出現了兩位，一是李克用，二是李存勖。李克用生前沒當過皇帝，但他是後唐政權的開創者，死後又被追諡為「太祖武皇帝」，堪稱又一個曹操。李克用「一目眇」，一隻眼睛有問題，所以被人稱做「獨眼龍」。雖然身體殘缺，視力受限，但李克用「驍勇」且「善騎射」，軍中將士喊他為「李鴉兒」（《新五代史》），意思是稱讚他行動起來像鳥兒一樣風馳電掣；隨父親征戰時，李克用「摧鋒陷陣，出諸將之右」，所以又被人稱做「飛虎子」（《舊五代史》），現代警匪片中經常出現的「飛虎隊」大概由此而來。

虎父無犬子，李克用的長子李存勖大概就承襲了父親的戰鬥細胞，「及長，善騎射，膽勇過人」，難怪唐昭宗見了他不禁讚歎「此子可亞其父」，李存勖「亞子」，即「李亞子」（《舊五代史》）的綽號由此而來。除了作戰勇猛，李存勖還有一項別的愛好，即《新五代史》提到的「尤喜音聲歌舞俳優之戲」。李存勖不光喜歡看戲，有時還親自登台過過癮。一次，他與伶人敬新磨同台演出，自稱扮演的角色為「李天下」，敬新磨上去就給了他兩巴掌，「新磨遽前以手批其頰」。敬新磨解釋道：「李天下者，一人而已，復誰呼邪！」意思是說，只有皇帝才能稱李天下，你一個小小的演員竟敢大言不慚，這不是要謀反嗎？可能是敬新磨太投入了，竟然忘了眼前這位就是皇帝。李存勖一聽，非常高興，看到敬新磨對自己忠心耿耿，不但沒有怪罪，反而「賜與新磨甚厚」，「李天下」的諢名也載入史冊。

在黃河流域的五代統治者中，還有一位有綽號的皇帝，即後周開國皇帝郭威。據《新五代史》記載，「周太祖（郭威）少賤，黥其頸上為飛雀，世謂之『郭雀兒』」。因為脖子上有這樣一個不雅的刺青圖案，郭威巧妙瞞過了政治對手劉崇，最後如願以償當上了皇帝。後漢隱帝劉承祐死後，大權在握的郭威不敢貿然自立為帝，而是派人迎取劉崇的兒子劉贇為皇帝。對此，劉崇曾對郭威的誠意表示懷疑，並派使者找郭威問個究竟。郭威對劉崇的使者說：「自古豈有雕青天子？幸公無以我為疑」（《新五代史》）。意思是說，自古以來有哪位皇帝的脖子上有刺青，回去告訴劉崇不用懷疑我，我是真心要立劉贇為皇帝。劉崇一心想當太上皇，被郭威的花言巧語所矇蔽，因此錯過了起兵對付郭威的良機。不久，郭威派人害死劉贇，建立後周政權。

十國中的吳越政權的開創者錢鏐也有綽號，而且有兩個，一個是「婆留」，一個是「海龍王」。嚴格來說，「婆留」是錢鏐的小名。當初，錢鏐的母親懷他時，「家中時常火發，及至救之，又復不見」；不久，他的父親又看見「一條大蜥蜴，在自家屋上蜿蜒而下……忽然不見」，認為這都是還在腹中的錢鏐在作怪。錢鏐剛一出生，父親便要將其溺死，奶奶王婆「倒身護住，定不容他下手」（《喻世明言》）。就這樣，錢鏐就得了「婆留」這個小名。長大後，錢鏐取字具美，但鄉鄰們仍習慣叫他「婆留」或「婆留喜」。後來，錢鏐當上了節度使，衣錦還鄉時，人們還是不改口。成為吳越國王后，錢鏐非常注重在國內興修水利，農業持續發展，稻穀連年豐收，「兩浙里俗咸曰『海龍王』」（《舊五代史》）。同時，錢鏐還是個窮奢極欲的國君，在任期間，他修建了很多亭台水榭，把自己的住所修建得富麗堂皇，像傳說中海底龍王的宮殿一般。所以說，「海龍王」的綽號，也包含了人們對他腐朽荒淫生活的斥責。

荊南是十國中最特殊的政權，這個小王國既沒有建立年號，也沒有設立皇帝，其統治者全是無賴之徒。談到無賴，筆者想起了劉邦。劉邦曾對大臣們說：「始大人常以臣無賴，不能治產業，不如仲力。今某之業所就孰與仲多？」（《史記》）這段話提到的「大人」即太上皇，也就是劉邦的父親，「臣」是劉邦在太上皇面前的謙稱。劉邦稱自己「無賴」，是說自己沒有本錢、生活沒有著落，不能像哥哥劉仲那樣能「治產業」過正常日子，而不是像當下所說的奸刁撒潑、地痞流氓。不少人說劉邦是無賴，實乃斷章取義。與劉邦相比，荊南的統治者才算的上是真正的無賴。高季興、高從誨父子經常對途經荊南的各國使者「掠取其物」，據為己有，倘若他國因此致書譴責或發兵征討，他們馬上奉還貢品，毫無愧色。當時的俚語「奪攘苟得無愧恥者為賴子，猶言無賴也」，諸國國君都很蔑視他們，所以便送了他們爺倆一個綽號「高賴子」（《新五代史》）。

五代十國時期還有一些帝王有綽號，如「以屠牛、盜驢、販私鹽為事」的前蜀高祖王建，被稱做「賊王八」（《新五代史》）；熱衷對別人施以「刀鋸、支解、刳剔」酷刑的南漢高祖劉龑，被稱做「真蛟蜃」（《新五代史》）；把女巫奉為國師的後漢後主劉鋹，被稱做「太子皇帝」（《新五代史》）等等。此外，五代十國時期還出現了中國歷史上第一個認賊作父的「兒皇帝」石敬瑭，和第一個認賊當叔的「侄皇帝」劉崇，這些綽號和罵名，無不反映著那段特殊歷史時期的血腥殘忍、道德滑坡和倫理喪失。

一個人的綽號，與其容貌、舉止、言行、習慣、愛好、性格等因素有著密切關聯。一般情況下，好的帝王是沒有反面綽號的，只有那些荒唐、奸詐、滑稽、無恥、淫奢的帝王才會獲此殊榮。綽號的產生，往往是根據民意而來，也是人們對他們為人、為王、為政的另類抨擊。往事越千年，當我們再次揭開這段血腥的歷史，解讀這些雷人綽號背後的隱情，仍能領略到當年政治舞台上那一幕幕醜惡行徑和一副副扭曲面孔。也正是有這麼一批帝王的存在，才使得五代十國時期更加黑暗，才被史學家們稱為「五季」，也就是末代、最差的、最糟糕的時代。看來，歐陽脩在《新五代史》裡常用「嗚呼」二字開頭並非裝腔作勢，而是有感而發。

趙匡胤尚樸器宏注重策略

西元九二七年三月二十一日，趙匡胤生於洛陽夾馬營的一個軍人家庭。其父趙弘殷，曾是後唐、後晉、後漢、後周四代王朝的禁軍將領。趙匡胤年少時就器宇軒昂，儀表非凡，《宋史》評之為「既長，容貌雄偉，器度豁如，識者知其非常人」。

趙匡胤來到這個世界上時，威震四海達數百年之久的大唐帝國，已經消失整整二十年了，其時中華大地山河破碎，爭戰長久不息。軍閥割據的五代十國是歷史上的大動亂期，人們不堪戰亂之苦。趙匡胤早年從軍，歷經沙場，由於功勛卓著，一路加官晉爵，後官至後周歸德（今商丘）節度使、殿前都點檢。西元九六〇年，經過精心策劃的「陳橋兵變」，趙匡胤登上皇帝寶座，成了大宋王朝的開國皇帝。

趙匡胤少懷大志，受家庭薰陶，自幼愛好騎射和練武，並練就了一身的絕好的武藝。趙匡胤當時「打遍天下無敵手」，可謂古代武功第一的皇帝。他自創太祖長拳，整套拳路演練起來，充分表現出北方的豪邁特性，為中國武術界六大名拳之一。他還發明了獨特兵器「大小盤龍棍」，兩相配合使用威力無比，大盤龍棍專用來掃擊敵軍馬腳，破甲兵或硬兵器類，使之喪失戰鬥力。後來，習武之人根據趙匡胤大小盤龍棍的運用原理，又改造出了適於巷戰近身短打的「三節棍」與「雙節棍」。

崇尚簡樸

宋太祖趙匡胤生於一個沒落世家，早年歷盡坎坷，十分了解社會最底層人們的疾苦，他決心以自己的努力來改善這個社會。後來他壯志得酬，終於黃袍加身，成了大宋的開國皇帝。但他富貴後不忘本色，照樣簡樸律己，日常生活很樸素，衣服、飲食都很簡單，如其衣服，也只有登殿上朝時的赭服是用綾錦做的，其他大多只是絹布，有的和一般小官吏的布質是一樣的，而且常洗了再穿，很少換新。這在歷代帝王中十分難得。

我們都知道，要了解一個帝王是否奢靡，看看其內宮的人數便知道了。趙匡胤的內宮，是歷朝歷代最簡樸的，宦官只有五十餘名，宮女也只有兩百多名。即便如此，趙匡胤都認為太多了，還遣散自願出宮的五十餘人。

趙匡胤稱帝後，北漢政權尚未被統一進大宋的版圖。於是趙匡胤在開寶元年、二年，及九年，先後三次攻打北漢。其中的一次，在征討北漢途中，正逢七夕節，趙匡胤送給在汴京的母親和妻子（太后和皇后）的節禮是：太后三貫錢，皇后一貫半。

對於母親和妻子如此「小氣」，對女兒則更是有過之而無不及。有一次，趙匡胤的女兒永慶公主入宮晉見父親，公主穿著一件新外衣，那上面用金線縫綴蓋一片片的孔雀羽毛，藍的像湛藍的湖水，綠的像碧綠的翡翠，在陽光的照耀下閃閃發光，十分華麗。誰知父親一見她就說：「妳把這件華服脫下，以後別再穿了。」

聽到父親的話，公主很不理解，撅著嘴巴說：「宮裡翠羽很多，我是公主，一件衣服只用一點點，有什麼關係？」

宋太祖嚴厲地說：「正因為妳是公主，所以不能享用。妳想想，妳身為公主，穿了這麼華麗的衣服到處炫耀，別人就會效仿。過去，戰國時齊桓公喜歡穿紫色衣服，結果全國上下都跟著學，讓紫布都貴了好幾倍；今天妳這件衣服上面有金絲線、孔雀羽，價格都很高，妳知道製作一件要花多少錢嗎？如果別人再效仿妳，全國要浪費多少錢？照理說，妳現在的地位和生活已經很優越了，不要身在福中不知福，要十分珍惜才對，怎麼可以帶頭鋪張浪費呢？」

聽了父親的批評，公主無話可說，只好默默把外衣脫下，但心裡仍然很不甘心。她想：你對我要求那麼嚴格，我看你又對自己怎麼要求？於是，她對宋太祖試探性問：「父皇，您做皇帝已經好幾年了，進進出出總離不開那頂舊轎子，它也應該用黃金裝飾一下了吧！」

宋太祖卻平心靜氣對女兒說：「我是一國之主，掌握著全國的政治經濟大權。如果我要把整個皇宮都用黃金裝飾也能辦得到，何況只是一頂轎子？可是黃金是國家的，我要為天下守財，絕不可亂用。古人說得好：『讓一人治理天下，不能讓天下人供奉一人。』我應該這樣做。倘若我自己帶頭奢侈浪費，必然會有很多人這樣做，天下的老百姓就會怨恨、反對我，國家的事情就難辦了，你說我能帶這個頭嗎？」

公主一邊聽著，一邊思索著父親的每一句話，再看看皇宮裡的裝飾也都很樸素，連窗簾都用很便宜的青布製成，覺得父親的話確實很有道理。公主於是慌忙叩頭謝罪，誠心誠意承認自己的錯誤，並表示今後要向父親學習，勤儉節約，不再奢侈。

據史載，有一次，宋太祖半夜起來，突然感到非常想吃羊肝，可是猶豫了半天不肯下令。左右問他：「皇上有什麼事就儘管吩咐吧，我們一定照辦！」宋太祖回答說：「我若說了，每日必有一隻羊被殺！」結果他硬是忍住沒吃。

宋太祖如此節省，也有其苦衷。五代十國的國君幾乎個個揮霍成性，官吏也跟著奢華，使民間經濟幾乎破產。宋太祖當了皇帝後，決心改變社會風氣，以解除民間疾苦。他的作為也的確產生了示範作用，北宋初期士大夫競以節約自勉：州縣官上任時，五代時揮霍的迎來送往都取消了；小官上任時，很多只穿草鞋、拄木杖，徒步而行。這種為天下守財的精神，的確使當時的宋王朝累積了不少財富。征服天下的戰爭，又取得了降國不少奇珍異寶。以後蜀來講，其儲存的金帛水陸同時運輸也要十年才運得完。宋太祖全數收藏在國庫裡，只有國防軍需、賑濟天災時才拿出來使用。北宋建國不久，便已有三十二個國庫堆積滿了金銀錦綺。

注重策略

然而，對自己和親屬極其節省的趙匡胤，在維護國家利益特別是維護安定方面，卻出手大方。久經沙場的他看多了刀兵相見，看多了民不聊生的場景，登基後他凡事力爭避免流血，反對用武力解決問題。他認為軍士及百姓的生命才是最寶貴的，錢財能夠解決的，他絕不動用武力。在這方面，他又是史上最慷慨的皇帝之一。為了國內安定，他力行文治主義，抑制了武將勢力的膨脹。面對邊界強敵威脅，他並沒有勞民傷財不斷打仗，而是拚命累積國家財富，以錢買地盤，從而避免雙方交兵，如他曾想用「備價取贖」的手段，向契丹買回燕雲十六州。

為了社稷的穩定，宋太祖也很慷慨，用大把金錢來購買安定，如「杯酒釋兵權」時，他便是以錢財交換軍團將領兵權。「多積金銀，厚自娛樂，使子孫無貧乏爾」，「擇便好田宅市之，為子孫立永久不可動之業」都是當時他開出的條件，才能使那些擁兵自重的將帥們解甲歸田，安分守己度過餘生。這比其他朝代為求安邦而大肆戮殺開國功臣的做法，不知要高明多少倍。

安邦治國，自然是離不開能幹的臣子。為了爭取大臣的忠心以鞏固皇權，宋太祖賞賜的錢財也相當驚人。如侍中（相當於宰相）范質生病時，宋太祖親賜金器兩百兩、銀器千兩、絹兩千匹、錢兩百萬；開國元勛趙普有病，趙匡胤又賜銀器五千兩、絹五千匹……這與太后以及皇后的禮金，其數量與價值簡直是天壤之別，聞之令人動容。

唐末以來的五代十國，連續一百多年的軍閥割據與民族大分裂，造成了社會的無比混亂，所有政治環境、經濟條件幾乎都是最惡劣的，但結束了五代十國分裂局面的大宋王朝，卻在短短的十幾年間建立了相當穩定的政權，這不能不歸功於趙匡胤這位大宋王朝的開創者的大公無私及獨特的治國家方略。宋朝是中國歷史上經濟與文化教育最繁榮的時代之一，儒學復興，社會上瀰漫尊師重教之風氣，科技發展亦突飛猛進，政治也較開明廉潔，終宋一代沒有嚴重的宦官亂政和地方割據，兵變、民亂次數與規模在中國歷史上也相對較少。著名史學家陳寅恪言：「華夏民族之文化，歷數千載之演進，造極於趙宋之世。」

還有一件事，可看出趙匡胤做事很有策略，那就是趙匡胤為了阻絕大臣私聊而發明了長翅帽。

烏紗帽原是民間常見的一種便帽，官員頭戴烏紗帽起源於東晉，但作為正式「官服」的一個組成部分，卻始於隋朝，興盛於唐朝，五代馬縞所著《中華古今注．烏紗帽》就這樣記載：「（唐）武德九年十一月，太宗詔曰：『自今已後，天子服烏紗帽，百官士庶皆同服之。』」《舊唐書．輿服志》記載：「烏紗帽……視事及宴見賓客則服之。」也就是說，烏紗帽在官員們上朝和宴請賓客時戴，平時在家不必戴，頗類似於今天的某些行業著裝。

到了宋代，這種官帽又有自己的特殊標誌——帽後配掛兩根又平又長的翅，晃動起來的樣子挺搞笑，這種怪模怪樣的帽子學名叫展角（平角）幞頭，俗稱長翅帽，發明者就是粗中有細的開國皇帝趙匡胤。

趙匡胤為何要發明這麼一頂奇怪的帽子呢？原來趙匡胤登基後，很不放心當年一起闖天下的同僚，尤其討厭文武大臣在朝堂中交頭接耳，評論朝政，唯恐他們交流過多而結黨，甚至產生異心。

一天上早朝，勤政的趙匡胤一臉莊重端坐於龍椅上，聚精會神聽著一位大臣的奏報。他想透過自己的表率，為朝堂營造一個莊嚴、肅穆、神聖的氛圍；不料沒多久，讓他擔心的事情還是發生了：幾個大臣很隨意在下面交頭接耳，全然不顧朝堂上應遵守的基本規矩。

對於眼前的這一不和諧的一幕，趙匡胤心中很是不滿，但他不露聲色，並沒有當場發作對幾名不守紀律的官員點名批評，而是若無其事繼續聽奏報。

注重實效且含蓄，是趙匡胤行事的一貫風格。退朝後，他很快就想出一個辦法：你們不是喜歡交頭接耳竊竊私語嗎？我叫你們聊不起來！他傳旨，屬官在幞頭紗帽後面分別加上長翅。長翅用鐵片、竹篾做骨架，一頂帽子兩邊鐵翅各穿出一尺多（以後越來越長）。這種帽子除了朝堂和官場正式活動時須戴上，一般場合不用戴。因為戴上它，在街上行走極不方便。官員只能面對面交談，要並排坐著談就困難了。從此大臣上朝，也就很難排列在一起交頭接耳了；再加上大家都明白皇上這樣做，就是為了阻止大臣之間私聊，沒人再敢造次，於是朝堂之風為之一新。

關於宋朝官員戴長翅帽，古代文人筆記中還記載了一個有趣的段子：一日，宰相寇準微服出行視察民情。他著青衣，戴小帽，打扮成書生模樣，在京都東京（今河南開封市）私訪。當他和一個老人談話時，老人對寇準卑躬屈膝，跪拜迎送，表現出異乎異常的恭謙。寇準感到奇怪，故意發問：「老先生，鄙人乃一介書生，請你隨便些吧。」老人笑著說：「相公莫非隱瞞自己身分？你可是朝廷的命官啊！」寇準一聽更加疑惑，「我和你老素不相識，怎麼說我是朝廷命官呢？」老人說：「相公，剛才你通過狹巷時側身左顧右盼，生怕有東西碰到你的帽子。你要不是常戴長翅帽，哪會有這樣的習慣動作？」

器量寬宏

趙匡胤之器量寬宏，也在歷史上留下了很深的印記。范仲淹曾由衷讚之：「祖宗（指趙匡胤）以來，未嘗輕殺一臣下，此盛德之事。」（《范仲淹年譜．慶曆三年》）之所以如此，最重要的原因就是有「勒石三戒」（即太祖碑誓）。王夫之說：太祖勒石，鎖置殿中，使嗣君即位，入而跪讀。其戒有三：一，保全柴氏子孫；二，不殺士大夫；三，不加農田之賦。嗚呼！若此三者，不謂之盛德也不能。（《宋論》卷一《太祖三》）他從後周恭帝柴宗訓手中，兵不血刃奪來江山，讓趙家擁有生殺大權的子孫，都保全柴氏子孫，不可謂不仁厚。不殺知識分子，不加農田之賦，都是很難能可貴的，顯示了一個好皇帝的特質。

有史載的兩個小故事更能說明：

一天，趙匡胤設宴招待群臣。其中有一個名叫王著的翰林，原是後周的臣子，這時喝醉了酒，思念故主，當眾喧譁起來。群臣大驚，都為他捏一把汗。太祖卻毫不怪罪，命人將他扶出去休息。王著不肯出去，掩在屏風後面大聲痛哭，好容易才被左右攙扶出去。第二天，有人上奏說王著當眾大哭，思念周世宗，應當嚴懲。太祖說：「他喝醉了。在世宗時，我和他同朝為臣，熟悉他的脾氣。他一個書生，哭哭故主，也不會出什麼大問題，讓他去吧。」如此胸懷，有幾個帝王能有？

又有一次，趙匡胤乘駕出宮。經過大溪橋時，突然飛來一支冷箭，射中黃龍旗。禁衛軍都大驚失色，趙匡胤不僅面不改色，而且淡淡說：「謝謝他教我箭法。」並且不准禁衛去搜捕射箭者，就當此事沒發生過一樣。

宋太祖奉行以寬厚為懷，以仁治國，透過設立「誓牌」，尊孔崇儒，完善科舉，創設殿試，知人善任，厚祿養廉等一系列重大舉措，成為中國歷史上最受推崇的一代文治之君，徹底扭轉了唐末以來，武夫專權的黑暗局面，使宋代的文化空前繁盛，以至於後人有稱「宋朝是文人的樂園」的稱譽，因此，宋太祖也可以稱得上是五代十國野蠻政治的終結者，又是後世歷朝文明政治的開拓者。與歷史上其他著名的王朝相比，宋太祖所創建的宋朝以其鮮明的文人政治特色，登上中國文治盛世的頂峰，可謂中國君主專制史上的最開明的一個王朝。因此，儘管宋朝三百年長期積弱，在民間卻享有盛譽，並對後世產生深遠影響。

中國歷史上唯一一位狀元皇帝

中國的科舉制源遠流長，自唐至清，先後誕生了一千多名文、武狀元。這些狀元中，有的成為郡守，有的成為刺史，有的躋身學士，有的躋身翰林，有的官至巡撫，有的官至宰相，而以狀元身分能夠成為皇帝的卻只有一人。他，就是西夏神宗皇帝李遵頊。

李遵頊（西元一一六三年～一二二六年），西夏皇室齊王李彥宗之子。《西夏書事》稱李遵頊「端重明粹，少力學，長博通群書，工隸篆」，是個博學多才之人。天慶十年（西元一二〇三年）三月，李遵頊參加西夏癸亥科科舉考試，結果「廷試進士，唱名第一」，被點為狀元。《金史．西夏傳》也稱「遵頊先以狀元及第」。有了狀元這頂特殊桂冠，李遵頊官運亨通，不久就被封為齊王，後來又擢升為大都督府主，統領軍兵，成為當時西夏皇族中最有威望的人。

蟾宮折桂，李遵頊很有一套；問鼎皇權，李遵頊同樣是一把好手。皇建二年（西元一二一一年）七月，李遵頊發動宮廷政變，廢黜襄宗李安全，自立為皇帝，改元光定，成為西夏第八任皇帝，李遵頊也因此成為中國歷史上唯一一位狀元皇帝。然而，正是這位空前絕後的超級狀元，既無強國手段，又無治國韜略，最終將日益衰弱的西夏王朝推進深淵。

西夏地狹人稀，實力不足，為了能在烽煙四起的形勢下拓展版圖，撈取好處，統治者往往選擇強悍的鄰邦作為靠山，所以在對外關係上一向搖擺不定，是典型的「變色龍」。遼朝強盛的時候，西夏附遼伐宋；金朝發飆的時候，西夏附金抗蒙；蒙古崛起的時候，西夏附蒙攻金。在西夏皇帝眼裡，沒有永遠的盟友，只有永恆的利益。李安全執政時，西夏正處於附金抗蒙到附蒙攻金的轉折時期。蒙古志在一統天下，在重創金朝的同時，也將矛頭指向西夏。李遵頊就是在蒙古對西夏威脅日益加重的時候，登上皇位。

以蒙古當時的強悍威勢，西夏和金朝兩國聯手，對蒙古形成犄角之勢，才有可能抵禦蒙古鐵騎的進攻。狀元出身的李遵頊，不可能不明白這一淺顯道理；然而，李遵頊即位後，並沒有扭轉李安全的錯誤方針，反而越走越遠，乾脆實行附蒙侵金，企圖乘蒙古攻金的機會掠奪財物，擴大領土，所以頻頻對金朝發動戰爭，規模也越來越大。兔死狗烹，唇亡齒寒，蒙古不僅要滅金，也要滅夏，還要滅宋，李遵頊助蒙伐金，無異於玩火自焚。

光定七年（西園一二一七年），蒙古攻金，西夏派兵三萬助攻，結果在寧州（今甘肅寧縣）被金兵大敗。不久，蒙古西侵花刺子模，再次向西夏徵兵。由於連年用兵，西夏軍費耗費巨大，傷亡嚴重，致使舉國厭戰，朝議沸騰。鑒於寧州新敗，李遵頊不敢隨蒙西征，拒絕出兵。蒙古見西夏不聽驅使，便發兵圍困西夏國都中興府，逼其就範。李遵頊見蒙古突然來攻，驚恐萬狀，逃奔西涼府，只留太子李德任守城。直到蒙古兵退，李遵頊才悄悄返回國都。

經過這場驚嚇，李遵頊領教了蒙古的霸道，也意識到來自蒙古的威脅，於是調整策略，準備聯金抗蒙，以求自保。光定八年（西元一二一八年）二月，李遵頊起用主張聯金抗蒙的蘇寅孫為樞密都承旨，向金朝作出了抗蒙姿態。三月，李遵頊寫信給金朝，商請恢復邊境互市，兩國講和。金夏結仇已經十多年，勢同水火，如果兩國就此互釋前嫌，互為支援，那麼蒙古既不敢輕視西夏，也不敢正視金朝。然而，金宣帝惱恨李遵頊反覆無常，一口拒絕。

當不成盟友，就當做敵人；聯金抗蒙不成，李遵頊轉而聯宋抗金。光定九年（西元一二一九年），金宣帝南侵宋朝，李遵頊乘機派人到四川與宋將聯絡，企圖聯宋侵金。宋將回信同意聯兵抗金，但考慮到李遵頊的搖擺不定，並沒有如約出師。直到光定十年（西元一二二〇年）五月，宋夏才正式盟約，兩國同時出兵，夾擊金兵。八月，夏宋兩國如約出師，攻破金會州城（今甘肅靖遠），金守將投降。金宣帝大驚，急忙向李遵頊請和，李遵頊也一口拒絕。

金宣宗和李遵頊這兩個活寶，在雙方急需牽手的時候都開始發火，你報以冰霜，我還以顏色，誰也不買誰的帳，致使金夏兩國矛盾加劇。此後，金朝奮力抵抗宋夏聯軍，在鞏州（今甘肅臨洮南）一戰中，西夏兵遭到金兵頑強阻擊，傷亡數以萬計，只好焚燒攻城器具，拔寨退兵；撤退途中，西夏兵又遭金兵伏擊，傷亡慘重，最終狼狽而返。十月，宋將再次約西夏進攻秦州（今甘肅天水），李遵頊懼於鞏州之敗，不肯再出兵，宋夏聯盟不歡而散。

得罪了蒙古大哥，錯失了金夏和好，違背了宋夏盟約，李遵頊四面樹敵，焦頭爛額。就在這時，蒙古鐵騎又殺了過來。此次侵夏，蒙古兩招齊出，一是再次向西夏徵兵，一是攻破了西夏河西諸堡。面對蒙古大軍壓境，李遵頊嚇得連忙設宴招待蒙軍，並派出五萬將士隨蒙軍向金朝進軍。轉了一圈，李遵頊重新回到了附蒙攻金的老路上來了。光定十三年（西元一二二三年）春，蒙古進軍鳳翔（今陝西鳳翔），李遵頊發兵十萬隨蒙軍攻城，結果被金兵挫敗。見勢不妙，李遵頊沒有通知蒙軍，便命令夏兵逃回，不辭而別，蒙夏又出現裂痕。

附蒙攻金，使西夏蒙受巨大損失，致使「國經兵燹，民不聊生，耕織無時，財用並乏」（《西夏書事》），經濟處於崩潰邊緣。光定十三年（西元一二二三年）五月，西夏興、靈諸州大旱，顆粒無收，百姓流離失所，甚至出現「饑民相食」的悲慘局面。在戰火蹂躪和災害侵襲的雙重折磨下，西夏人民痛苦不堪，怨聲四起。與此同時，西夏統治階層內部也矛盾重重，日益激化。朝中，以太子李德任為首反蒙派，竭力反對李遵頊附蒙攻金的錯誤政策，拒絕領兵出征，並以放棄太子位、出家為僧相對抗。李遵頊惱羞成怒，下令廢黜李德任，並將其軟禁。

由於西夏受蒙古所執，出兵征戰十多年，軍隊精銳皆盡，百年積蓄皆空，以至於蒙軍後來攻破應理縣（今寧夏中衛）時，發現西夏「倉庫無斗粟尺帛之儲」（《續資治通鑒》）。即便這樣，李遵頊仍然執迷不悟，反而徵集全國十二監軍司的兵馬，繼續助蒙滅金。御史中丞梁德懿挺身而出，上疏慷慨陳詞，請求詔還太子，撫卹百姓，修睦鄰邦，使臣民悅服，國家轉危為安。對於梁德懿的好言勸奏，李遵頊一點也聽不進去，反而一怒之下將其罷官。

李遵頊的走狗行徑，並沒有得到蒙古人的歡心。蒙古在敲詐西夏的同時，也伺機打壓西夏。光定十三年（西元一二二三年）十月，蒙古為了懲罰夏兵在鳳翔之戰中不辭而別，於是將夏兵圍困在積石州（今青海循化撒拉族自治縣），半個月後才退兵。對此，朝野怨聲載道，義憤填膺。李遵頊為了保全自己，甘心做蒙古的附庸，但是由於他的反覆無常和眾叛親離，蒙古已經對他失去興趣，並多次派使者責令其退位。十二月，在蒙古的威逼下，在朝臣的反對聲中，李遵頊傳位次子李德旺，夾著尾巴下台，自稱「上皇」，也就是太上皇帝。

別看李遵頊治國無方，但在佞迷佛教方面卻矢志不渝。李遵頊即位後，正值西夏國勢衰微，在蒙古強敵逼境之時，為保國家萬代平安，李遵頊御製發願文，並以皇帝的名義令人繕寫泥金字《金光明最勝王經》，試圖從佛教中尋求保佑，獲得力量。然而，佛光並沒有慈悲為懷，普照西夏，在李遵頊附蒙侵金、聯金抗蒙、聯宋抗金、附蒙侵金的系列錯誤路線下，西夏難逃覆亡厄運。可以說，這一切都是李遵頊在對外關係上反覆無常所造的孽。

李德旺即位後，改變了李遵頊的附蒙政策，先是抗拒蒙古，後又聯金抗蒙，但已是無力回天。在蒙軍強攻下，西夏城破兵亡，敗亡已成定局。乾定四年（西元一二二六年）五月，李遵頊去世，享年六十四歲，謚英文皇帝，廟號神宗。李遵頊是狀元皇帝，但《宋史．夏國傳》卻稱其「以宗室策試進士及第」，這固然摻雜著正統問題，但也是對李遵頊昏聵無能、剛愎自用、搖擺不定、一再誤國的嘲蔑，他這水準頂多算是個進士。

宋神宗與眾文豪詩說「酒色財氣」

蘇軾有一次到大相國寺探望文友佛印和尚，不巧佛印外出了，寺中住持就請蘇東坡在禪房休息，並以香茗美酒素肴，款待這位名滿天下的大文豪。

地處北宋王朝首都開封的大相國寺歷史悠久，是中國古代著名的佛教中心之一，原為魏公子無忌、信陵君的故宅。北齊文宣帝天保六年（西元五五五年）始創建寺院，稱為建國寺，後毀於戰火。唐長安元年（西元七〇一年），僧人慧雲來汴，託辭此處有靈氣，即募化款項，購地建寺。動工時挖出了北齊建國寺的舊牌子，故仍名建國寺。唐延和元年（西元七一二年），唐睿宗李旦為了紀念他由相王即位當皇帝，遂欽賜建國寺更名為「相國寺」，並親筆書寫了「大相國寺」匾額。大相國寺至北宋時期達到空前的鼎盛，轄六十四禪、律院，占地五百四十畝，因受帝王崇奉，地位如日中天，是中國歷史上第一座「為國開堂」的「皇家寺院」。

東坡學士很喜歡大相國寺靜謐的環境，是這裡的常客。這一天他獨自斟酌，不覺有些微醉，偶然一抬頭，見粉牆上新題有佛印的詩一首：

酒色財氣四堵牆，人人都在裡邊藏；誰能跳出圈外頭，不活百歲壽也長。

佛印的詩，蘇軾歷來敬佩，他見此詩寫得頗有哲理，但覺得四大皆空，禪味太濃，既然人世間離不開酒色財氣，是躲也躲不開的事，那為何不能來個因勢利導、化害為利呢？問題的關鍵不是掌握一個「度」嗎？於是，就在佛印題詩的右側，題上〈和佛印禪師詩〉一首：

飲酒不醉是英豪，戀色不迷最為高；不義之財不可取，有氣不生氣自消。

乘著醉意運筆，揮毫潑墨，一氣呵成，蘇軾的字寫得遒勁有力，翩翩欲飛。

第三部分：也無風雨也無晴

宋神宗與眾文豪詩說「酒色財氣」

第二天，宋神宗趙頊在王安石的陪同下，亦來到大相國寺休閒。宋神宗看了佛印與東坡的題詩，饒有風趣。於是就笑著對王安石說：「愛卿，你何不也來和一首？」王安石應命，略一沉吟，即揮筆在佛印題詩左側，題〈亦和佛印禪師詩〉一首：

無酒不成禮儀，無色路斷人稀；無財民不奮發，無氣國無生機。

果然視角獨特！宋神宗深為讚賞。筆者認為，王安石真不愧為大政治家、大改革家，其文思跳出了前人窠臼，巧妙將酒色財氣與國家社稷、人民生計結合起來，為人們恐懼的酒色財氣賦予新的勃勃生機和喜慶色彩，生動而又不失凝重，真男子，大手筆！

文學功底甚深的宋神宗激動之下，乘興也和詩一首：

酒助禮樂社稷康，色育生靈重綱常；財足糧豐家國盛，氣凝太極定陰陽。

大相國寺幸甚，見證了千年前中華文學的繁榮。在這裡，圍繞「酒色財氣」四個字，君臣先後和詩，各抒己見，見仁見智，引出佛學禪味、世俗男女、國計民生、社會元氣等來，別有一番情趣，難怪都說北宋文壇的天空群星璀璨！

歷盡劫波成高僧仍喪命的皇帝

歷代帝王中，經歷最奇特的是南宋的宋恭帝趙㬎。他生逢亂世，四歲時在臨安（今杭州市）登上皇帝的龍位，其時，南宋江山處於風雨飄搖之中。兩年後他被元軍俘往大都（今北京），降為元朝的臣子。在大都被幽禁六年後，又被遷居於上都開平（今內蒙古自治區多倫縣西北），在開平又幽禁六年後，再被遣入西藏為僧，竟然成為佛門高僧和翻譯家，最後卻因文字獄被殺。其曲折的生命歷程，令人無法不為之感慨，人生之無常。

淒風苦雨中登基

宋恭帝趙㬎（西元一二七一年～一三二三年），南宋第七位皇帝（西元一二七四年～一二七六年在位），宋度宗次子。他是全皇后所生，是宋端宗趙昰之弟，宋末帝趙昺之兄，即位前封嘉國公、左衛上將軍等，諡號恭皇帝。

在宋理宗和宋度宗統治時期，南宋的滅亡已呈不可逆轉之勢。宋度宗更是昏庸無能，若不是早死，他才是南宋真正的亡國之君。宋度宗在位時整天聲色犬馬，很少關注朝政，朝政大權都掌握在奸臣賈似道手中。

當時蒙古的勢力已經深入四川、雲南等地，而襄樊則成為宋朝最後的抗蒙堡壘。宋咸淳三年（西元一二六七年），蒙古兵團進圍襄陽（今湖北襄樊）。

此時的宋度宗，將賈似道當做唯一的救星，對之言聽計從。賈似道嫉賢妒能，遂把有才幹的將領一一排除，牢牢掌握住全國軍權。又建立祕密警察制度，隔絕皇帝耳目，鎮壓人民的不滿和反抗。他對襄陽被圍的消息，一開始就嚴加封鎖。一年之後，度宗才恍恍惚惚問賈似道：「彷彿聽說襄陽被圍很久。」賈似道回答說：「蒙古兵早就被我們擊退了，怎麼會有這種謠言？」度宗說：「一個宮女這麼講。」賈似道不久就查出宮女姓名，隨便找了個罪名就把她處死了。從此再沒有人敢憂慮國事，任憑賈似道一手遮天。

賈似道一面封鎖襄陽被困的消息，一面暗地裡派兵赴援襄陽，但他不斷派出的援軍，均被蒙古軍隊一批批解決了。最後他命他最親信的大將范文虎前往馳援。范文虎在包圍圈外紮營，偶爾截擊一下蒙古的巡邏部隊，大部分時間都在跟美女歡宴享樂。

朝廷如此腐敗，自然難解襄陽之危。襄陽軍民同仇敵愾浴血奮戰，竟然堅持了六年之久，最後糧盡援絕。到了咸淳九年（西元一二七三年），蒙古兵團運來巨炮，一炮就將城樓轟碎，聲如百萬霹靂俱發。守將呂文煥望著臨安痛哭，開城出降。

咸淳十年（西元一二七四年），蒙古軍隊在大將伯顏率領下，攻陷鄂州，順長江東下，南宋社稷岌岌可危。

就在這一年，宋度宗去世，留下三個未成年的兒子：楊淑妃所生的趙昰七歲，全皇后所生的趙㬎四歲，俞修容所生趙昺三歲。謝太后召集群臣商議立帝，眾人以為楊淑妃所生趙昰年長當立，但賈似道和謝太后都主張立嫡子，於是趙㬎被立為帝，是為宋恭帝。

宋恭帝年幼，因此由其祖母太皇太后謝氏垂簾聽政，但朝廷實權實際上仍掌握在宰相賈似道手中。

向元軍投降後被擄去大都

攻陷鄂州後，蒙古軍隊主帥伯顏留下部分士兵守衛鄂州，自己率領主力部隊，以宋朝降將呂文煥為前部，繼續東下。沿江城池的守將多是呂氏舊部，元軍所到之處，這些人紛紛歸降，元軍得以順利突破長江防線，於德祐元年（西元一二七五年）春，攻克軍事重鎮安慶和池州，兵臨建康城下。

策略位置十分重要的鄂州陷落後，長江防線洞開，南宋朝野為之震驚，京師各界都把希望寄託於賈似道身上，要求他親征。賈似道不得已，在臨安設都督府，準備出征。蒙軍的一路統帥劉整，原係宋朝驍將，理宗末年，賈似道在武將中推行「打算法」來排斥異己，劉整受「打算法」迫害，被迫歸降蒙古。賈似道對劉整的能力一清二楚，由於懼怕劉整，遲遲不敢出兵，直到德祐元年正月，聽說劉整死後，他才高興的說：「吾得天助也。」於是上表恭帝，請求出征。

奏表被恭帝批准後，賈似道便抽調各路精兵十餘萬，裝載著無數金帛、器甲和給養，甚至帶著妻妾，離開京城，陣勢綿延百餘里。到達前線之後，賈似道率後軍駐紮於魯港，命大將孫虎臣統領前軍屯，駐在池州下游的丁家洲，夏貴率戰艦三千五百艘橫列江上。賈似道深知蒙古軍隊的勇猛，不敢正面交戰，於是希望透過稱臣納幣求得和平。但此時元軍的目標在於滅亡南宋，求和的請求被斷然拒絕。兩軍交戰，伯顏連續突破孫虎臣、夏貴兩道防線，直抵魯港，宋軍大敗，死者無數，江水為之變赤，賈似道倉皇逃到揚州，如喪家之犬。

戰場慘敗的賈似道成了眾矢之的，朝野上下出現處死賈似道的強烈呼聲。太皇太后謝氏卻認為，賈似道勤勞三朝，不能因為一朝之罪，失了對待大臣的禮數，僅將賈似道貶為高州團練使，循州安置，並抄沒其家產。行至漳州，賈似道於木綿庵為監押官鄭虎臣所殺，結束了其擅權誤國的罪惡生命。

魯港之役後，伯顏率軍繼續沿江東下，德祐元年十月，元軍自建康分三路向臨安挺進。伯顏親率中軍進攻常州。

常州地處交通要道，扼守臨安門戶，戰略地位十分重要，伯顏在此投入了二十萬軍隊，常州知州姚訔、通判陳炤等奮勇抵抗。伯顏驅使城外居民運土填充護城河，甚至將運土百姓也當做堆砌材料，最終築成環城堤防。十一月十八日，元軍總攻，兩天後常州城被攻破，元軍進行了野蠻的大屠殺，上萬人被害，只有為數不多的人倖免於難。據《馬可波羅遊記》記載，蒙古軍第一次進攻常州時，常州人民詐降，放蒙古人進城，旋即關門打狗，把這些蒙古人全殺了。

蒙古軍第二次進攻，常州軍民英勇抵抗，城陷後依然拚死巷戰，青壯男人幾乎全部戰死，老弱婦孺遭到屠殺，全城數萬人倖存者僅幾名工匠（蒙古人認為留著有用）。需要指出的是，《馬可波羅遊記》中極力美化蒙古統治者，把忽必烈描寫成世界上最英明仁慈的君主，而稱常州為最邪惡、殘忍、狡詐的城市，把抗擊侵略保家衛國的常州人民汙蔑為暴徒。

戰爭中最怕的就是摧垮人的意志，常州大屠殺，果然製造了蒙古入侵者所希望的震懾作用。隨後，當元軍逼近平江時，平江守將未經接戰，便獻城投降。

面對來勢洶洶的蒙古鐵騎，臨安府內人心惶惶，大批人試圖逃離都城，尤其是朝廷大小官員，為保身家性命，帶頭逃跑。德祐二年正月短暫的休戰後，僅有六名官員出現在朝堂上。官員的逃跑瓦解了軍心民心，使南宋王朝根本無法組織起有效的抵抗，皇室陷入了孤立無援的境地，徒喚奈何。

此時的南宋朝廷如果能夠振作起來，任用賢臣，局勢或許還可以扭轉。但恰恰此時，朝廷卻犯下另一個嚴重的錯誤：任命陳宜中為相。正是這個陳宜中，使原本就風雨飄搖的南宋王朝，走向了生命的盡頭。

陳宜中是一名外強中乾、誇誇其談之徒，他口頭上喊出各種豪言壯語，譴責任何妥協退讓的主張和行為，實際上卻懦弱怕戰，根本沒有與元軍決一死戰的勇氣和才能。德祐元年年底，局勢在他主持之下，朝著越來越不利於宋朝的方向發展，除了徹底投降以外，已沒有其他迴旋餘地。文天祥、張世傑提出遷都到東南部地區，以圖背水一戰，膽小的陳宜中否決了這項提議，一意求和。

德祐二年正月十八，謝太皇太后派大臣楊應奎，向元軍獻上降表和傳國玉璽，哀乞伯顏念上天好生之德，對南宋皇室從寬處理。元朝要求與宰相面對面會談，陳宜中被這種要求嚇破膽，便再一次拋棄了太后和年幼的皇帝，於當天夜裡逃之夭夭。

主持大局的陳宜中逃走後，蒙古鐵騎兵臨城下，南宋敗局已定。謝太皇太后任命文天祥為右丞相兼樞密使，出使蒙古軍營談判。文天祥正氣凜然，被伯顏扣留，謝太皇太后又派賈餘慶出使。

二月初五，蒙古軍隊在臨安皇城裡舉行了受降儀式，趙㬎宣布正式退位。三月二日，伯顏以勝利者的姿態進入臨安。元世祖下達詔書，要伯顏送宋朝君臣速往大都朝見。

多情自古傷離別，無奈的趙㬎只好同母親全氏和少數侍從離開臨安，踏上前往大都的路程。謝太皇太后因有病在身，並未同行，但不久也在元軍的逼迫下啟程北上。

南宋殘餘勢力在福建、廣東抗元。西元一二七九年，陸秀夫攜年僅八歲的小皇帝趙昺，在崖山蹈海自盡，南宋最終滅亡。

歷盡劫波後被殺

宋恭帝趙㬎以及皇族的其他人員被擄到大都後，忽必烈召見了趙㬎，並封他為瀛國公。全皇后、謝太皇太后也都被封了爵位，基本上都得到了較好的安置。南宋不同於金國，蒙古人對南宋並沒有直接的仇恨，金國被蒙古滅掉後，完顏皇家宗室被全部殺死，一個也沒留。但南宋趙氏、皇親投降了元朝後，都保全了性命。

在大都，趙㬎雖然仍然還過著衣食無憂的生活，但處處被監視，寄人籬下的滋味很不好受。文天祥在談判中被扣留後，偷偷逃回江南，並再次舉兵反元，一時江南以至中原各地群起呼應。元軍派遣四十萬大軍進剿。兩年後，文天祥在廣東被元將張弘範俘虜。鑒於文天祥在民間的巨大影響力，忽必烈想招降他以安定人心。先後派張弘範、原南宋左丞相留夢炎招降，都無功而返，只好將趙㬎叫去勸降文天祥。

身陷囹圄的文天祥看到幼小的「先皇」來到，情不自禁痛哭流涕，跪倒在地，只說了四個字：「聖駕請回。」趙㬎一看這情形，呆在那裡，也不知道該說些什麼，連獄卒都為文天祥垂淚，招降之事只能不了了之。後來元朝丞相孛羅、忽必烈本人都無法勸降文天祥。文天祥後被押解到柴市刑場，引頸就刑，從容就義，這一年四十七歲。文天祥死後，忽必烈曾惋惜說：「好男子，不為吾用，殺之誠可惜也。」

春去秋來，光陰荏苒。元至元十九年（西元一二八二年），已經十二歲的趙㬎在北京被幽禁六年後，又被遣送到上都開平。在開平又幽禁六年後，至元二十五年（西元一二八八年），忽必烈賞賜他「鈔百錠」，命令他出家，到遙遠的吐蕃學習佛法，其母全皇后也被令出家為尼。

吐蕃即西藏，趙㬎正式在西藏喇嘛廟出家，得法號「合尊」，此後潛心學習藏文。由於天賦聰穎，趙㬎很快就在藏佛界嶄露頭角，在佛學方面造詣頗深，並擔任過薩迦大寺的總持，成為當時西藏的佛學大師，他還成為將漢文佛典譯成藏文的翻譯家，翻譯了《百法明門論》與《因明入正理論》，且在譯書的扉頁留下了題字，自稱「大漢王出家僧人合尊法寶」，被藏族史學家列入翻譯大師的名單，成為青史留名的一代佛學宗師。

元英宗至治三年（西元一三二三年），趙㬎寫了一首為他帶來殺身之禍的詩：

寄語林和靖，梅花幾度開？
黃金台下客，應是不歸來。

這首詩充分表現了他對南宋王朝的思念之情，他想起了西湖孤山的梅花，想到了兩百年前在那裡栽種梅花的林和靖，「黃金台下客，應是不歸來」十字，似乎想說明他是元人黃金台下的客人，受到的是禮貌的待遇，而並非是什麼俘虜，不打算回臨安了，事實上是命中注定不可能回去了，他很清楚自己的處境，「應是不歸來」的「應是」二字，包含著無可奈何。二十個字，平淡中隱含著無限的悲戚之意，讀來令人百感交集。

此詩觸犯了文字獄，被元朝皇帝發現，大怒，遂下令於至治三年（西元一三二三年）四月賜死趙㬎，這一年五十三歲。從十八歲到了西藏，至五十三歲身亡，算下來，他在西藏定居了三十五年，其間再也沒有踏入魂牽夢繞的故園江南！關於宋恭帝趙㬎的結局，漢文《佛祖歷代通載》有這麼一句：「至治三年（西元一三二三年）四月賜瀛國公合尊死。」

地震幫成吉思汗滅了西夏

西元一〇八三年至一二二七年間，在中國的西北部，有一個與宋、遼（金）三足鼎立的少數民族王國——大夏封建王朝，史稱「西夏」，都城為興慶府（今為寧夏銀川市），其統治範圍大致在今寧夏、甘肅、新疆、青海、內蒙古以及陝西的部分地區，其疆域方圓數千里，東近黃河，西至玉門，南界蕭關（今寧夏同心南），北控大漠，幅員遼闊。西夏王朝存在了一百八十九年，共有十主，即：元昊、諒祚、秉常、乾順、仁孝、純祐、安全、遵頊、德旺和末主，期間經歷了重武尚勇、安民求和、崇文虔佛、國道中落、族滅國亡的曲折過程，最終滅亡於成吉思汗之手。

十三世紀初，蒙古部乞顏酋長鐵木真（也就是後來的成吉思汗），以傑出的軍事才能，擊敗了西起阿爾泰山、東至興安嶺、南起陰山北麓、北至貝加爾湖的漠北草原各游牧部落，於西元一二〇六年創建了蒙古汗國，結束了漠北數百年的分裂歷史。

由於自然條件的限制，蒙古漠北地區無法獲得生活亟須的農產品及其他更多物資，為了滿足經濟上的需要，代表草原游牧貴族利益的成吉思汗，向四鄰地區發動了一系列掠奪戰爭。最初，成吉思汗的主要目標是女真族建立的金國，目的是反抗、擺脫金國的統治。但是，作為策略家的成吉思汗，「深沉有大略」、「未敢輕動」，審時度勢，沒有首先將矛頭指向當時尚能擊敗南宋的金國，而是選擇了在遼、北宋及金、南宋兩大勢力鬥爭夾縫中求生存的西夏為突破口。

成吉思汗曾六次攻打西夏，從第一次進攻西夏的一二〇五年算起，到一二二七年蒙古軍第六次出征，徹底征服了西夏，前後經歷二十二年，時間延續如此之久，並非蒙古軍無力征服西夏，而是在此期間，他征服和統一了境外諸部落，無暇顧及西夏之事，更無全力進攻西夏的可能。另一方面，西夏始終不甘心臣服於蒙古汗國，每當蒙古軍出兵攻打時，在力不能支的情況下，則無奈求和歸降；一旦勢力有所恢復，形勢對自己有利、有機可乘時，就「禮意漸疏，消極納貢」，「陰結外援，蓄異圖」。在二十三年的戰爭中，西夏毀約反叛多次，因而蒙古也用兵多次，由於西夏的偽降，使情況更加複雜化，形成了一打就降、一撤就叛的局面。加之蒙古軍遠征歐、亞的廣大地區，無法盡早解決西夏問題，這就是成吉思汗征滅西夏的戰爭為何用時較長的根本原因。

西元一二〇五年，成吉思汗率領的蒙古軍第一次向夏國發動進攻。這年三月，鐵木真藉口西夏收納了蒙古逃人亦剌哈桑昆，率兵攻入河西，破西夏力吉里寨，並縱兵至瓜、沙諸州進行擄掠。四月，蒙古軍在退兵時經過落思城，又大掠人口、牲畜而去。昏庸的夏桓宗純祐對蒙古軍的突然進攻束手無策，只得任其蹂躪。待蒙古大軍撤退後，純祐慶幸危機已過，於是下令大赦。修復經過戰爭被毀壞的城堡，改都城興慶府為中興府，表示夏國經過大難之後，必將中興。同年十一月，純祐聽到蒙古軍進攻金國，與金將河東監軍完顏天驥相持不下，即領兵也進入金境，行數日一無所獲，後得報金兵被蒙古軍擊敗，遂遣兵救援，知力不勝撤兵而還。

天慶十三年（西元一二〇六年）正月二十日，長久以來圖謀篡位的鎮夷郡王安全，與純祐的生母羅太后合謀，發動宮廷政變，廢黜了純祐，安全自立為帝，改元應天元年。三月，純祐暴卒於宮中，死因不明，終年三十歲。

為掃除征討西夏障礙，使西夏陷入孤立無援的境地，在進攻西夏之前，成吉思汗已將西夏鄰邦盟友——乃蠻部、蔑兒乞部、烏梁海部各個擊破。同時在此次征討西夏時，成吉思汗還特別研究攻城的心理戰法。在萬事俱備、志在必得的情況下，西元一二〇七年八月，成吉思汗再次進兵西夏，攻克兀剌海城。兀剌海城，就是今天的烏拉特中旗新忽熱古城，這是成吉思汗從漠北南下、六次征伐西夏時第一個攻克的城池。新忽熱古城北依陰山、南控河套平原，是重要的交通樞紐，更是兵家必爭之地。這次征討，蒙古兵在西夏境內擄掠數月，最後因戰線過長，導致糧草不濟而退兵。

西元一二〇九年三月，成吉思汗親率大軍，再攻西夏。在賀蘭山中段的克夷門遭到西夏軍重創，蒙古軍傷亡慘重。相持兩個月以後，蒙古大軍還是包圍了中興府。西夏國主親自上城督戰，守城將士拚死防禦。兩個月後，蒙軍在無計可施的情況下，趁天降大雨、河水暴漲之機，引水淹城。中興府被圍困達一月之久，城中居民淹死者無數。後來，城牆坍塌，決堤的河水四溢，蒙古軍隊也受到洪水的淹溺，在萬般無奈之時，藉夏主納女求和之機，順水推舟，同意退兵議和。

西元一二一八年十二月與一二二四年九月，成吉思汗又分別兩次調集兵力征伐西夏，西夏兩位國主遵頊、德旺雖調兵遣將拚死抵抗，皆因軍事實力過於懸殊而屢戰屢敗，以請降遣人質作為條件，換取蒙古軍退兵。此間，西夏軍隊廣大將士誓死保衛自己的疆土，打過不少勝仗，給蒙軍以沉重打擊，一度大大鼓舞了西夏軍民的鬥志。但是，就蒙夏之間整個戰局而言，還是以西夏王國盡失西域的河、瓜、甘、肅、涼諸州而告終。

西元一二二六年二月，成吉思汗又藉口西夏遲遲不納人質，以六十五歲高齡統兵十萬，第六次攻打西夏。雖然西夏的各處守將忠心竭力，守城禦敵，但最終抵擋不住蒙古鐵騎，被一一攻破。同年十一月，成吉思汗大軍直撲中興府的北方重鎮靈州城。守城的將領是西夏名將嵬名令公，他在靈州城西黃河沿岸層層設防。然而天助成吉思汗，千里黃河，朔風成冰，蒙古鐵騎衝過黃河殺將前來。嵬名令公率軍迎戰，西夏將士倒下一批，又衝上一批，以死相拚，終於阻住了蒙古軍如潮的攻勢，蒙古軍開始撥馬往回逃了。

成吉思汗見了逃兵，不禁大怒，揮刀砍死幾個逃兵，重整旗鼓，再次猛攻，這才殲滅了西夏守軍。這場戰爭非常慘烈，是蒙古軍隊東征西討所遇到的最頑強的抵抗。因而激怒了成吉思汗，他發誓要蕩平西夏，於是就揮師包圍了中興府，同時派軍隊把外地的西夏守軍各個擊破。並於十二月命令蒙古軍隊攻克鹽州（西魏置，治所於五原，即今陝西定邊，後入西夏，蒙古廢之），派兵四處燒殺搶掠，西夏民眾「免者百無一二，白骨蔽野」。

西元一二二七年一月，成吉思汗留一部分兵力繼續圍攻中興府，自己帶領大部分軍隊渡黃河進攻積石州，以徹底斷夏軍後路。夏軍日夜在都城堅守、抵抗。多次打退蒙軍的進攻。五月，成吉思汗回師隆德，因天氣炎熱，在六盤山避暑休整，派人前往中興府諭降。

六月，西夏京畿地區發生強烈地震，房屋倒塌，瘟疫流行。史載：「地大震，宮室多壞，王城夜哭。」被蒙古軍隊圍困達半年之久的中興府，糧盡援絕，軍民多患病，已失去了抵抗能力。西夏末主走投無路，只得派遣使節告諭成吉思汗，請求寬限一個月獻城投降。

根據中國地震區劃表，西夏王朝位於青藏高原北部地震區，地跨寧夏－龍門山和祁連山兩大地震區，包括天水、西海固、民勤、銀川以及河西走廊等地震帶，其中民勤、銀川、河西走廊三大地震帶，基本上位於西夏王朝的國土內，西海固地震帶則處於西夏王朝的邊緣地帶，天水地震帶對西夏王朝的影響不大。此外，陝北、隴東地區也時有地震發生。由此可見，西夏王朝處於地震多發區域。

近年考古工作者在清理西夏三號陵西北碑亭基址的過程中，發現在圓形的台基面上出現無規則的裂縫，且分布甚廣，並延伸貫穿於圓形基址外，裂縫寬一～四公分不等，深可通底，初步認定為地震所致。雖然有關西夏地震資料並不多見，但從僅有的資料中可以看出，地震對於西夏社會的深遠影響。西夏建國後較早的一次地震，發生宋哲宗元祐七年，即西夏天祐民安三年（西元一〇九二年），這年河西武威地區發生了地震，致使西夏佛教聖地護國寺佛塔受損。西夏梁太后和皇帝崇宗李乾順下詔動用大量人才、物力和財力於天祐民安四年（西元一〇九三年）六月動工重修護國寺，次年正月十五工程完畢後金碧輝煌、煥然一新，遂立碑刻銘，以示紀念和慶祝，而這座碑銘，就是中華奇寶——《重修護國寺感通塔碑銘》，但這次地震的強度並不大。西元一一四三年，西夏境內又發生強烈地震。震後，仁宗李仁孝立賑濟法，下令按受災的不同情況，減免租稅。

西元一二二七年是夏乾定四年，這年六月發生的地震，將西夏推向了萬劫不復的結局。七月，成吉思汗在六盤山區的清水（今甘肅清水縣）西江得重病，病中立下遺囑：死後暫祕不發喪，待夏主獻城投降時，將他與中興府內所有兵民通通殺掉。成吉思汗太熟悉西夏的一貫作風，二十多年的交手，使他再也不會相信西夏的「改邪歸正」。不久，末主投降蒙古，蒙軍帶著末主及幾位夏將行至薩里川時，成吉思汗病亡。為了防止夏主生變，蒙古軍隊遵照成吉思汗的遺囑，將夏末主等殺死，並一舉蕩平中興府。至此，建國一百八十九年的西夏王朝終被成吉思汗滅亡。

元滅西夏後，以舊地設西夏行省，不久改寧夏行省，治所為寧夏路。寧夏者，夏地安寧也！此名一直沿用至今。

努爾哈赤為何讓愛女嫁有婦之夫

努爾哈赤生有十六子八女。其愛女東果格格（後被冊封為「固倫公主」）生於萬曆六年（西元一五七八年）二月二十二日，不僅是長女，而且是努爾哈赤諸子女中之最長者。

然而，東果格格剛滿十歲，就被父親努爾哈赤做主，嫁給了一個二十七歲的有婦之夫，做了其側室。作為一代蓋世英雄的努爾哈赤，為何在女兒還沒長大，就這麼著急地讓其出嫁，還做人家的偏房？

原來這是一場政治聯姻，這位娶了東果格格、二十七歲的有婦之夫何和禮，確非等閒之輩，當時是建州女真五大部落之一棟鄂部落的首領，只比努爾哈赤小兩歲。此人的歸順，有利於努爾哈赤盡快完成統一女真的大業。

其時，努爾哈赤已用武力統一了建州女真族大部分地區，他與女真五大部落之一的棟鄂部之間雖然互有爭戰，但後來雙方關係又大為緩和。努爾哈赤知道武藝高強、內斂而富謀略的何和禮所率的棟鄂部作戰實力強，兵精馬壯，因此一心想將棟鄂部招納在自己的勢力之下。萬曆十六年（西元一五八八年）四月，努爾哈赤納海西女真哈達貝勒王台的孫女納喇氏為妃，欲前往迎娶，特邀何和禮率兵扈從，何和禮便親率三十騎侍衛隨行，兩人得以長時間近距離接觸。

何和禮早就敬仰努爾哈赤，認為其為女真一代豪傑，此番接觸和晤談中，他更感到努爾哈赤不但具有雄才大略，而且禮賢下士，將來必為英主。努爾哈赤要完成女真各部的統一，進而問鼎中原、稱霸天下，尤其需要棟鄂部的支持和何和禮這樣難得的將才，而何和禮「性寬和，識量宏遠」，則給他留下了極深的印象，如能將其招至門下，何愁大業不成？

扈從之行結束後，努爾哈赤將其請到費阿拉城（今屬遼寧新賓永陵鎮），並以貴賓之禮相待。兩人

努爾哈赤為何讓愛女嫁有婦之夫

縱論今古，推心置腹，均對女真各部紛爭的局面表示擔憂，努爾哈赤趁機向他表露出招納之意，希望何和禮能與自己合兵一處，共圖大業。何和禮慨然應允。何和禮返回棟鄂後，力排眾議，毅然率領本部軍民萬餘人馬，投奔努爾哈赤的駐地費阿拉城，正式歸附努爾哈赤。何和禮及棟鄂部的歸附，使努爾哈赤實力陡然大增，如虎添翼，並為統一女真各部和對抗明廷奠定了堅實的基礎。

對何和禮的歸附，努爾哈赤十分開心，他授予何和禮為一等大臣，以示恩寵，還採取了和親的懷柔政策，特將自己的長女東果格格冊封為「固倫公主」，嫁給何和禮為妻，並為他們舉行了隆重的婚禮。東果格格乃努爾哈赤和元妃佟佳氏所生，時年只有十歲，被努爾哈赤視若掌上明珠，將其屈尊嫁給已為人夫的何和禮，足見努爾哈赤對何和禮的喜愛和器重。

何和禮本有妻室，其原配夫人賽堪不僅長相漂亮，還騎射一流，擅長統兵征戰，早年她沒出嫁時，就擔任過牛毛寨酋長，與何和禮成親後，立即被推選為棟鄂城的女首領，專門管理本城的婦女工作。她在棟鄂部的威望，不在何和禮之下。聽說丈夫在外又娶了別的女人，賽堪十分憤怒，於是率領留在棟鄂部的人馬，殺向費阿拉城，要與何和禮決戰。何和禮聽說妻子前來，便率人馬出迎，並向妻子說明緣由。可是妻子根本不聽丈夫的解釋，竟然要兵戎相見。努爾哈赤對賽堪很誠懇：「我把女兒聘給何和禮，不僅是為了兒女私情，而是要透過聯姻的方式聯合部落。我不想霸占妳的丈夫，妳還是大福晉，東果就算個側室吧！妳把她當個妹妹看就行。」

經過努爾哈赤的當面勸諭，何和禮的妻子賽堪不僅罷兵，而且也歸順了努爾哈赤。何和禮與努爾哈赤成翁婿後，自然也就成了努爾哈赤的親信，人們都稱其為「棟鄂額駙」（額駙即駙馬）、「固倫額駙」。

此後，努爾哈赤對何和禮信賴有加，每處理軍政大事，必先與何和禮密議，然後再付諸實施。何和禮老成持重，足智多謀，很少有失誤之時，因此努爾哈赤囑其不離左右，以議軍機。為了方便工作，努爾哈赤特命在赫圖阿拉城內北城城牆外的高埠台地上，為何和禮營造了額駙府。額駙府在通向內城牆之外設有小門，可直入城內，而且額駙府的選址又緊臨努爾哈赤的汗宮大街門和後宮。這樣，便於何和禮隨時可面見努爾哈赤。

萬曆三十三年（西元一六〇五年），努爾哈赤初定旗制，何和禮率所部隸紅旗，並任本旗總管大臣。萬曆三十六年，努爾哈赤派長子褚英、侄阿敏，率五千兵馬征討烏拉，何和禮率部隨征，破敵有功，特別是在宜罕阿麟（今吉林市）之戰中，建州兵馬大敗烏拉兵，斬殺千人，獲甲三百副，最後攻克了宜罕阿麟城。萬曆三十九年十二月，何和禮奉努爾哈赤之命，與額亦都、扈爾漢，率兩千兵馬，遠征東海女真渥集部的虎兒哈路，進圍扎庫塔城，最後攻破該城，共斬殺一千餘人，俘獲兩千餘人。扎庫塔城被攻下後，周圍各路懾於建州兵馬的威勢，紛紛投降歸順，何和禮命他們的首領土勒伸、額勒伸，帶領其民眾五百戶，隨軍來到赫圖阿拉。這次遠征全勝而歸，使建州女真統屬的勢力範圍一直延伸到黑龍江、烏蘇里江一帶。

何和禮追隨努爾哈赤南征北戰功勛卓著，卻受到努爾哈赤長子褚英的欺凌。褚英心胸狹窄，特別忌恨幾位弟弟和五大臣，並放言說，如果弟弟和五位大臣不聽他的話，將來就要被殺掉。何和禮便與各位大臣寫一份檢舉褚英為非作歹的情況匯報呈給努爾哈赤，結果褚英受到努爾哈赤的斥責和疏遠，最後被處死，由此也可看出努爾哈赤對何和禮的信任。

烏拉部長布占泰違背誓言，意欲與葉赫等部聯盟時，何和禮力主出兵烏拉部，並提出了請努爾哈赤親自督率建州兵馬征伐。在何和禮的建議下，努爾哈赤率何和禮等眾將和三萬大軍親征烏拉部。在建州大軍壓境的情況下，努爾哈赤對布占泰猶存招順的希望，等待著他能歸降，令其改過，然後撤軍。

布占泰一面派使者向努爾哈赤請罪，一面又親率三萬烏拉兵馬抵禦，全部步行列陣。這時，何和禮與眾將堅請出戰，他說：「我軍遠道征伐，利於速戰速決，只是擔心烏拉不出兵罷了。現在他們既然列陣以待，我軍可利用這平原曠野，一鼓作氣將其擒殺。如果錯過了這個殲敵的機會，那麼我軍厲兵秣馬，到底是為了什麼呢？」在何和禮等諸將的要求下，努爾哈赤方命將士捨騎步戰。何和禮隨努爾哈赤身先士卒，衝向敵陣。一時間，矢如風發電落，聲似狂飆雷鳴。建州兵鼓勇奮擊，烏拉兵亦拚死力敵。經過激烈搏殺，烏拉兵馬遭到重創，死傷十之六七，剩餘的都紛紛逃散，建州兵馬乘勢攻下烏拉城。布占泰隻身逃往葉赫，烏拉從此滅亡。

萬曆四十三年，努爾哈赤正式建立滿洲八旗制度，何和禮及所部被編入正紅旗，隸屬於努爾哈赤次子、正紅旗旗主貝勒代善。次年正月，努爾哈赤建立後金國，改元天命，設置議政五大臣，同聽國政，何和禮、額亦都、費英東、安費揚古和扈爾漢位列其中。凡軍國大事，先由五大臣拿出處理意見，再交四大貝勒覆核。

何和禮和額亦都、費英東、安費揚古、扈爾漢一起作為努爾哈赤的「開國五大臣」，忠心耿耿可昭日月，跟隨努爾哈赤起兵一直到死，始終團結一致，不曾分裂，為大清開國立下了汗馬功勞。

天命四年（西元一六一九年），何和禮率部參加了標誌著後金政權的崛起、奠定了大清之基業的薩爾滸大戰。在此役中，何和禮及所部兵馬起了至關重要的作用。有史料稱「薩爾滸之役，率敗明師者，皆公（指何和禮）之力也」。天命六年，後金兵馬接連攻克瀋陽、遼陽，「何和禮皆在行間」。據《滿文老檔》記載，此時的何和禮轄有渾河音格五個牛錄，博爾輝五個牛錄，雅爾瑚、蘇完八個牛錄。粗略估算，當有五千四百名軍士。後金攻下瀋陽、遼陽二城後，何和禮又以戰功被授予世職三等總兵官。

何和禮追隨努爾哈赤征戰三十六年，勤勞政事，馳騁沙場，在後金崛起中居功至偉，深為努爾哈赤所倚重。天命九年八月，何和禮因積勞成疾，病逝於官署之中，享年六十四歲。何和禮去世時，五大臣中的其他四位已病故在先，僅何和禮尚參與後金的軍機人事。努爾哈赤為失去何和禮這樣的忠勇大臣而痛惜不已。何和禮死後備極哀榮：清太宗時，追封何和禮為三等子。順治十一年（西元一六五四年），追謚何和禮為「溫順」，並勒石記功。內有「追述往事，軫念前勛」，稱讚何和禮「乃能益勵忠誠，封疆攸賴，始終盡瘁克襄王室」。雍正八年（西元一七二九年），加封號「勇勤」。其妻東果格格於順治九年（西元一六五二年），享年七十五歲。

努爾哈赤奠定基業的關鍵一戰

有一場戰役，在歷史上的地位舉足輕重：它敲響了明朝衰亡之哀鐘，標誌著後金政權的崛起，奠定了統治中國長達兩百六十八年的大清基業。後人修史稱之：「明朝衰亡，後金興起，肇於是戰」。乾隆皇帝回顧先祖征戰史時曾這樣評價此役：「太祖一戰，王基開。」

此戰役就是薩爾滸之戰，是明朝和後金之間一次關鍵性的決戰。此戰中，後金政權創建者努爾哈赤表現出傑出的軍事才能，運用集中優勢兵力，各個擊破的戰術，率領處於劣勢的後金軍，在五天之內連克三路明軍，殲滅明軍十多萬人，繳獲大量軍用物資。此役之後，戰爭的雙方攻守易勢。明朝力量大衰，不得不由進攻轉入防禦；後金的力量大增，由防守轉入了進攻。

清太祖努爾哈赤經此一役而名震天下。努爾哈赤出身於女真族，也就是滿族的前身，靠十三副甲冑起兵創業，史稱清太祖，是中國歷史上最後一個封建王朝的奠基人，雄才大略的政治家、軍事家，戎馬一生，身經百戰，縱橫捭闔，功勛赫赫。為滿族的進步和強盛、歷史的前進和發展作出了重大貢獻。清太祖努爾哈赤的歷史貢獻，主要包括統一女真各部、東北地區；創造滿族文字、八旗制度，促進滿族形成；建立後金政權，奠定大清基礎；豐富軍事經驗、推進社會改革等。金庸先生譽之為「自成吉思汗以來，四百多年中全世界從未出現過的軍事天才」。

努爾哈赤幼年時，在明朝遼東經略李成梁家為奴，備嘗人世艱辛，少有大志，胸懷天下，決心要統一整個女真，結束其各部落間四分五裂互相仇殺的局面，開創歷史的新篇章。

女真族是中國古代生活於東北地區的古老民族，西元六～七世紀稱「黑水靺鞨」，西元九世紀起始更名女真。在努爾哈赤生活的時代，女真部落分為建州女真、海西女真、東海女真三大部分，努爾哈赤屬於建州女真。明朝萬曆十一年（西元一五八三年），努爾哈赤以父祖留下的十三副甲冑起兵，開始了充滿艱難險阻的統一女真之路。

軍事天賦極高的努爾哈赤，採取了先內後外、先弱後強、遠交近攻等策略，各個擊破強敵，歷經了兆佳城之戰、馬爾敦城之戰、渾河之戰、鄂爾渾城之戰、克山寨之戰，首先統一了建州女真部落。然後拉攏分化了海西女真中較強的葉赫、烏拉二部落，趁機滅掉了孤立的哈達和輝發部落。在解除後顧之憂後，努爾哈赤又進兵進攻比較分散的東海女真，經十七年不停進攻，全部征服了東海女真，海西女真的烏拉部也聞風歸降。至此，除葉赫部外，努爾哈赤已征服其他女真各部，占有了東到日本海、西到遼河、南到鴨綠江、北到黑龍江以北外興安嶺廣大地區。在統一女真各部的過程中，努爾哈赤建立了八旗軍制，分黃、白、紅、藍四色旗幟，後來增編鑲黃、鑲白、鑲紅、鑲藍四旗，共為八旗。每旗設一首領，叫固山額真，女真人分編在八旗中，平時生產，戰時從軍，每旗可出兵七千五百人左右，共有兵力六萬餘人，主要是騎兵。透過八旗軍制，努爾哈赤將女真人緊緊團結在一起，保證了生產和戰爭的需要，為女真的崛起提供了制度保證。

明萬曆四十三年（西元一六一五年），努爾哈赤定都赫圖阿拉（今遼寧新賓），建立了後金政權，自稱天命可汗。隨後，努爾哈赤準備進行統一女真的最後一戰——征服葉赫部。這時，大明王朝出來干涉。大明長期以來對女真各部的統治策略是分而化之，使其互相對立，從而分而治之。努爾哈赤崛起的過程中，明王朝因朝政腐敗、內亂不斷，而無暇顧及，使其有機可乘。但大明無法容忍努爾哈赤進一步坐大，遏制其發展是必然的。

葉赫部是海西女真四部（「海西四部」）之一，與大明的關係很密切。因靠近明在當地所設的馬市鎮北關（俗稱北關），故明人有時也稱葉赫部為「北關」。面對努爾哈赤的磨刀霍霍，葉赫部為避免被其所吞併，也向大明求援。大明立即派出軍隊保護葉赫，並向努爾哈赤發出威脅。羽翼未豐的努爾哈赤，

第三部分：也無風雨也無晴

努爾哈赤奠定基業的關鍵一戰

這時還沒有作好和大明作戰的準備，只好先隱忍不發，伺機再尋找動手的機會。

努爾哈赤早就對肆意欺壓女真人的明朝官吏恨之入骨，他的祖父覺昌安，當年就是被明軍誤殺，如今又遭明廷干涉，更是怒不可遏。他深知要征服女真葉赫部，是免不了與明軍一戰。努爾哈赤開始積極訓練軍隊，積聚糧草，打造兵器，派遣間諜，從各方面著手準備。而明朝則忙於鎮壓內部起義，無力顧及遼東防務。遼東明軍雖有十餘萬，但守備極為分散，戰鬥力很差。明萬曆四十六年（西元一六一八年），努爾哈赤認為時機已到，便於四月十三日向上天宣誓對明朝的「七大恨」，然後起兵兩萬，攻明雪恥。

努爾哈赤的劍鋒直指大明的撫順，撫順守將李永芳望風而降。遼東總兵張承蔭帶著一萬援軍趕到，雙方激戰。後金軍作戰勇不可當，明軍損兵九千後潰敗，張承蔭也被殺死。努爾哈赤又轉攻清河（今遼寧本溪市東北），全殲明軍，殺死守將鄒儲賢。努爾哈赤勢如破竹，所向披靡，攻占了撫順以東的許多明軍據點。努爾哈赤本打算乘勝進攻重鎮遼陽，但得到情報，側翼的葉赫部蠢蠢欲動，而明朝也增兵遼東，於是見好就收，於九月帶著擄掠的人口牲畜主動撤退，暫且休戰。

明萬曆四十七年（西元一六一九年）一月，努爾哈赤再次出兵，猛攻葉赫部。兩軍交兵，葉赫大敗。努爾哈赤劫走了大量的人口與牲畜，他恐明軍抄其後路，便乘勝班師回朝。

努爾哈赤公然攻明造反，連陷撫順、清河諸堡，明廷感到了事態的嚴重。在此之前，明朝的全部精力都在鎮壓各處四起的農民起義上。明神宗命楊鎬為遼東經略，並特派餉銀兩百萬兩，抽調四川、甘肅、浙江、福建等處軍隊，加上葉赫和朝鮮的盟軍，準備一戰蕩平努爾哈赤勢力，畢全功於一役。

西元一六一九年二月，楊鎬率明軍出師討伐努爾哈赤。這支明軍有近十二萬人，加上葉赫軍一萬，朝鮮軍一萬三千，總計十四萬人，對外則號稱四十七萬。楊鎬將明軍兵分四路，北路軍兩萬人，由總兵馬林統領，出開原，經三岔兒堡（今遼寧鐵嶺東南），進至渾河上游地區；西路軍約六萬人擔任主攻，由猛將杜松統領，由瀋陽出撫順關，入蘇子河谷；南路軍明軍會合朝鮮軍共兩萬餘人，由總兵劉綎統領，經寬甸沿董家江（今吉林渾江）北上；總兵李如柏率軍兩萬五千為西南路，輔助西路軍側攻；葉赫兵一萬人作為後應。另外總兵官秉忠率兵一部駐遼陽為機動部隊，總兵李光榮率兵一部駐守廣寧（今遼寧北鎮）保障後方交通。四路大軍相約會攻赫圖阿拉，楊鎬自己坐鎮瀋陽指揮。

這個新任遼東經略楊鎬是個文官，並不熟悉軍事，而且貪生怕死，當年抗日援朝時曾臨陣脫逃，致使近萬忠勇士卒慘死於日本刀之下，他因而丟官在家閒了二十多年。明神宗這次起用他，實在是一大敗筆。

楊鎬一出兵就犯了兵家大忌。明軍雖兵多，但戰鬥力不如後金軍，當然要集中兵力作戰。如今分成四路，每一路對後金軍都沒有優勢，非常容易被各個擊破。楊鎬身為軍隊主帥，卻留在遠離前線的瀋陽，根本無法及時統一指揮全軍，這樣的部署已埋下了兵敗的種子。不過明軍眾將中，倒是有幾個能征善戰的：總兵杜松作戰非常勇猛，上陣時喜歡赤膊，身上刀疤箭瘡無數；總兵劉綎是當時明朝第一勇將，曾打過緬甸和日本兵，平過四川楊應龍叛亂，身經大小數百戰。他所用的鑌鐵刀重達一百二十斤，上馬掄轉如飛，被稱為「劉大刀」；李如柏是將門之子，其父李成梁當過遼東經略，非常有謀略，努爾哈赤年青時曾在他家做過奴隸。如果李成梁活得長一些，努爾哈赤也就不敢輕易和明軍作戰。李如柏的哥哥李如松更是有名，是領軍抗日援朝的著名戰將。這些大將共同出征，如能善用將是無往而不勝，只可惜主帥是楊鎬。

一隻獅子帶領的一群綿羊，完全可以打敗一隻綿羊帶領的一群獅子。努爾哈赤就是這樣的領頭獅子，而楊鎬則正是這樣的領頭綿羊。

楊鎬昏聵無能，驕躁寡斷，凡事都聽李如柏，引起眾將的普遍不滿。出兵之日，杜松因大雪迷路請求緩師，劉綎也以未熟地形為由，輕緩師期。楊鎬勃然大怒道：「國家養士，正為今日，若復臨機推阻，有軍法從事耳。」並將尚方劍懸於軍門。楊鎬算計著能僥倖取勝，既不知己，也不知彼，於天時、地利、敵情，一律不顧，只催促趕快進兵。

此時努爾哈赤早派出細作偵查明軍，已得到準確情報，明軍的一舉一動，努爾哈赤瞭如指掌。結果，「我師未出，彼防已預」。當時，後金兵總共不足六萬。努爾哈赤集合眾貝勒、大臣商議後，確定了「憑爾幾路來，我只一路去」的作戰方針，即集中優勢兵力，逐路擊敗明軍，打敗來犯之敵，保衛赫圖阿拉。

西元一六一九年二月二十九日，努爾哈赤得知四路明軍中，杜松突出最前，馬林次之，遂決定留一部疑兵牽制劉綎，主力先迎擊杜松軍和馬林軍。

明西路大軍由山海關總兵官杜松為主將，總兵王宣和趙夢麟為副將。杜松為人耿直，英勇慣戰，但剛愎自用，有勇無謀。因貪戀首功，率軍先出撫順關口，日行百里，急欲尋後金軍主力決一死戰。當軍隊抵達渾河岸時，天色已晚。杜松執意立即渡河，諸將苦諫不聽。杜松袒露胸懷，棄船不登，策馬而進，大笑道：「入陣披堅，非丈夫也。吾結髮從軍，今老矣，不知甲重幾許。」並催促軍卒趕快渡河。不料，後金軍早已按照努爾哈赤的部屬，在渾河上游築壩蓄水，待明軍渡河時，再決壩放水，頓時，浪濤滾滾，明軍被淹死者數百人，大量輜重也落入水中。

三月一日，杜松軍抵達薩爾滸（今撫順東大夥房水庫附近）。杜松分兵為二：一部在薩爾滸駐紮，自己親率另一部前往吉林崖，攻打界凡城。由於杜松軍輕敵冒進，先於其他各路軍與後金兵遭遇。努爾哈赤決定先集中兵力與杜松軍決戰，並故意避其鋒芒，親率大軍猛攻明軍薩爾滸大營。炮聲隆隆，殺聲震天，不久，後金兵便攻下了薩爾滸大營。攻下薩爾滸大營後，努爾哈赤率軍馳援吉林崖。其時，杜松軍與駐守吉林崖的後金兵激戰正酣，後金兵正節節敗退，援軍的到來立即使戰場局勢逆轉，杜松軍腹背受敵，陷入重圍，士氣低落，而後金兵則軍心大振，杜松身中十八箭力戰而死，總兵王宣和趙夢麟全部戰死，西路明軍全軍覆沒。

這時北路馬林軍已進至薩爾滸東北的尚間崖，遇到杜松軍的敗兵，得知西路軍已覆滅，馬林頓時不寒而慄，士卒也個個喪膽，急忙轉攻為守。

當夜宿營，馬林命在營壘外掘了三層塹壕，外面又擺了火炮，一副固守的樣子。第二天，努爾哈赤率大軍趕到，立即向明軍發起進攻。明軍幾乎不堪一擊，大部潰逃，主將馬林率數騎逃回開原。身為監軍的潘宗顏率眾頑強禦敵，「奮呼衝擊，膽氣彌歷」。終因寡不敵眾，明軍潰敗，潘宗顏戰死，死時「骨糜肢裂，慘不忍聞」。

其時，葉赫部軍兵正打算馳援馬林，突聞馬林兵敗，潘宗顏戰死，軍心動搖，不敢與後金兵交戰，不戰而逃。

其實，潘宗顏早已知馬林舞弄詩文尚可，指揮對敵則是外行，徒具虛名，並無將才。早在出師之前，潘就曾致書楊鎬，言：「林庸懦，不堪一面之寄，乞易別帥當此重任，而以林遙作後應，庶其有濟。不然，不唯誤事，且恐此身實不自保。」如此重要的訊息，楊鎬卻未予理睬。幾天後，潘宗顏之言果然應驗。

東路軍在驍勇善戰的劉綎的率領下，已深入後金軍陣地，並未得知兩路明軍兵敗的消息。為延緩劉綎軍前進的步伐，努爾哈赤下令在劉綎軍前進的路上砍斷大樹阻塞道路，設置了三道大路障，使劉綎軍行進十分艱難。其時，天寒地凍，氣候惡劣，明軍後方供給困難，沿途皆有明軍凍餓而死。

努爾哈赤坐鎮赫圖阿拉，指揮大貝勒代善、二貝勒阿敏、四貝勒皇太極前去迎戰劉綎軍。為將劉綎軍引入後金軍的伏擊圈，努爾哈赤利用杜松兵敗時繳獲的杜松令箭，派降順後金的漢卒冒充杜松軍卒，到劉綎軍前，假裝告急說：西路杜松大軍已抵達「奴酋」都城，急盼東路大軍並進，將敵城合圍，一舉將其拿下。

劉綎信以為真，唯恐杜松將軍拔得頭功，急令火速進軍，姜宏立率朝鮮援軍緊隨其後。這樣劉綎軍一步步進入到後金兵的伏擊圈內。待劉綎醒悟過來時，發現自己已陷入重圍。劉綎果然是個猛將，率軍死戰不退，後金軍竟一時攻打不下。此時朝鮮盟軍已投降，劉綎軍更加孤立。努爾哈赤命手下大將輪番上陣迎戰劉綎，代善、阿敏、皇太極率兵殺出，劉綎奮力死戰，身披數十箭，力竭而死，明軍潰敗。其子劉招孫救父苦鬥，也當場陣亡。剩下的明軍很快被後金軍殲滅，南路明軍也全軍覆沒了。

正當劉綎軍浴血奮戰時，李如柏本可以馳軍策應，但李如柏畏敵如虎，不敢增援，使劉綎孤軍奮戰，全軍覆沒。明朝四路大軍之間缺乏策應，各自為戰，經略楊鎬調度無方，是後金兵能夠從容各個擊破的重要原因之一。

努爾哈赤再回軍，準備消滅西南路明軍，卻撲了個空。李如柏雖為將門之子，卻膽小如鼠，一出兵就行動緩慢，故意落後。薩爾滸大戰已經結束，他才進至虎攔崗（今遼寧本溪市東）。這時坐鎮瀋陽的楊鎬已得知前線大軍潰敗，急命李如柏退軍。李如柏接令如蒙大赦，急忙班師，明軍慌忙撤退，沿路遇後金小股部隊鼓噪，竟以為是後金主力部隊發起攻擊，驚恐潰逃，自相踐踏，死傷一千餘人。

至此，明四路大軍合朝鮮和葉赫援軍共十餘萬人征伐後金，以後金軍大勝和明軍慘敗而告終，薩爾滸之戰成為中國歷史上又一個以少勝多的戰爭。

據《遼事實錄》記載，明軍在這場戰役中傷亡十分慘重，死於戰場的將領，就有三百餘名，士兵陣亡者共四萬五千八百七十餘名，騾馬槍炮輜重丟失無數。而金兵據說死亡不足兩百人。明朝的遼東防線，全部為後金所突破。薩爾滸之戰是後金由弱轉強、明朝由強轉弱的轉折點。

薩爾滸大戰後，明軍再也不敢對後金主動發起攻擊。努爾哈赤則乘勢攻占開原、鐵嶺，征服了葉赫部，完全掌握了遼東的策略主動權，為清朝日後入關、統一中國打下了基礎。

清太宗皇太極的奇特婚姻

清初的皇帝們，其婚姻充滿了政治色彩。努爾哈赤的妻妾見於史籍記載的共有十四人，其中七位妻妾的納娶，是政治聯盟的結果。而其餘的妻妾，也大多來自不同的部落。清初滿蒙政治聯姻盛行，據《清皇室四譜》第二卷記載，清太宗皇太極有蒙古妻七人，占其后妃總數的一半左右；清世祖福臨有蒙古妻六人，占其后妃總數的三分之一。

其中，清太宗皇太極的婚姻最為奇異。皇太極有名號的后妃共有十五人，在這十五位后妃中，有七位來自蒙古草原。其中地位最為尊貴的「崇德五宮后妃」，全部是蒙古族女子，並且有兩位是寡婦。更有三位出自科爾沁部——莽古斯一門，姑姑侄女三人同嫁一夫皇太極。皇太極的婚姻之奇還不止於此，他還曾令已經為他生過兩個女兒的側妃博爾濟吉特氏改嫁他人。

那麼，貴為天子的皇太極，為何要娶兩寡婦呢？原來，這兩個女人的身分很特殊，她們都是眾蒙古部落之主察哈爾林丹汗的妻子，她們是在林丹汗死後來投奔皇太極，先後在天聰八年和天聰九年，被皇太極納入宮中。

西元一六三二年（後金天聰六年），皇太極親率八旗大軍會同蒙古諸部，大舉進攻林丹汗所部察哈爾軍，激戰之下，林丹汗所部傷亡大半，林丹汗大敗後逃往青海草原，兩年後的一六三四年，眾叛親離的林丹汗病死在青海，他的部下逐漸土崩瓦解，他的福晉也開始尋找新的歸宿。

西元一六三四年八月，林丹汗的后妃之一竇土門福晉，由多尼庫魯克護送，率一行人到皇太極的軍營行幄，表示歸順，並選擇了木湖爾伊濟牙爾地方暫時駐牧。其實當時竇土門福晉很想嫁給皇太極，只是自己無法啟齒。

善解人意的大貝勒代善等見狀，自然明白來者的心意，便到皇太極面前說，此女乃上天所賜，應該將她納為妃子。

竇土門福晉楚楚動人，皇太極對這位送上門來的美麗女子也很中意，只是擔心外界會說他們發動的這場戰爭，是為了奪人家的妻子，名聲不好，故而再三推託。大貝勒代善忙說：不會，相反，我們這樣做，還會爭取一部分蒙古人投降，成為我們的盟軍。而貝勒們也認為：這樣做有利於收降林丹汗手下部眾，這也是政治上的需要。

皇太極動心了，考慮了三天後，最後決定娶竇土門。皇太極還對諸貝勒大臣談到了他的一次奇遇：他一次行軍途中駐蹕於納里特河時，曾有一隻雌雉飛入他的御幄。在他看來，這就是美女入帳的「吉兆」，竇土門福晉來歸嫁是「天作之合」，既然是上天的旨意，那就要接受了。皇太極於是派巴克什希福等前往迎接，護送竇土門福晉的多尼庫魯克非常高興，說他們此來的目的，就是為送福晉給皇太極的，說完望天拜謝。多尼庫魯克的使命完成了，他也歸降了皇太極。

在皇太極納娶竇土門福晉後不到一年，西元一六三五年三月，林丹汗的多羅大福晉、嫡妻囊囊太后娜木鍾，率領一千五百戶部眾來歸；四月，林丹汗另一個大福晉蘇泰太后和她的兒子額哲，即林丹汗的繼承人，又率一千戶部眾來投，並獻上歷代傳國玉璽；隨同兩位尊貴太后前來的，還有林丹汗另兩位側室福晉伯奇太后、俄爾哲依圖太后，及林丹汗的妹妹泰松公主等。

在這些女子當中，如果論資格地位，囊囊太后排在第一位，她不僅出身蒙古郡王之家，而且是林丹汗的「正宮娘娘」。那麼，讓誰來娶尊貴的囊囊太后呢？

當然只能是地位最高的皇太極。皇太極開始時也是推辭此事，但在眾貝勒的堅持接納之下，皇太極只好答應，將其迎入城內，隆重迎娶。

由於娜木鍾地位貴崇，故在西元一六三六年，即清崇德元年冊封后妃時，被封為西宮麟趾宮貴妃，而比她早一年歸嫁皇太極的竇土門福晉，因地位不及娜木鍾，被封為次東宮衍慶宮淑妃，而早在西元一六二五年就已嫁給皇太極的原西宮妃布木布泰，則退居為次西宮，封永福宮莊妃。

清太宗皇太極的後宮中，地位最為尊貴的「崇德五宮后妃」，全部是蒙古族女子，除了上述的兩位蒙古林丹汗的未亡人外，剩餘三位皆出自蒙古科爾沁部莽古斯一門，而此三妃是親姑侄。

蒙古的科爾沁部歸附後金最早。科爾沁部左翼首領、明安貝勒之兄莽古斯，於西元一六一四年將女兒送與皇太極為妻，這就是皇太極的中宮皇后孝端文皇后，也稱為哲哲皇后。滿蒙聯姻，進一步促進了其政治上的穩定關係。西元一六二九年，皇太極起兵征明，科爾沁部二十三位貝勒率領部眾追隨，為擊敗明軍立下了赫赫戰功。

西元一六二五年（後金天命十年），科爾沁貝勒宰桑之子吳克善，送呈妹妹布木布泰與皇太極為妃，即後來在歷史上大名鼎鼎的莊妃。宰桑貝勒是莽古斯之子、中宮皇后的兄弟，因此莊妃是皇太極中宮皇后的親侄女。莊妃是順治皇帝福臨的生母，她一生經歷清初三朝，正是由亂到治的關鍵歷史時期。她全力輔佐皇帝，對調和清宮內部矛盾和鬥爭，穩定清初社會秩序，促進國家的統一作出了重大貢獻，後世稱之為「清代國母」。

西元一六三四年，吳克善又送一妹至瀋陽與皇太極為妃，這次送來的是莊妃的胞姐海蘭珠，被皇太極納為宸妃。至此，莽古斯一門姑姑侄女三人同嫁一夫皇太極。

宸妃海蘭珠是皇太極的最愛，他以《詩經》中象徵愛情的詩句：「關關雎鳩，在河之洲，窈窕淑女，君子好逑」，將宸妃居住的寢宮命名為「關雎宮」。宸妃的地位在五宮中位居第二，僅次於其姑母孝端皇后。但天妒紅顏，宸妃海蘭珠在三十三歲就病故了。皇太極為此悲慟欲絕，寢食俱廢，乃至昏死過去，經緊急搶救，才漸漸甦醒。皇太極為宸妃舉行了隆重的喪禮，賜謚號為敏惠恭和元妃，是清代謚號字數最多的妃子。

自從失去宸妃，皇太極朝夕悲痛，飲食頓減，身體每況愈下，還常常「言語無緒」。後來，諸王大臣請他去到蒲河射獵，藉以消愁解悶。不想，路過宸妃墓，觸景傷情，又引得他大哭一場。宸妃死後不到兩年，皇太極也命歸九泉了。皇太極對宸妃這種真情篤意，在歷朝皇帝中都很少見。

清政權初期，儒家的那一套尚未完全占領其執政者的頭腦。在皇太極的后妃中，一個已經為他生過兩個女兒的側妃——蒙古扎魯特部代青貝勒之女博爾濟吉特氏，卻被皇太極命令改嫁他人，嫁給了葉赫部的德爾格爾台吉之子南褚為妻。史載：「汗之第三福晉扎魯特部巴雅爾圖代青之女因不合汗意，給了葉赫部的德爾格爾台吉之子南褚。」皇太極作為一代帝王，卻做出令自己的妾妃改嫁的事情，令人匪夷所思，這在中國的封建帝王中也很罕見。

慈禧「清亡，除非燈頭朝下」一語成讖

詭異的歷史，總有一些讓人哭笑不得的地方。

慈禧太后是晚清同治、光緒兩朝的最高決策者與實際統治者，她以垂簾聽政、訓政的名義統治中國長達四十七年。慈禧在中國面臨「數千年未有之巨變」的危殆時刻，沒能夠像俄國的彼得大帝和日本的明治天皇那樣審時度勢，放眼世界，富國強兵，推動歷史向前發展。相反，她將一己的權力看得比國家、民族的利益和未來的發展還重，抱殘守缺，故步自封，從而使中國大大落後於世界，這是她的悲劇，更是中華民族的不幸之甚。

慈禧一生中曾說過不少遺臭萬年的話，如「量中華之物力結與國之歡心」等。但有一句話很有趣，不僅逆潮流而動，而且還成為了清朝滅亡的讖語。事情是這樣的：晚清的一天，慈禧太后因大臣辦事不力，在朝廷上大罵：「我大清朝國力昌盛、百姓富強。雖然現在刀槍入庫、馬放南山。但底子在，不是什麼人都隨便可以推翻的。」隨後，慈禧看著皇宮內的蠟燭高聲說道：「要大清滅亡，除非燈頭朝下！」

文明的步伐，誰也無法阻擋。光緒八年（西元一八八二年），英國人立德爾招股成立上海電氣公司（亦稱上海電光公司），在大馬路三十一號（今南京東路一九〇號）創辦了中國第一座發電廠。同時，在電廠的轉角圍牆內豎起第一盞弧光燈桿，並沿外灘到虹口招商局碼頭立桿架線，串接十五盞燈。同年六月十二日（西元一八八二年七月二十六日）下午七點，電廠開始供電，夜幕下，弧光燈一齊發光，炫人眼目，吸引成百上千的人聚集圍觀。第二天，上海中外報紙都作了電燈發光的報導。

西元一八八六年（光緒十二年），西苑三海，大興土木，營建宮殿。在營建宮殿之時，儀鑾殿裝上了電燈，這是清宮最早安裝的電燈。後來，故宮裡也裝上了電燈。當時慈禧還在世，猜想她忘了自己曾經說過的話，否則按其性格，她是絕不會允許安裝這種「燈頭朝下」的電燈。

頤和園也安裝了電燈，孟心史的《明清史論著集刊》中有一篇〈記陶蘭泉談清孝欽時事二則〉的文章，陶蘭泉（名湘，是有名的藏書家）就是盛宣懷委派辦理頤和園裝電燈和蘆漢路北京事務局的大員。慈禧之所以同意在頤和園安裝電燈，是為了自己在頤和園裡能更酣暢享樂，白天玩不夠，晚上再來玩，這時候電燈比起蠟燭之類，可就顯出非凡的優越性了。

令慈禧始料未及的是，她竟一語成讖。「燈頭」真的「朝下」後，大清江山更顯頹勢江河日下，最終在武昌起義的槍聲中，無可奈何花落去。

這些皇帝很母湯

貓奴、染髮、春藥成癮、木工高手、暴虐屁孩皇帝……超狂私生活無極限！

作　　者：劉繼興，劉秉光　著
編　　輯：簡敬容
發 行 人：黃振庭
出 版 者：清文華泉事業有限公司
發 行 者：清文華泉事業有限公司
E-mail：sonbookservice@gmail.com
粉 絲 頁：https://www.facebook.com/sonbookss/
網　　址：https://sonbook.net/
地　　址：台北市中正區重慶南路一段六十一號八樓 815 室
Rm. 815, 8F., No.61, Sec. 1, Chongqing S. Rd., Zhongzheng Dist., Taipei City 100, Taiwan (R.O.C)
電　　話：(02)2370-3310
傳　　真：(02) 2388-1990
總 經 銷：紅螞蟻圖書有限公司
地　　址：台北市內湖區舊宗路二段 121 巷 19 號
電　　話：02-2795-3656
傳　　真：02-2795-4100
印　　刷：京峯彩色印刷有限公司（京峰數位）

定　　價：410 元
發行日期：2020 年 12 月第一版
◎本書以 POD 印製

國家圖書館出版品預行編目資料

這些皇帝很母湯：貓奴、染髮、春藥成癮、木工高手、暴虐屁孩皇帝……超狂私生活無極限！/ 劉繼興，劉秉光著 . -- 第一版 . -- 臺北市：清文華泉，2020.12
面；　公分
ISBN 978-986-5552-20-6(平裝)
1. 中國史 2. 通俗史話
610.9　　109014029

官網

臉書